庞安福文集

庞安福／著

毕日生　张　敏／编

燕赵学脉文库

郑振峰　胡景敏　主编

社会科学文献出版社

SOCIAL SCIENCES ACADEMIC PRESS (CHINA)

# "燕赵学脉文库" 出版说明

　　"燕赵学脉文库"由河北师范大学文学院策划、编辑，主要编选院史上著名学者的著述。河北师范大学的前身是 1902 年创办的顺天府高等学堂和 1906 年创办的北洋女师范学堂，至今已有 110 多年的历史；文学院的前身是 1929 年由李何林先生等创建的河北省国立女子师范学院国文系，至今已有 80 余年的历史。燕赵之士，人称悲歌慷慨；燕赵故地，自古文采焕然。燕赵的风土物理、文化品格、人文精神，以及长期作为畿辅重镇的地缘环境为其培育了独具气质的学风、学派和学术。燕赵学术，源远流长。近年来，河北师范大学中国语言文学博士一级学科秉承燕赵学术传统，锐意创新，取得了无愧于先贤，不逊于左右的成绩。文库的编辑既是向有功于学科建设的前辈致敬，也是对在学术园地上孜孜耕耘的后继者的激励，所谓不忘过去，继往开来。

　　文库的出版得到了"河北师范大学中国语言文学博士一级学科"的资助，也得到了诸多友好人士与出版方的支持和帮助，在此一并致谢。

"燕赵学脉文库"编委会

2017 年 4 月

# • 目 录

## 下编　美育篇

# 别样的美学道路

## ——庞安福美学研究评述（代序）

张　敏[*]

　　庞安福先生是活跃于 20 世纪 50～80 年代的马克思主义美学研究者，他对美学理论的关注和研究贯穿了 20 世纪 50、60 年代的美学大讨论和 80 年代的"美学热"，对中国马克思主义美学理论的发展起到积极的推动作用。20 世纪 50、60 年代的美学大讨论和继之而起的 80 年代"美学热"，可以视为中国美学发展史上的标志性事件。这两次美学大讨论，一方面为中国当代美学理论的发展提供了理论基础，确立了美学作为独立学科的地位；另一方面在美学大讨论中形成了具有代表性的"四大流派"，并且随着讨论的深入，马克思主义实践观美学在中国当代美学理论中的主导性地位逐步确立。这为形成马克思主义美学的中国形态奠定了基础，使得中国马克思主义美学逐步发展成为马克思主义美学的三大理论形态之一。就此而论，20 世纪的两次美学大讨论为中国当代美学理论超越由德国古典美学开启的理论传统、形成独立的具有中国特色的理论品格奠定了基础。中国当代美学理论的发展一方面正是在积极吸收消化由德国古典美学开创的理论传统的基础上超越"旧的美学"，另一方面又立足于马克思主义哲学的实践观开创性地构建"新的美学"。

---

[*] 张敏，河北师范大学文学院教师。

所谓"旧的美学"和"新的美学"这一对概念由周扬在 1937 年发表的《我们需要新的美学》一文中提出。其中"旧的美学"指的是当时接受德国古典美学及至 19 世纪末 20 世纪初西方审美心理诸流派影响的唯心主义美学，王国维、朱光潜、宗白华等人承袭了这一派美学传统。而"新的美学"则是指从 20 世纪 20、30 年代以来接受马克思主义美学影响的中国马克思主义美学，其中又特别是以强调社会实践在美、美感和艺术的生成中的本体性作用的实践美学。周扬在 20 世纪 30 年代有感于西方唯心主义美学在中国的盛行，同时主张现实主义文论的文艺工作者尽管意识到了主观唯心主义美学的弊端，却又苦于找不到符合其创作主张的理论武器来加以批判。如梁实秋明确指出，"这种学说（指主观唯心主义美学）是极度的浪漫，在逻辑上当然能自圆其说，然而和其他唯心论哲学的部门一般不免是搬弄一条名词，架空立说，不切实际"。然而，尽管梁实秋意识到了主观唯心主义美学的弊病，并强调了文学的现实性，但是却走向了单纯强调文学道德性的一面，甚至以此来否认文学是一种纯粹的艺术，进而以此来拒斥唯心主义美学对文学的干预，进而将整个美学对文艺的积极作用否定了。而周扬提出的"新的美学"，一方面是要与唯心主义美学展开积极的论争，并以马克思主义美学来超越唯心主义美学；同时，也是要积极探索中国马克思主义美学的发展道路，从而建构起与文艺创作相契合的美学理论。在《我们需要新的美学》一文中，周扬指出，"无论是客观的艺术品，或是主观的审美力，都不是本来有的，而是从人类的实践过程中所产生的"。这一理论观点可以视为实践美学的先声，从中我们可以看到中国马克思主义美学发展的趋向。总体而言，这种历史趋势就是要从唯心主义美学基于主体情感、心灵、直觉、意志的主观论美学转向基于具有客观历史性基础的社会生活的客观论美学。具体而言，则指出了中国马克思主义美学要从早期的反映论逻辑转向实践辩证法逻辑，从物质生产实践方面阐明美、美感和艺术的生成。也就是说，中国当代美学理论的发展面临着两个问题：一是美学理论的建构要从主体性转向客体性，完成对"旧的美学"——唯心主义美学的批判；二是要科学地阐明美的本质的客观性，完成"新的美学"——中国马克思主义美学的理论建构。周扬主张从社会实践来阐释主观的审美能力的形成和客观的艺术作品创造，其理论逻辑在于从社会实践的客观性来阐明美的本质的客观性，以此来批判唯心主义美学强调的主体性。这一理论主张在 20 世纪 30 年代并未得到发扬，及至 20 世纪 50、60 年代和 80 年代两次美学大讨论才最终得以确立，并最终形成实践美学。

庞安福的美学思想就萌生于中国美学从"旧的美学"转向"新的美学"的历史进程之中。也正是基于这样的理论背景，庞安福的美学思想具有了非常鲜明的时代特征，在超越"旧的美学"传统这一点上与以李泽厚为代表的实践派美学保持着高度的一致性，积极推动中国当代美学理论的"返本开新"。在如何超越"旧的美学"这一点上，庞安福的美学研究承续了中国早期马克思主义美学的理论传统。五四运动之后，随着马克思主义在中国的传播的深入以及革命斗争形势的日益严峻，一批倾向于马克思主义的文艺工作者和从事宣传的共产党人，如沈雁冰、萧楚女、沈泽民、瞿秋白、恽代英等开始自觉地运用马克思主义唯物史观和阶级分析方法讨论文艺和审美问题，逐步形成了以马克思主义唯物史观为理论基础的中国早期马克思主义美学理论。中国早期马克思主义美学旗帜鲜明地主张从脱离社会现实的人类个体的主体性转向现实生活来阐明美、美感和艺术的生成，将美视为对现实生活的认识和反映。正是基于这一理论传统，庞安福明确指出，"美学是从哲学上指导人们形象地把握世界，从而认识美、欣赏美、反映美（包括创造艺术形象），丰富精神生活，提高审美能力，并按照美的规律改造世界的社会科学"。这即是说，美并不是主体情感、直觉、意志的产物，而是人们以形象的方式认识、欣赏和反映客观世界存在的美。接着，庞安福更是旗帜鲜明地指出，"作为对象的美本身不是思维、审美意识、美感等主观的东西，恰恰相反，审美意识、美感的产生，却应该用客观世界中的美的形象来解释"。而将美视为主体情感、直觉、意志的产物也就取消了美的客观标准，违背了唯物主义的基本原理。

同时，庞安福的美学思想又并非简单的机械的唯物主义美学，而自有其丰富的内涵。尽管庞安福是以唯物主义的反映论来批判"旧的美学"的唯心主义的，却体现了唯物主义的辩证法精神。因为在庞安福看来，对象的美之所以是客观存在的，并非如同经验主义美学家柏克主张的那样是基于对象本质的某种性质或品质，也并非如同蔡仪主张的那样是基于对象的物质属性。与这些唯物主义美学的理论主张不同，庞安福是基于矛盾论来阐明美的客观性的。毛泽东在《矛盾论》中曾说："任何事物的内部都有其新旧两个方面的矛盾，形成为一系列的曲折的斗争。斗争的结果，新的方面由小变大，上升为支配的东西；旧的方面则由大变小，变成逐步归于灭亡的东西。而一当新的方面对于旧的方面取得支配地位的时候，旧事物的性质就变化为新事物的性质。"因而，在庞安福看来，"事物新的矛盾方面决定着事物的发展方向，体现着事物的发展规律，因而这种新生的矛盾方面对于无产阶级按照美的法则创造世界有着巨大的认识作用。同时因为新的矛盾方面是积极的、上升的、趋胜的东西，所以它是鼓舞人们前进和革命的最活跃的因素。因此美是新生事物——或者说美是事物矛盾的新的、积极的、上升的、趋胜的矛盾方面"。美是事物矛盾的主要方面，而矛盾的主要方面代表着事物发展的方向，是积极的、上升的、趋胜的。如此一来，美的客观性也就根植于事物矛盾的主要方面，而事物的矛盾又是具有普遍性的。因而，将美的客观性根植于事物矛盾的主要方面不仅能够阐明美的客观性，还能够阐明美的普遍性。而矛盾的双方又是相互转化的，这也就意味着事物的美尽管是客观的，却并不是一成不变的，而是随着矛盾双方的运动变化而变化。因而，基于马克思主义的矛盾论来阐释美，既能够科学地阐明美的客观性、普遍性问题，还能够阐明美的动态生成性。美具有客观性又具有动态生成性，这也就将马克思主义的辩证精神融入具体的美学问题中了。而这正是唯心主义美学的理论主张所缺乏的维度。

基于马克思主义的矛盾论来阐释美的本质，不仅体现出庞安福对中国当代美学很好的总体性把握，而且也使得他的美学思想的理论品格独具特色。这种独特性又主要具体地体现在与中国马克思主义美学理论的主流派别的论争之中。从 20 世纪 50、60 年代开始，以李泽厚为代表的实践派在与其他派别的理论论争中逐渐成为中国马克思主义美学的主流派别，并在80、90 年代占据了中国当代美学的主导地位。实践美学之所以能够从众多的美学流派中脱颖而出，一个很重要的因素就是其运用马克思主义的实践观阐明了美的本质，为美学理论的发展奠定了科学的理论基础。这一方面体现在它将整个美学理论的逻辑起点从中国早期马克思主义美学主张的较为笼统的社会历史和现实生活转向具体的物质生产实践，将美、美感和艺术视为物质生产实践的产物，以此来阐明美的客观性，并引入了马克思关于"自然的人化"的论述，阐明了自然的对象如何从自然的形式生成为自由的形式、审美的形式以及现实的人如何从自然的人生成为自由的人、审美的人。另一方面则体现在它将整个美学理论的逻辑架构从中国早期马克思主义美学的认识论、反映论逻辑转向实践辩证法逻辑，从表征工艺社会结构的客体维度和表征文化心理结构的主体维度的辩证运动来思考美学理论的建构，彰显出了美学理论的辩证法精神。

与以李泽厚为代表的实践美学的理论逻辑不同，庞安福的美学思想的理论逻辑基础是认识论和矛盾论，其整个理论则是通过对自然美、社会美和艺术美的论述来展开的。总体上而言，认识论逻辑视野中的美的客观性是外在于主体而存在的，是作为事物矛盾的主要方面而客观地存在于客观对象之中。而实践美学的理论逻辑基础则是马克思主义的实践观，通过阐明人类历史性的物质生产实践活动中内在自然和外在自然的人化而生成的主体客体的辩证运动关系来阐明美的生成。庞安福基于矛盾论的美学思想尽管也突出了美在矛盾双方运动中所具有的动态生成性，却并没有将作为主体的鉴赏者纳入矛盾运动之中，而仅仅是事物本身内在的矛盾运动。而在李泽厚看来，"情感本体或审美心理结构作为人类的内在自然的人化的重要组成，艺术品乃是其物态化的对应品。艺术生产审美心理结构，这个结构又生产艺术。随着这种交互作用，使艺术作品日益成为独立的文化部类，使审美心理结构成为人类心理的颇为重要的形式和方面，成为某种区别于知（智力心理结构）、意（意志心理结构）的情感本体。从而，艺术是什么，便只能从直接作用、影响、建构人类心理情感本体来寻求规则或来作'定义'"。表征主体维度的审美心理结构一旦生成，就成为一种本体性存在——情感本体，能够直接"定义"艺术。这就是说，审美心理结构尽管是物质生产实践的产物，却在与艺术的相互生成过程中逐步占据了支配地位，成为庞安福所谓的矛盾的主要方面。而在庞安福看来，实践以及由实践生成的主体性维度——审美心理结构，它们的作用并不是根本性的，"实践的意义只是在于打破自然美的黑暗王国，发现自然美的美学价值，认识自然美的规律"。这即是说，实践的意义仅仅在于将事物内在矛盾的主要方面发掘出来。换句话说，美并非由物质生产实践创造出来的，而是内在地存在于事物之中。在阐明自然美的客观性时，庞安福就指出："虽然我们的祖先曾一度不欣赏太阳，但太阳的美还是客观地存在着；虽然老早就从事农业的非洲黑人不喜欢动物，但动物美的特性也不能抹杀；虽然原始狩猎民族不以鲜花做装饰，也不描绘植物，但植物美的属性也不会消失——不然，为什么后来人却要描绘它们并以它们为装饰呢？"而在实践美学看来，太阳这类自然事物尽管并未经过人类的物质生产实践，却依然是在人类历史性的物质生产实践活动中由于"自然的人化"使得人与自然的关系从单纯的功利关系升华为审美关系，进而使得太阳这类自然事物成为美的对象。而如果缺乏了实践及其所带来的人与自然关系的改变，太阳这类事物也就不存在美与不美的问题了。

李泽厚强调的实践以及由此生成的主体性对美的介入正是庞安福的美学思想中所缺乏的维度。但是，这并不妨碍庞安福的美学思想对中国马克思主义美学理论的推动。这主要是因为庞安福的美学思想尽管并未超越认识论的逻辑架构，却因其马克思主义矛盾论的理论背景而为马克思主义的唯物论美学开辟出了一个别于中国早期马克思主义美学的维度，不仅从自然美、社会美、艺术美三个具体的维度合理地阐明了美的客观性，而且也突破了反映论逻辑普遍存在的机械性，突出了美的动态生成性，体现了马克思主义哲学的辩证法的精神。这对超越"旧的美学"而转向"新的美学"起到了很好的推动作用。同时，庞安福的美学思想基于矛盾论所展开的理论思考还为我们呈现出别于实践美学的理论逻辑道路的另一种理论图景。这种理论图景长期以来被实践美学所遮蔽，而一旦我们深入庞安福的美学文本中，就会发现中国马克思主义美学发展的理论道路的多样性生态，并具体地呈现在艺术批评和审美教育之中。这为我们思考中国马克思主义美学在新时代的发展具有重要的借鉴意义。这种借鉴意义又主要体现在两个方面：第一，庞安福从矛盾论出发思考美学理论的道路，这启示我们需要深入马克思主义无比丰富的理论王国之中探索美学发展的理论资源，为美学理论"建构"具有区别性的"元理论"，而不必追随于某一种理论；第二，庞安福从自然美、社会美、艺术美三个具体的维度出发思考美的本质问题，这启示我们需要从具体的问题的思考中探索总体性问题的阐明，而不能局限于单纯的思辨。这正是庞安福美学思想别于中国马克思主义美学主流派别的理论道路所呈现出来的理论价值。这也正是我们编选这本文集的初衷。

上　编

**美 论 篇**

# 自然事物的美学意义<sup>*</sup>

## ——与张庚同志商讨自然美问题

### 一

　　大自然，变化万端，或雷闪交加，或天高气爽，或乱石崩云，或惊涛裂岸，或玉龙飞舞，或顿失滔滔；自然界又无所不包，山水之景自不必说，动物植物，种类纷繁，花鸟草虫在春天尤其悦人耳目，动人心弦。当我们站在旷野之上，看着富有微妙变化的大自然，心情无限畅快，正如我们劳动疲乏之后倾听轻音乐一般。由此可见，自然，不仅是被改造的对象，而且也是被欣赏的对象。自然美的存在，定而无疑，但是在这大自然里，何者为美？又何者为美的反面？换言之，什么样的自然事物才算是美的？美存在于自然事物的什么地方？这个问题在美学界一直存在着，直至今日尚未解决。不难看出，张庚同志在《桂林山水》（见《人民日报》1959 年 6 月 2 日第 7 版）一文中是企图以优美、形象、生动的语言来解决这一问题的，但是张庚仍然没有找到自然美，因为他把自然美归结为"观念形态的存在"、"观念形态的产物"，而没有从自然事物本身去揭示自然美。自然美之所以为自然美，就是因为它有自身的与社会美不相混同的特点，并不像张庚所说，自然美离不开比拟，离不

　　* 原文刊载于《新建设》1960 年 3 月号。——编者注

开神话传说，离不开名人的题咏和刻石。从本质上看，桂林山水的自然美并不在于"比拟"、"传说"、"题咏"和"刻石"，而在于桂林的山青水秀，桂林的景致妩媚。如果桂林的山不青水不秀，景致不优于他地，那么历代文人也不会特别优待桂林山水，给它留下大量的题咏和刻石，桂林山水也不会得到"甲天下"的美名。"比拟"、"传说"、"题咏"不是"因"而是"果"，张庚恰恰颠倒了桂林山水的自然美的因果关系。

《桂林山水》一文着重叙述了关于刘三姐的传说：

在这七星岩里，有一块三尺多高仿佛一尊女人立象的钟乳石，这块石头名字叫做"刘三姐象"。刘三姐是广西所流传的唱山歌的歌仙，是僮族人，有关她的传说是很多的。关于这尊象的传说是这样：刘三姐和她的情人白马郎同游七星岩，手挽手登上了"须弥山"和"南天门"，又在"天台"上唱了三天三夜的歌，引动许多青年男女来听，后来三姐要走了，白马郎十分舍不得，三姐就为他唱了两首离歌：

"少陪了！日头落岭在西方。
天各一方心一个，我俩多情水样长。"
"风吹云动天不动，河里水流石不流，
刀切莲藕丝不断，我俩明丢暗不丢。"

但是白马郎还是紧紧拉着三姐的手不放。忽然间，三姐就化作这尊石象成了仙。白马郎还抱着石象哭了好几天。

刘三姐的这个传说的确很动人，使我们感到刘三姐确实很美。但是我们仔细想一下，刘三姐的美是从传说中表现出来的呢？还是从石象上体现出来的呢？显然，表现刘三姐的美的是前者并非后者。劳动人民用生动的语言塑造了刘三姐的形象，并编出了作为艺术形象的刘三姐所唱的两首离歌，表现了忠贞的爱情。这种美是劳动人民创造的，而那块名为刘三姐象的钟乳石只能为这个传说增加些直观因素而已。就连张庚自己也承认"这个传说……本身就是一种感情非常丰富而又十分朴素的民间文学"。因此，我们说刘三姐的美是艺术所创造的，而不是"自然"所创造的。诚然，那块名为"刘三姐象"的钟乳石因为它长得象人并为刘三姐的传说提供了直观因素，所以它在一定程度上间接地反映了社会内容，体现了社会美。但我们不能把钟乳石体现的人的美看成自然事物本身的美。因为游客所欣赏的已不是钟乳石自身的美，而是它体现出来的和传说相结合的社会美。自然物体现出的这种社会美是"比拟"、"题咏"、"传说"等意识作用的结果。

从张庚的文章可以看到：只从人和自然的关系上来找自然美是不能看见自然美的实质的。要想认识自然美就必须从自然事物的内部的矛盾关系去揭示其秘密。

自然美是什么？我们说自然界充满生命力的东西，富有生机的东西就是美的。因为凡是新生的、茁壮的亦即富有生机的事物都具有美感作用。宋代山水画家郭熙的《早春图》就是反映了新的生机的作品。这幅画生动地描画出了严冬已过而和煦的春天即将到来时的自然变化。半山环绕着飞腾的云雾，飞泉瀑布响于山间，沉睡的大自然苏醒了，在它身上将要生出嫩绿的植物，我们可以想象到"春风生意浓，万木竞争荣"的景象。因此，我们说这幅画不仅真实地描写了山水，而更重要的是表现了孕育着新生和繁茂的大自然的微妙变化，反映了自然的生机，所以这幅画才耐人寻味，具有强烈的美感作用，至于毛主席的《沁园春（长沙）》那就更是言有尽而意无穷的作品了。"看万山红遍，层林尽染；漫江碧透，百舸争流。鹰击长空，鱼翔浅底，万类霜天竞自由。"诗人把自然界中那种生机完全表现出来了。"在这大好的秋天里，天上飞的，水里游的，各得其乐，一派生机，看谁比谁更自由自在"。就这样，"诗人用自己的想象和情感，把这些特征性的景物连成一个生气活泼的有机体，造成了一个美丽的诗的意境"。为什么毛主席的这首词美呢？就是因为诗人除了反映社会美而外还表现了生气勃勃的有机生命。从毛主席的词和郭熙的画可以看到，只有自然事物中富有生命的东西才能让人看了心神愉快，心旷神怡，引起我们的美感。人是热爱大自然的，自然环境是人的生活环境的一个组成部分，只要不是"感怀时序"，"自伤身世"，而是情绪健康、热爱生活的人，那么他就会注意到他周围的生气勃勃的自然物，决不会放弃这些健康的事物而像朱光潜先生在《文艺心理学》中说的那样把"断垣破屋""变成赏心娱目的对象"（该书第 3 页）。看：

> 妈妈放下肩上的锄头，
> 把带来的野花洒上水，
> 爸爸拿出雪白的毛巾，
> 擦洗着满脸的煤灰。

劳动人民养种花木就是热爱生活的表现，而中国人民志愿军在炮弹壳内养种杜鹃花、金达莱花更是热爱生活的明证。美帝国主义的侵略战争破坏了朝鲜人民的美好生活，也毁坏了大自然的生机。但是，中国人民志愿军却如此热爱生活，养种花卉，这就充分地说明他们的健康情绪。唐代诗人岑参的诗句"遥怜故国菊，应傍战场开"，也有力地证明着人对生活和大自然的热爱。只有热爱生活的人，情绪健康的人，才能真正地热爱大自然，看到自然事物的新的生机，从中得到美感享受，并以此创造艺术美。苏轼绝写不出"杨柳岸，晓风残月"或"雁过也，正伤心"之类的情绪极为消沉的诗句，而毛主席则也不会像苏轼那样写"一樽还酹江月"。毛主席的描写自然景物的诗词之所以大气磅礴，能引起人的美感，就在于毛主席具有健康的情绪和革命的英雄气魄，所以毛主席不但能发现自然美，而且能预示美的发展。

富有生机的自然物之所以美，不单在于它的美感作用，同时也在于它的鼓舞作用。郭沫若曾经在《女神》里用他那热情而雄浑的笔歌颂过美丽的富有充沛生命力的大自然：

> 无限的大自然，
> 成了一个光海了。
> 到处都是生命的光波，
> 到处都是新鲜的情调，
> 到处都是诗，
> 到处都是笑：
> 海也在笑，
>
> 地球也在笑，
> 我同阿和，我的嫩苗，
> 同在笑中发笑。
>
> 翡翠一样的青松，
> 笑着在把我们手招。
> 银箔一样的沙原，

山也在笑，　　　　　　　　笑着待把我们拥抱。

太阳也在笑，

《光海》

诗人虽然在诗中把自然人格化了，但总地看来，还是真实地描写了大自然。这个大自然不是死气沉沉的世界，不是寂寞的世界，而是"光"的世界，"海"的世界，充满了"笑"和"生命"的世界。作者把大自然描写成"到处都是生命的光波"，这是真实的、恰当的。由于郭老热爱大自然，所以他才真正地认识并真实地表现了大自然的"生命"，大自然的生机。正因为这样，所以这首诗才激动人心，起到了它的鼓舞作用。大家试想一下，如果作者把大自然写成死亡、沉静的世界，那是不会拨动人的心弦的，只有这种富有生机的自然物才能激发起观赏者的健康的情绪，增加生活的力量。"春风又绿江南岸"这一诗句之所以美，也就是因为诗中的形象反映了新的生机，诗中的欣欣向荣的自然物，使人更加热爱生活。总之，自然界中新生的东西是最美的，它战胜了死亡和腐朽，它有广阔的发展前途——它能由新生到繁茂，因此，它最能激发人和鼓舞人。情绪健康的人因为热爱生活，所以才欣赏具有充沛生命力的自然物，而富有生机的大自然反过来又能使人内心沸腾，增加生活的力量。这就是"清荣峻茂""良多趣味"[①]的道理。这就是欣赏者与自然美的辩证法。

富有生机的自然物之所以美，还在于它能体现事物的发展规律。我们不必详谈齐白石和俄罗斯风景画家什施金如何精密地观察大自然，只要看一看他们的画稿，就可明白，他们是多么细心地在研究着动植物的生长和发展。"什施金生活在美丽的自然界里，洞悉了自然的秘密。自然界中最细微的变化，他都没有放过。比如：卷起如同硬羊皮纸一般的白桦树皮，绿苔的花纹，……连刚被砍伐的树干微露出嫩芽来的变化，都被什施金仔细地观察到了。"正因为这样，他的作品才真实地反映了大自然的生机。他的名作《橡树》一方面表现了"空气中充满野花的芳香"，同时也表现了"往年积剩的枯叶发出的气味"。相形之下，就更能使读者认识到野花

----

① 郦道元《水经注》："春冬之时，则素湍绿潭，回清倒影。绝巘多生怪柏，悬泉瀑布，飞漱其间，清荣峻茂，良多趣味。"

的新生和自然界的规律。同样齐白石的《残荷》也是如此。从形式上看，"残荷"似乎是枯萎的，画幅的情调似乎是低沉的，但实际上画家从"新陈代谢"当中表现了新生和活力。画中虽有枯萎的荷叶，但水中却有活泼的小鱼，小鱼在残荷的对比之下，就更显了充沛的生命力，使画面增添了生气。画家既从残荷表现了季节特征，同时又反映了自然事物的生机，这正说明了作者艺术手法之高妙，也说明了作者对自然规律观察之精细。唐代诗人白居易写过这样脍炙人口的诗句："离离原上草，一岁一枯荣。野火烧不尽，春风吹又生。"这首诗首先反映了"原上草"的新生，同时使我们从新生物的成长过程中看到了自然的规律。这些有名的艺术作品都有力地说明：富有生机的自然物，体现了自然物的发展规律，这个道理也是稍有哲学知识的人都会明白的。因为新生的东西是发展变化的，它战胜了腐朽和死亡，它的成长过程就是事物的发展过程。这自然物的发展规律，如果从美学角度来看，就是自然美的法则。只有具体的美（美的内容离不开美的形式）而没有抽象的美，所以新的生机就是自然美的法则的体现。人就是按照这种自然美的法则在改造着自然，创造世界的。劳动人民是生产实践者，他们直接接触大自然。从实践中，他们逐步地认识了自然规律，掌握了自然美的法则，所以他们是自然美的改造者或创造者。比如，对于果树，劳动人民很懂得它的生长规律，很懂得种植，嫁接果树的方法，所以农村树木交荫，果实累累，美化了流着银河的山乡。我想这种现象使某些园艺家看了都会吃惊的。劳动人民使得沙滩变牧场，植树造林，使大地换新装，荒山变梯田，田中谷子金黄，尤其是将来大地园林化，满山芳香。随着人们的劳动实践，随着人们对自然美的法则的掌握，自然将不再是沉寂的世界。的确，由于劳动人民的冲天干劲，使得祖国各地都泛起了春潮，"天连五岭银锄落"，"青山着意化为桥"，将来的自然界将更会富有生气，到处会充满着诗意。如果鲁迅活着，现在他将不会辨认他的《故乡》① 了。未来的大自然由于"人化"是无限美丽的，但"人化的自然"之美（它已有着双重意义，即包括自然美和由它体现出来的社会美，后边详谈）不能脱离自然的客观规律，它终究体现着自然自身的美的法

---

① 鲁迅在小说《故乡》中曾说："我所记得的故乡全不如此。我的故乡好得多了。但要我记起他的美丽，说出他的佳处来，却又没有影像，没有言辞了。仿佛也就如此。"

则——没有生气的腐烂的东西是永远不会美的。我们只有掌握这自然美的法则，看到自然事物内部的新的矛盾方面，亦即新生的东西，才能美化自然，才能创造反映了自然美的艺术。

从以上的分析，我们知道：富有生机的东西不但有美感作用和鼓舞作用，同时也体现了事物的发展规律，这正是美的特性（或属性）。由于富有生机的自然物反映了美的特性，所以自然界新生的、苗壮的、充满生命力的东西，富有生机的东西，亦即自然物的内部矛盾的新的矛盾方面是美的；反之，腐朽的、衰亡的，亦即自然物的内部矛盾的旧的矛盾方面则是丑的。这样根据美的特性、根据自然事物的内部矛盾关系规定了这个自然美的定义，正好说明了自然美的实质。由上面的分析可以看到，只有新的生机才是唯一的基元的自然美，除此之外，在自然事物的外部是找不到真正的自然美的。

我们只有认识到这种自然美的实质，才能从自然事物上得到美感享受，受到鼓舞，心情畅快，热爱生活，奋发向前。从而使自然美起到它的美感作用、鼓舞作用和认识作用。也只有认识到自然美的实质以后，画家、艺术家才不会在描写山水花鸟草虫的艺术作品上加上与内容不相联系的政治口号；同时艺术欣赏者也就不会无谓地责难花鸟画家。

# 二

自然美存在于自然事物的内部，只有从自然事物的内部矛盾关系上着眼，才能找到自然美。

前面已经谈到，自然界新生的东西体现着自然物的发展规律，体现着自然美的法则，人们正是根据这规律这法则在改造自然，美化自然，并使自然为人类造福。这"人化的自然"由于它的被改造，所以它除了自身的自然美以外，不能不体现着人类劳动实践的意义。"平畴交远风，良苗亦怀新"固然表现了茂盛的禾苗含有无限的新生气象，但我们在欣赏"良苗"时已不单是从它的自然性上去着眼，而同时也从它的社会性（它已经有了社会性）去着眼，因为它已不是纯自然的东西，"良苗亦怀新"是农民"锄禾日当午"、辛勤劳动的结果。当我们置身于环境优美的农村野外，就更会看到田中的热闹："大茄子穿紫袍"，"葱姑娘着绿袄"，"有青有红是辣椒"……这一切人化的自然景物无不反映着农民的辛勤劳动，无不体现着劳动的意义。尤其当我们亲自和农民一起下田劳动的时候，就更能体会到农作物的生长实在不容易——精心的施肥，细致的锄草——它们时时的和汗水和劳动相联系着，这就无怪农民对自己种植的庄稼那么有感情了。半山的梯田、山下的水渠也都说明着劳动人民对自然的征服、对自然的美化。1956 年 12 月 24 日《人民日报》上有这样一幅照片——《昨日的荒山，今日的沃土》（王纯德摄）。这幅照片突出地表现了层层梯田，读者看了这肥沃而湿润的生长着嫩绿的禾苗的土地，不能不想到开垦这梯田的劳动人民的生产活动。这件作品所反映的已不只是自然事物，而是通过人化的自然间接地表现了劳动人民的生产实践的。自然一经"人化"，它就要留下"人化"的痕迹，就要体现出人民生产实践的意义。肖林的木刻《金色的山川》（见《美术》1955 年 6 月号）也具有这个意义。作品不仅表现了北部风光的特点，更重要的是反映了人化的现实。麦浪使山川变成了金黄色的世界，这山川的"金色"是劳动人民实践的结果，只有在山川上活动的人们才能使山川发出光辉，所以表现这山川的金色是有深广的意义的。关于这幅画的创作过程，肖林曾在信中说："……我爱故乡的山川，我爱故乡的稻浪（后来在画面上表现的是麦浪），我更热爱故乡的人们（重点是引者所加），因此，我作了很多写生，最后进行了艺术加工。"（大意）可见作者对于"金色的山川"的创作，是基于"热爱故乡的人们"的。只有热爱劳动人民，才能欣赏和在创作中反映由劳动而产生的人化的自然。像这样通过人化的自然表现劳动人民的生产活动的艺术作品是很多的，因为自从有了人类，自然就成了被改造的对象。劳动创造了人类本身，劳动也创造了"人化的自然"，所以劳动是艺术所反映的永恒的主题，而人化的自然是风景画、风景摄影等艺术作品很重要的题材。中国近百年来的流血斗争已经过去，现在已经进入了社会主义建设时期，把自然加以人化，不能说不是这个时期的主要特点之一，这个特点也不能不反映在艺术中，所以在社会主义新时期的新民歌、新壁画有很多是通过人化的自然表现全国人民忘我的劳动的：

> 劈开悬崖凿开川　　　东西山上架飞泉
> 流水哗哗空中走　　　好似仙女弹丝弦

　　这首艺术性很高的新民歌所描写的形象是非常美丽的，"流水哗哗空中走，好似仙女弹丝弦"，这样的人化现实既富于变化而又有和谐的美，飞泉的动势、水声的铿锵，使读者如身临其境，令人神往。这种带有浪漫主义色彩的人化的自然的现象，充分地体现了劳动人民在生产战线上的革命热情。诗中虽没有直接的描写劳动人民，但是我们却从这美丽的人化的现实当中看到了人们的劳动实践，因为诗中所表现的现实是人们"人化"的结果。"玉米稻子密又浓，铺天盖地不透风，就是卫星掉下来，也要弹回半空中"，这同样是以人化的自然形象表现人们的劳动热情和革命干劲在社会主义新时期的民歌里，有很多这样的作品——从描写人化的现实入手，从描写劳动成果入手，来表现劳动人民的改造自然的革命干劲和英雄气魄。今后，随着社会的发展，自然将更驯服，人化的自然也将成为永久的艺术题材。人化的自然的美学价值就在于它的双重意义，它不仅有自然美，而且也体现着人类劳动实践的伟大意义，亦即具有着社会美。只有看到它的双重意义，我们才能深刻地理解、欣赏人化的自然。我们必须明白，"人化的自然"虽具有美学价值，但无论如何不能把它体现出来的社会意义当成自然美本身。自然物的新的生机是自然美的属性，而自然物的社会性则是"人化"的结果，二者是不能混淆的。

　　自然物的美学意义还在于它能间接地表现人。这是意识作用的结果。像张庚所提到的那块名为"刘三姐象"的钟乳石，人们所欣赏的虽然不是它自身的美，但是因为它为刘三姐的传说提供了直观因素，丰富了民间传说的内容，所以它仍具有美学价值。同样像《桂林山水》中所说的屏风上的形如拱手戴冠的书生西郎和形如唐装仕女并略带腼腆的玉姑的两块石头，也为有关的传说增加了直观因素，体现了社会美，所以说这些自然物也有美学价值。而诗人则常常通过描写自然事物来抒发自己的情感。屈原在《离骚》里以"扈江离与辟芷兮，纫秋兰以为佩"表现自己的高洁；陶渊明在《归园田居》里以"羁鸟恋旧林，池鱼思故渊"表现他对农村的热爱和对当时官场的不满；李白在《蜀道难》里以"西当太白有鸟道，可以横绝峨眉巅"表现了自己的豪迈气魄；杜甫在《春望》里以"感时花溅泪，恨别鸟惊心"表现了忧国忧民的心情……小说家也常常利用自然景物来衬托人物。《保卫延安》的作者为了衬托李振德和李江国，在书中写道：

> 李老汉面色蜡黄，形容枯瘦，但是目光炯炯，非常庄严、自尊。他一颠一跛地走着；望那前面移来的几株枣树，枣树干枯而刚劲的枝权，撑在天空，无畏地迎着冷风。（该书第 60 页）
>
> 李江国，肩宽，高大，真是比宁金山高一头宽一膀。他也朝四下里瞭望。他觉得这起伏的黄土山头，真象一片大洪水的波涛。这波涛把窜在陕北的敌人都吞没了。（该书第 73 页）

作者用干枯、刚劲、无畏地迎着冷风的枣树烘托出了李振德的英勇不屈、庄严自尊的性格；用李江国的感受写出了像洪水的波涛似的黄土山头的崇高形象，并写出它要吞没陕北的敌人，这不仅表现了李江国的勇敢坦率的性格，而且也写出了李江国对敌人的无比仇恨。这种表现手法虽不新奇，但很自然，描写这种自然景物不但能使读者如身临其境，增加艺术的真实性，而且能间接地表现人的生活、人的性格，等等，这也是自然物的美学价值。这种利用自然物间接地表现人的方法在造型艺术中也是能够找到的。王志渊的《古树和幼苗》（第一届全国摄影艺术展览会展品）就是引人遐想的作品。"作者以'古树'和'幼苗'的对比，突出了'幼苗'的鲜嫩、富有生命力等特点，因而就使我们更热爱'幼苗'——新中国的后一代。正因为作者把儿童比作'幼苗'，而又把他们和'古树'安排在一起，所以才使得内容丰富多彩，富有诗意。"（参看拙文《摄影艺术中的对比手法》，见《新闻摄影》1958 年第 6 期）由此看来"古树"在这幅照片中有着很重要的作用，通过对比，它丰富了作品中的儿童的形象，所以"古树"也具有着美学价值。总之，艺术作品中的这种自然物的形象本身的美并不重要，或者它根本不美，但因为它经过了艺术家的"夸张""比拟""起兴""对比""衬托"等艺术手法的运用，它就间接地表现了人的生活，有了美学意义。

我们还应该看到，在社会生活中，人们常常把一些自然物当成某种社会事物的象征，如中华民族以喜鹊象征喜庆吉利；有的民族则以雄鹰象征勇猛强悍；至于鸽子则是世界人民和平的象征……由于这些自然物是社会事物的象征，它已带有社会性，所以这些自然物就成了社会美。我们欣赏这些自然物时，很少注意它的自然性，而是在欣赏它所象征的社会事物。当10月1日天安门放出鸽子的时候，我们就感到了和平、欢乐的气氛更加浓厚。至于鸽子的生活习性，在这欢乐的时刻，我们是无暇顾及的。由此看来，如果自然事物成了社会事物的象征，那么它的美学价值就在于它间接地体现了社会美。

总之，由于社会文化的发展使得人们的欣赏方式复杂起来，人们往往除了欣赏自然美（如桂林的青山绿水）以外还要把社会事物或人比拟到自然物上，使自然物具有了社会性；由于艺术的产生和发展，艺术家也往往利用"夸张""比拟""起兴""对比""衬托"等等的艺术手法，使自然物间接地表现人的生活；由于社会生活的丰富多彩，人们也常常对一些自然物赋予它以社会事物的象征，使它具有社会意义。复杂的欣赏方式、艺术的实践、社会生活的多彩，使得这些自然物有了社会内容，间接地表现了人。这类自然物虽然自身的自然美很少被人注意，或者它的自然美不明显，但是由于它间接地表现了人的美质，体现了社会美，具有社会美的美感作用、鼓舞作用、教育作用和认识作用，所以这类自然物仍然有着它的美学意义。

如果说"人化的自然"反映着人和自然的矛盾关系的话，那么间接地表现人的自然物则反映着人和自然的和谐关系。前者是必然的，后者是偶然的——这种自然物之所以能间接地表现人，是"比拟""传说""衬托""题咏"等等意识作用的结果，该自然物和人没有必然联系。"问君能有几多愁？恰似一江春水向东流"，"春水"和"愁"没有什么必然联系，这只是一个比喻而已。同样江离、秋兰与屈原，羁鸟、池鱼与陶潜，太白山与李白，枣树与李振德，黄土山头与李江国，古树与儿童，鸽子与和平都没什么必然联系。这些自然物无论在艺术中还是在现实生活中，都是随着人的意识作用而无条件的成为被欣赏的对象的，所以我们说间接地表现人的自然物与人的关系是和谐的。无论此种自然物抑或是人化的自然物都以不同的方式反映着社会内容，因此，这两类自然物都是表现社会美的媒介，反映着人和自然的关系。我们只有看到它的媒介作用，看到它与人的关系，才能认识到它所体现出来的社会美的性质。

<h1 style="text-align:center">三</h1>

自然美和自然事物所体现出来的社会美是不同的，这是两种不同性质的美。而所以有人只强调自然物的美的自然性或只强调其社会性，就在于双方没有全面地看问题，亦即没有看到自然物的深广的美学意义，这很容易走上机械唯物主义（当然机械唯物主义的产生不单在于强调自然物的美的自然性，而主要的是在于它不能看到自然物的内部矛盾关系）或主观唯心主义。我以为必须全面地、辩证地看自然物的美学意义，不仅应当看到自然与人的关系，而且也应当看到自然物本身的内部关系，也只有如此，才能深刻地认识到自然美的实质和自然物体现的社会美。从我们的分析中可以看到，自然事物的美学意义在于：从自然物的内部关系着眼，它有着自然美（即自然物的生机）；从自然与人的矛盾关系着眼，它体现着人类劳动实践的意义；从自然与人的和谐关系着眼，它间接地表现了社会美。换言之，自然物具有着自然美，这是基元的，而同时它又有着表现社会美的媒介作用。这样不但能使我们正确地认识和欣赏现实与艺术中的自然美，同时也能丰富社会美的内容。

我们的讨论是有进展的，很多人都基本上肯定了自然与人类生活的关系，现存的问题就是自然美在哪里和什么是自然美的问题。这篇文章提出了自己的看法，不一定正确，希望大家指正。

# 艺术美的实质及其它[*]

## ——兼与朱光潜先生商讨美学研究对象的问题

每一时代都有每一时代的美学，每一阶级有每一阶级的美学。亚里士多德的美学不同于柏拉图，车尔尼雪夫斯基的美学也不同于黑格尔。马克思列宁主义的美学更不同于资产阶级唯心主义的美学，它是无产阶级革命时代的美学，是为无产阶级服务的美学。其最根本的特征就是它有着革命的观点和革命的原则性。马克思列宁主义美学从无产阶级革命需要出发，承认美的教育作用和鼓舞作用，认为美就是新生事物。无产阶级不仅要解释世界而且更重要的是要改造世界，所以它扶植新生事物，消灭腐朽事物，从而推动社会向更美好的更理想的共产主义前进。因而无产阶级所喜欢的所欣赏的是社会生活中新生的事物，而绝不是相反。今天，在总路线的光辉照耀下，人民生活中出现了大量的新生事物。这些新生事物散发着最美的光辉。人称"火凤凰"的向秀丽为了国家财产而纵身扑火的英雄行为，谁能说不美呢？平陆事件中出现的"一人有事，万人相帮"的共产主义风格，谁能说不美呢？劳动人民征服自然的那种斗志昂扬、意气风发的革命干劲，谁能说不美呢？尤其是人民公社这个巨大的新生事物的产生就更使得万民欢腾，笑逐颜开。因为这些新生事物是共产主义因素，决定着社会的发展方向，对无产阶级有着巨大的鼓舞作用和教育作用，所以无产

* 　原文刊载于《新建设》1960年6月号。——编者注

阶级欣赏它们、赞美它们。因此，无论对于社会美、自然美还是对于艺术美，无产阶级的美感态度都是贯穿着革命观点的。①

　　社会生活中、自然界中新生的事物在无产阶级看来都是美的。因为客观事物是存在着矛盾的，而新生事物就是矛盾的新的方面。毛主席在《矛盾论》中曾说："任何事物的内部都有其新旧两个方面的矛盾，形成为一系列的曲折的斗争。斗争的结果，新的方面由小变大，上升为支配的东西；旧的方面则由大变小，变成逐步归于灭亡的东西。而一当新的方面对于旧的方面取得支配地位的时候，旧事物的性质就变化为新事物的性质。"由此可见，事物新的矛盾方面决定着事物的发展方向，体现着事物的发展规律，因而这种新生的矛盾方面对于无产阶级按照美的法则创造世界有着巨大的认识作用。同时因为新的矛盾方面是积极的、上升的、趋胜的东西，所以它是鼓舞人们前进和革命的最活跃的因素。因此我们说美是新生事物——或者说美是事物矛盾的新的、积极的、上升的、趋胜的矛盾方面。这一说法，不仅体现着无产阶级的革命观点，而且是和辩证唯物主义的认识论与方法论相一致的。总之马克思列宁主义美学承认美的客观性，认为在社会生活中、在客观现实的矛盾中存在着美。任何脱离革命生活、脱离客观现实的美学都是不能揭示出美的实质的。这原是无可置疑的道理，但是美学界对于这个问题却没有得出一致的结论。其根本原因在于有些人不承认美的客观性，而认为美是意识形态性的。朱光潜先生就是这种理论的制造者。朱光潜先生对"艺术""文艺"这样的词儿特别感兴趣。他说"美是文艺的特性"，而"文艺是一种意识形态"，因此，"应该得到的结论"是"美必然是意识形态性的"。最近朱光潜先生又进一步明确主张研究美学应该"以艺术为中心对象"。他说："……美的本质只有在弄清艺术的本质之后才能弄清，脱离艺术实践而去抽象地寻求美，美是永远寻不到的。"② 由此来看，"艺术"成了朱光潜先生美学的救命草，他可以利用"艺术"这个美学研究的"中心对象"自由地宣传自己的一套与众不同

———————————

① 关于自然美的问题，我在《自然事物的美学意义》（《新建设》1960 年 3 月号）一文中已经详谈，这里不再赘述。

② 朱光潜：《美学研究些什么？怎样研究美学？》，《新建设》1960 年 3 月号。着重号是引者加的。

的"主客观统一"的美学思想。美学究竟研究些什么？怎样研究美学？我们与朱光潜先生在对艺术美的看法上有着怎样的根本分歧？为了彻底解决这些问题，我想有必要来剖析一下艺术美的实质。

马克思列宁主义者从来不否认艺术的社会作用，也从来不抹煞艺术美的实质。马克思、恩格斯、列宁和毛主席等伟大的革命导师总是经常地教导艺术家们创造最美的艺术作品。而当革命作家创作出了体现无产阶级革命美学观点的作品，我们的革命领袖总是鼓励和支持的。列宁曾经明确地指出高尔基的《母亲》是"最切合时宜的书"，就是最明显的例子。马克思主义者之所以重视艺术，就在于它是无产阶级革命事业的一部分，就在于艺术有它的社会教育作用。毛主席说："人类的社会生活虽是文学艺术的唯一源泉，虽是较之后者有不可比拟的生动丰富的内容，但是人民还是不满足于前者而要求后者。这是为什么呢？因为虽然两者都是美，但是文艺作品中反映出来的生活却可以而且应该比普通的实际生活更高，更强烈，更有集中性，更典型，更理想，因此就更带普遍性。革命的文艺，应当根据实际生活创造出各种各样的人物来，帮助群众推动历史的前进。例如一方面是人们受饿、受冻、受压迫，一方面是人剥削人、人压迫人，这个事实到处存在着，人们也看得很平淡；文艺就把这种日常的现象集中起来，把其中的矛盾和斗争典型化，造成文学作品或艺术作品，就能使人民群众惊醒起来，感奋起来，推动人民群众走向团结和斗争，实行改造自己的环境。"[①] 由此可见，要想达到艺术为革命服务的目的，要想创造艺术美，就必须以典型形象来体现现实美的本质。这有两方面的重要意义。第一，"矛盾的普遍性即寓于矛盾的特殊性之中"（《矛盾论》）。我们反映社会生活，并不能也不可能在一种艺术作品中包罗万象地描写社会生活的全部。我们只能取社会生活的一对、一组或几组矛盾来加以描写，而不能全部描写社会生活中大大小小的所有的矛盾。这就需要艺术家通过事物矛盾的特殊性的具体描写来表现事物矛盾的普遍性——亦即通过美的个别表现美的一般。《红旗谱》里的朱老忠与冯老兰的矛盾有着特殊性，但是它却体现着矛盾的一般性，因为这不仅仅是个人的矛盾，而是反映着旧社会

---

① 《毛泽东选集》第 3 卷，人民出版社 1953 年版，第 883 页。着重号是引者加的。

里农民与封建地主的不可调和的阶级矛盾。朱老忠这个人物也有着特殊的个性，但是他又体现着一般革命农民的共性，因为他和许许多多的农民一样受着地主的剥削、压迫，对地主有着刻骨的仇恨。所以，作者通过对朱老忠与冯老兰的矛盾的具体描写，通过对具有特殊经历的朱老忠的性格的典型刻划，真实地反映了当时农民与地主的尖锐矛盾和复杂斗争，反映了农民革命者的成长。朱老忠虽是美的个别形象，但他表现着一般革命农民的优美品质。第二，"原来矛盾着的各方面，不能孤立地存在。假如没有和它作对的矛盾的一方，它自己这一方就失去了存在的条件"（《矛盾论》）。为了表现美的，也要描写丑的，没有了丑的，美的也就失去了存在的条件。《红旗谱》中如果没有塑造冯老兰这一丑恶形象，如果不描写他的行为和生活，就无法反映毛主席所说的"人剥削人、人压迫人"的现实，就无法表现出地主与农民的尖锐矛盾，因而也就不能突现出朱老忠的鲜明形象，体现出革命农民的优美品质。苏联尼·尼·契巴科夫的油画《巴夫里克·莫洛卓夫》也能说明这个问题。画家从少先队员与富农的矛盾中，不仅表现了具有先进思想的少先队员巴夫里克·莫洛卓夫，同时也显示着苏联推行农业集体化的胜利。少先队员巴夫里克·莫洛卓夫那坚定的姿态、毫不畏惧的神色充分地表现了刚毅的斗争性格，体现了社会主义思想；而他祖父的凶狠的表情、他父亲懒散废弛的形象则表现了富农反动没落的本色。如果画中没有反动富农的形象，巴夫里克·莫洛卓夫的英勇姿态就失去了意义，因而就不能充分地表现出苏联少先队员的优秀品质。同样，列宾的《拒绝刑前忏悔》一画中，如果没有丑恶的牧师形象，革命者的视死如归的高贵品质就无法表现。由此可见，"性格"只有放在各种不同类型的人群中、放在矛盾斗争中来描写才能真实，才能揭示出现实中的美与丑，才能表现典型环境中的典型性格，才能创造艺术美。

在艺术中描写丑的东西，也是为了反衬美的东西。因此，我认为艺术中不但有艺术美而且有艺术丑。上面提到的巴夫里克·莫洛卓夫的父亲和祖父及列宾笔下的牧师等的形象都是丑恶的，是艺术丑。绝对不能把艺术中的典型的丑恶形象也说成是艺术美。那种认为由于艺术家把丑的事物加以典型化和审美化之后，这个反映丑的事物的艺术形象就有了美学意义，因而就成了艺术美的说法是不符合实际的。试想一下，如果我们把《红旗谱》中的冯老兰、《拒绝刑前忏悔》中的牧师、《最后的晚餐》中的犹大说成是艺术美，岂非笑话？这些形象本来是丑的典型，而硬把它说成是"艺术美"，其结果必然混淆和取消真正的艺术美。但是还应该特别指出，就是没有艺术美而只有艺术丑的一些优秀作品也是有价值的艺术品。如齐白石画的《不倒翁》就是这类作品："乌纱白扇俨然官，不倒原来泥半团，将汝忽然来打破，通身何处有心肝？"这显然是描写丑的典型的图画，表现了齐白石对"俨然官"的否定，亦即对丑的否定。齐白石憎什么、爱什么，完全表现在纸上了。这样就以直接地表现丑而间接地歌颂了美。所以我们说这种艺术也是具有反映美的特点的。描写丑并不等于抹杀美。只表现矛盾的一方并不等于忽视矛盾的另一方，这就是诗、画等文艺作品促使欣赏者发生联想的巨大作用。因而我们说，否定丑的即是肯定美的（但不能把艺术丑叫做艺术美），有些批判丑的艺术，实际上也是间接地表现了美。

另外，自然美反映在艺术中也是要经过典型化的。沙弗拉索夫的风景画《白嘴鸦归来了》就是一个很好的例证。如果画家只描绘积雪的融化，还不足以表现"早春"的特征，如果只描绘和煦的阳光也不足以说明春的到来，如果在画上只描绘白嘴鸦则又显得不真实——只有把白嘴鸦放在具体的自然环境里，对阳光、空气和积雪的特征进行描绘，集中地表现春天的到来，才能反映出春天特有的美，表达了作者对生活的热爱和健康的情感。

从上面的分析可知，只有在艺术中形象地反映了现实美，才能成为艺术美。艺术美是现实美的具体的、形象的、典型的反映。社会美和自然美的关系是平列关系，因为它们都是现实美。现实美和艺术美却不是平列关系，而是主从关系。艺术美之所以比现实美更能教育人、激发人、美化人的心灵，是因为经过了艺术家的加工提炼，特别是典型化的原故。无论如何，艺术美总是不能脱离现实而单凭主观创造的东西。"马克思主义美学从物质是第一性，意识是第二性的这一根本论点出发肯定：现实先于艺术，艺术是人类社会发展的产物。劳动创造了人类，劳动也创造了艺术，劳动先于艺术。现实是离艺术而独立的客观实在，而艺术则是现实的反映，生活的反映。现实是决定性的因素，而艺术则是派生的现象"①。我们

---

① 周来祥、石戈：《马克思列宁主义美学的原则》，湖北人民出版社 1957 年版，第 4~5 页。

必须明确：现实美是第一性的，艺术美则是第二性的。现实美和艺术美的关系可以如下的公式证明：

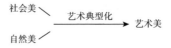

艺术美和现实美的关系就是反映与被反映的关系。我们已经知道，现实美是客观事物的新的、先进的、积极的、上升的、趋胜的矛盾方面，而艺术美是现实美的反映，所以我们说，艺术美的实质是客观事物中新的先进的趋胜的矛盾方面在艺术中的反映，但它比现实美给更集中、更典型、更带普遍性。了解了艺术美和现实美的关系才有可能在艺术中真实地反映客观事物的美，从而创造真正的艺术美；读者和观众也就能在艺术中认识何者为艺术美，又何者为艺术丑，从而在艺术美的欣赏中受到深刻的教育和巨大的鼓舞。

要想具体地分辨艺术中的美丑，只了解艺术美和现实美的关系还是不够的。因为艺术是观念形态性的，在艺术中反映着作家的思想情感和态度，反映着作家的世界观，反映着作家对美的评价。反动的作家由于世界观的反动，他对美的评价是不可能正确的。他在作品中掩盖了真正的美，而却粉饰了丑。毛主席说："反动时期的资产阶级文艺家把革命群众写成暴徒，把他们自己写成神圣，所谓光明和黑暗是颠倒的。"① 这些反动作家侮蔑了革命群众，歪曲了革命群众的优美品质。只有革命的艺术才能正确而深刻地反映现实美、创造艺术美。因为革命的艺术家是站在无产阶级的立场上对美进行评价的，他们在作品中始终是对无产阶级及其所欣赏的东西——美的事物——进行歌颂的，对无产阶级所反对的东西——丑的事物——则采取暴露与批判的态度。比如：赵树理在《小二黑结婚》里歌颂了美丽的二黑和小芹，表现了他们为争取婚姻自由向封建势力作斗争的胜利，而同时又揭露了金旺、兴旺等代表封建势力的丑恶本质；同样，木刻家古元的《焚毁旧契》对农民在土改运动中所表现的革命热情进行了歌颂，真实地反映了农民的优美品质。总之，革命的作家由于有着无产阶级

① 《毛泽东选集》第 3 卷，人民出版社 1953 年版，第 893 页。

的立场、观点和思想，所以他们能在作品中真正地反映美，并对美的事物进行歌颂，对丑的事物进行暴露。这正是无产阶级的美感态度在艺术中的反映。所以毛主席说："只有真正革命的文艺家才能正确地解决歌颂和暴露的问题。"① 由此可见，要想在艺术作品的欣赏中正确地分辨美、丑，就必须认清作家歌颂的是什么，暴露的又是什么。这也就是区别革命的文艺家与反动的文艺家的根本标准。

社会主义现实主义艺术大师最能发现美并能预示美的发展，这是因为作家具有了共产主义世界观，并用革命的现实主义和革命的浪漫主义相结合的创作方法反映现实的原故。"大跃进"时期的文艺作品里有很多幻想的美的东西，但这些东西不是空想而是有现实基础的。这些幻想的美的东西，正是"不断革命"精神的形象的体现，也是作家（特别是工农作家，工农画家）对美的发展的预示。这就是革命的浪漫主义与过去消极的浪漫主义本质的不同之处。

通过对艺术美的实质的剖析，就可以明白，美并不像朱光潜先生所说是"文艺的特性"。我们认为反映美才是文艺的特性。也正因为艺术美是现实美的反映，我们才说它是观念形态。但是我们决不能像朱光潜先生那样，因为艺术美是意识形态，而把它所反映的客观现实的美也说成是意识形态性的。马克思列宁主义美学研究艺术美是为了更好地反映现实美，促进现实美的成长、发展。如果按照朱光潜先生的美学方向研究下去必然是只研究主观而不研究客观，只注意作家本人的意识形态而完全放弃艺术所反映的客观现实的美，从而抹煞现实美，以致艺术美的评价也就失去标准。

朱光潜先生认为贝多芬的《第九交响曲》的"美"只是对艺术形象的形容词，而不是客观存在。他用讽刺的口吻说道："这个客观存在的'美'是不随贝多芬或你我欣赏者的主观意识为转移的，它是第九交响曲的蓝本，贝多芬的能事不过是把它复写在第九交响曲里，我们欣赏者也不过是把它复写在我们的脑里。无论凭常识还是凭逻辑，这种看法说得通吗？"他认为这是美学家们"荒谬可笑的结论"②。好在贝多芬的《第九交响曲》

① 《毛泽东选集》第 3 卷，人民出版社 1953 年版，第 893 页。
② 朱光潜：《美学批判论文集》，作家出版社 1958 年版，第 73 页。

对我们已不是很生疏，欣赏过它的人都知道，它是当时社会现实生活的反映。如果贝多芬不能在他的作品中表现出人民通过斗争走向胜利和欢乐的场面，表达出"亿万人民团结起来"的庄严主题，表达出人民的理想和愿望，那么《第九（合唱）交响曲》是不会享有世界声誉的，更无所谓美了。但朱光潜先生让我们所注意的并不是作品所反映的美的内容，而单单是音乐家的主观意识（即朱光潜先生所谓"世界观""艺术修养"等等）。这种主张和他解放前的美学观点是没有本质区别的。朱光潜先生在《文艺心理学》中曾说："凡是艺术都要有几分近情理，却也都要有几分不近情理。它要有几分近情理，'距离'才不至于过远，才能使人了解欣赏；要有几分不近情理，'距离'才不至于过近，才不至使人由美感世界回到实用世界去。"① 他又说："'距离'含有消极的和积极的两方面。就消极的方面说，它抛开实际的目的和需要；就积极的方面说，它着重形相的观赏。它把我和物的关系由实用的变为欣赏的。就我说，距离是'超脱'；就物说，距离是'孤立'。从前人称赞诗人往往说他'潇洒出尘'，说他'超然物表'，说他'脱尽人间烟火气'，这都是说他能把事物摆在某种'距离'以外去看。"② 朱光潜先生今天提倡的欣赏"意识形态性"的所谓"美"而不欣赏客观存在的美，对艺术美所反映的现实内容更避而不谈，这样的主张不同样也是为了使人停留在"美感世界"里而不要回到"实用世界"中来吗？不同样是使人"脱尽人间烟火气"、避开现实斗争，而把现实生活"摆在某种'距离'以外去看"吗？这就不难看出朱光潜先生在所发表的《美学研究些什么？怎样研究美学？》和《生产劳动与人对世界的艺术掌握》两篇文章中，为什么把"艺术"说成是美学研究的"中心对象"和把人的形象思维说成是"人透过艺术的眼光"观察"世界"了。朱光潜先生把"艺术"抬高到"中心对象"的地位并不是为了研究艺术美，发挥艺术美为无产阶级革命服务的战斗作用和鼓舞作用，不是为了通过艺术美认识现实美，而是为了以"艺术"作盾牌继续宣扬他的主观唯心主义美学。因此，在美学研究对象问题上，我们与朱光潜先生有着根本分歧。美学研究有两条路线：一条是马克思列宁主义的美学研究方向，它贯

---

① 朱光潜：《文艺心理学》，开明书店版，第 27 页。
② 同上书，第 17 页。

串着无产阶级的革命观点，无论对社会美、自然美还是艺术美的研究都是为无产阶级革命实践服务的，都是用马克思列宁主义之"矢"射现实美之"的"，始终把现实美做为直接间接研究的对象；一条是主观唯心主义的美学研究方向，它根本反对美学的革命观点，把"艺术"看成唯一的研究对象，实际上是在美学研究领域里用抽象的"艺术"布成"疑阵"，企图使人与现实美保持"距离"，避开现实斗争，主张用所谓"艺术的眼光"观察"世界"，这是为资产阶级服务的美学，是我们所不需要的美学。

通过对艺术美的实质的剖析，我们不仅知道文艺的特性是反映美，还可以认识到艺术有着鲜明的阶级性。无产阶级的艺术是真正地反映了美并预示了美的发展的艺术。也只有真正反映了美的艺术，才能为无产阶级服务，成为阶级斗争的武器。反动的垂死的阶级不能发现美，当然在艺术中就不能反映美。所以进步阶级和反动阶级的艺术是有着本质不同的，不同阶级的艺术有不同的社会作用。这就是艺术的阶级性。高尔基说文学（不只文学）是阶级的眼睛、耳朵和声音的道理也就在这里。任何否认艺术的阶级性的美学主张，都是显然错误的。对于"艺术"的美学研究，我们必须用阶级观点来进行分析。但朱光潜先生是怎样看待"艺术"这个美学研究的"中心对象"呢？他从不指明是研究哪一阶级的艺术，相反，他却是抽掉了艺术的思想内容和阶级性，把它加以神秘化和抽象化。这就不难看出朱光潜先生的以研究"艺术"为"中心对象"的美学的实质了。

1960. 6. 5

# 略谈美学的研究对象<sup>*</sup>

　　什么是美学？美学的对象是什么？这是我们学习和研究美学时首先遇到的问题。我国美学界在"文化革命"前曾对这个问题进行过讨论，归纳起来有两种意见：一种意见认为美学研究主要以文艺为对象，认为美学就是文艺理论。如朱光潜先生强调美学必须"以艺术为中心对象"，认为"只有先把艺术认识清楚，然后才能认识一般现实生活中的审美性质。"①马奇同志也认为："美学就是艺术观，是关于艺术的一般理论……它的基本问题是艺术与现实的关系问题，它的目的就是解决艺术与现实这一特殊矛盾……因而，我设想美学的基本内容大致是：艺术的起源、本质，艺术创作的一般规律，艺术在阶级社会中的发展规律，艺术与社会主义共产主义，艺术的社会作用，艺术批评，艺术欣赏，艺术教育，艺术的范畴，艺术的种类、形式、风格等等。"②　在这里，他们把美学和艺术理论划上了等号；第二种意见认为，美学是关于美的科学，美学的任务就是研究各种性质的美的本质和规律，以及反映它的审美认识和艺术美的规律。如洪毅然先生说："美学既要研究自然界与艺术中一切客观事物本身的美——即美的存在诸规律，又要研究作为那种美的存在反映于人类头脑中的一切审美意识——即美感经验和美的观念的形成及发展诸规律。……无论就前一方

---

　　*　原文刊载于《河北师范大学学报》1981 年第 1 期。——编者注
　　①　朱光潜：《美学研究些什么？怎样研究美学？》，《新建设》1960 年 3 月号。
　　②　马奇：《关于美学对象问题》，《新建设》1961 年 2~3 月合刊号。

面内容说，或就后一方面内容说，美学都不能不研究艺术。不过，……美学虽必须研究艺术，但不仅限于以艺术的研究为基础，或以艺术的研究为中心；而乃广泛地包括所有自然界、社会生活，与艺术作品中的美的一切规律。"① 洪先生把艺术学（艺术理论）和美学区别开来，并指出美学并不排除对艺术的研究。这些主张抓住了不同学科的不同特点，因而有助于美学对象或美学范围的界定。当时有的报刊在报导美学讨论的概况时，也把我的看法列入第二种意见。如杉思同志整理的《几年来（1956——1961）关于美学问题的讨论》②，就把我在《艺术美的实质及其它》③ 一文中的看法归入这一派意见。我认为这种归纳基本上是恰当的。不过，我与洪先生的看法也有一些细微的差别。为了行文的方便，本文打算先谈谈朱光潜、马奇同志的看法的不当之处，然后再谈谈我与洪先生的看法的一些细微差别。

我在上述拙文中曾说过："马克思列宁主义的美学研究方向，……贯串着无产阶级的革命观点，无论对社会美、自然美还是艺术美的研究都是为无产阶级革命实践服务的。"我认为：美学的研究对象不能仅仅限于艺术，它还要同时研究社会美和自然美。如果美学像朱光潜同志所说的那样仅仅是文艺理论，或者如马奇同志所设想的"美学的基本内容"是"文学概论""艺术概论"等学科所阐述的道理，岂不是混淆了文艺理论和美学的区别，从而也取消了美学本身吗？美学既然是一门独立的科学，它就应当有自己特定的研究对象。马克思曾经明确地指出："动物只按照它所属的物种的尺度和需要来造成东西，可是人善于依照任何物种的尺度来生产，并且到处善于对对象使用适当的尺度；因此人也是按照美的规律来造成东西的。"④ 这就是说：人在生产实践中发展着各种思维能力，他们逐步认识着、掌握着客观世界的各种规律，因而能够为着不同的生活需要，创造着不同的价值，其中就包括按着美的规律发现、创造美的价值，以满足人们的审美要求。审美认识不同于一般认识，它是在头脑中对事物的形象

---

① 洪毅然：《论美学的研究对象——美学与艺术学的区别》，《新建设》1957 年 9 月号。

② 见《哲学研究》1961 年第 5 期。

③ 见《新建设》1960 年 12 月号。

④ 马克思：《一八四四年的经济学——哲学手稿》，见《马克思恩格斯论艺术》第 226 页。

的反映，是对美的形象的具体把握，这是人们一种精神生活的要求，具体说就是思想情感上的欣赏要求。虽然艺术能够使人得到美的享受，但是客观存在的物以及"人化"了的物本身，同样存在着美，美的规律，美的价值，这同样是人们所需要和追求的。因此，美学的研究对象，不能仅仅局限于艺术。从根本的意义上说，美学是研究人们如何从形象的角度、审美的角度来掌握、欣赏和反映现实世界的，是研究如何从客观存在的美以及艺术的美之中获得教益、鼓舞和美感的。一株植物，生物学家可以研究它的根、茎如何吸收、输送水分和养料，可以研究它的叶子如何进行光合作用等等，以便让人们掌握植物的生长规律，从而进一步改造它，使它满足人的物质生活要求，而美学家则在不违背自然规律的前提下，还要从形象上看到它是如何引起人的美感的，从而发现它的美学价值，教人欣赏自然、涤荡身心，并激发人们美化环境。对于社会上的人和事，政治家可以从中研究出重要的社会关系，说明某一特定时期的某些社会本质和规律；而美学家则不仅如此，还要从这些人物的具体性格和行动中说明它们的形象为什么是美的或者丑的，让人们知道什么是美，什么是丑，以便效法美的人物、欣赏美的事物，憎恶、唾弃丑的人物、丑的事物，并与腐朽的东西作斗争，从而推动社会历史前进。由此可见，美学能够指导人们从美的事物的形象上得到感染，在美的感受中受到教育，发挥美的潜移默化的社会作用。所以从这个意义上说，美学就是美的科学。客观事物的美是美学的研究对象之一。

历代的美学家往往不只研究艺术，而是在更广泛的意义上来研究美的本质问题。古希腊的美学家赫拉克利特认为："最美丽的猴子与人类比较起来也是丑陋的。""最智慧的人和神比较起来，无论在智慧和其他方面，都像一只猴子。"① 这里已经有从事物的对立中、比较中寻找美的思想。虽然他的思想还处于人类文化的幼年时期，但已经有了朴素的辩证法。稍后于赫氏的德谟克里特则指出："身体的美，若不与聪明才智相结合，是某种动物的东西。"② 这里已经有美的形式和美的内容相互联系的思想。他又说："身体的有力和美是青年的好处，至于智慧的美则是老年所

① 《古希腊罗马哲学》第 27 页，三联书店 1957 年版。
② 同上书第 111 页。

特有的财产。"① 在这里他已经初步看到了美的多样性。他还说："不应该
追求一切种类的快乐，应该只追求高尚的快乐。"② "追求美而不亵渎美，
这种爱是正当的。"③ "永远发明某种美的东西，是一个神圣的心灵的标
志。"④ 这些话虽然简单，但它们说明了美感和一般快感是不同的，审美活
动和低级趣味以及情欲更是不同的。审美的活动，从客观方面说，是事物
的美对人的感动，是客体本身美的形象对人的精神生活的满足；从主观方
面说，是"高尚的快乐"，是"神圣的心灵的标志"。这里已经初步看到了
美和美感的相互作用，并指出了什么样的审美趣味才是应该提倡的。英国
经验主义美学家柏克则进一步对美下了具体的定义，他认为："美指的是
物体中能够引起爱或类似的感情的一种或几种品质。"⑤ 并且指出"美大半
是借助于感官的干预而机械地对人的心灵发生作用的物体的某种品质"⑥。
柏克的美学虽然存在着庸俗唯物主义和形式主义的特点，但他基本上肯定
了美不是存在于主观，而是存在于客观事物之中，说明了人的审美趣味的
客观基础。同一时期的法国启蒙运动美学家狄德罗则更对"美"和"美
的"概念进行了区别，并且提出了"美在关系"说。他说："我把一切本
身有能力在我的悟性之中唤醒关系概念的东西，称之为在我身外的美；而
与我有关的美，就是一切唤醒上述概念的东西。"⑦ 虽然他把美仅仅归结为
"秩序、关系、比例、安排、对称、合适、不合适"等事物的关系和形式
的因素上，但是他承认"实在的美""身外的美"，这样就把美建立在唯物
主义的基础之上，说明了美的客观性；并且在谈论人的关系时从某种程度
上说明了美的社会性。大家所熟悉的车尔尼雪夫斯基在他的学位论文里就
更提出了"美是生活"的著名公式。他说："任何事物，我们在那里面看
得见依照我们的理解应当如此的生活，那就是美的；任何东西，凡是显示

① 《古希腊罗马哲学》第 124 页，三联书店 1957 年版。
② 同上书第 116 页。
③ 同上书第 109 页。
④ 同上书第 112 页。
⑤ 柏克：《关于崇高与美的观念的根源的哲学探讨》（约写于 1747~1754 年），译文见《古
典文艺理论译丛》第五册第 38 页。
⑥ 同上书第 55 页。
⑦ 狄德罗：《美之根源及性质的哲学研究》（1750 年），见《文艺理论译丛》1958 年第 1
期。

出生活或使我们想起生活的，那就是美的。"① 这个定义虽然笼统，但是它比以前的唯物主义美学家们对美的阐述却有了很大发展，指出了美不仅在于事物的形式和结构，而且主要的还在其内容——在于客观存在着的"应当如此"的生活内容。尤其，他从对于"乡下美人"和"上流社会美人"的比较中，说明了辛勤劳动使得青年农民或农家少女都有非常鲜嫩红润的面色和均衡的体格，表现着旺盛的健康，这样就把美和生产实践活动联系起来，已经有了"劳动创造美"的思想萌芽。这位革命民主主义美学家的观点虽然还没有达到马克思主义的高度，但是却充分说明了艺术的美是生活美的再现。因此，我们可以肯定地说，美学的对象绝不能仅仅是艺术，而理所当然地应该包括着艺术的源泉——生活的美、现实的美。诚然，车尔尼雪夫斯基曾经说过美学就是"一般艺术、特别是诗底原则的体系"②等等的话，在马奇同志叙述车尔尼雪夫斯基这一思想之前，普列汉诺夫也早就叙述过。③ 但是我们应该承认，在社会科学研究或艺术创作中往往有这样的情况：作者的意图有时与作品所体现出的思想不尽一致。作者的某些论点是一回事，而他的论据和论述的结果却又是一回事。车尔尼雪夫斯基所征引的大量的自然界和社会生活中的美的实例（如前述乡下美人）不是美学研究应该面向生活的绝好证明吗？况且，美学即艺术的原则体系，只是车尔尼雪夫斯基的美学体系中的一部分，他的基本思想则是肯定生活美的无比丰富性和生动性。他说生活是金条，而艺术则是货币，金条的价值远胜于货币，生活美的丰富内容也远高于艺术美。虽然这种观点是机械的，没有看到生活美和艺术美的辩证关系，但是它却证明着美学应该研究社会现实生活的美学价值。对待美学史上的理论著作应当抓其基本精神，如果只见部分不见全体，就很难得出科学的结论。在美学史上非但不少美学家们重视对现实美的研究，就是专门从事艺术创作的大师，也经常指出美并不为艺术所独有。十九世纪法国作家雨果在《〈克伦威尔〉序》这篇著名的论文中曾经明确地说："丑就在美的旁边，畸形靠近着优美，粗俗

① 车尔尼雪夫斯基：《生活与美学》第 6~7 页。
② 车尔尼雪夫斯基：《美学论文选》第 125 页。
③ 普列汉诺夫：《车尔尼雪夫斯基的美学理论》，吕荧译，载《文艺理论译丛》1958 年第 1 期，另有李甦译文，见《哲学译丛》1957 年第 6 期。

藏在崇高的背后，恶与善并存，黑暗与光明相共。"① 尽管他的这篇论文主要是谈论艺术创作问题，但是这个论点本身却说明着"美""丑"都是更为深刻的哲学范畴，探讨美的本质乃是美学的一个重要课题。较晚于雨果的法国雕刻家罗丹也曾经说过，艺术家要善于从客观现实中发现出美来②。既然艺术家们都不放过对生活中、自然中美的事物的研究，那么概括美的规律的美学能够放过美的本质和特性而只研究艺术吗？必须明确：美是第一性的，艺术美是第二性的，二者的关系就是物质和精神、存在和思维的关系，无论从对人们的美育来说，还是就艺术的源泉来说，对于美的实质和规律的研究都是非常必要的，况且创造艺术美仍然是为了让人们进一步认识现实美、了解现实美，提高思想、美化精神、建立美的感情，并进一步创造美的生活，所以"美的本质论"就必然地是美学的重要组成部分。

美学要研究各种性质的美，自然也就要研究认识美、反映美的形象思维。美总是具有形象性的，我们欣赏"美"与认识一般的"物"是不同的。虽然美也是一种"物"，但要鉴赏美就不能抛弃形象而只抽其本质以形成概念，相反，却是要在思维过程中始终伴以具体的形象。这种欣赏既是对美的内容的深入理解，同时也是对其形式的印象的加深；既有理智的思考，同时也有感情的体验。马克思说，人们在生产实践中产生了"形式美的眼睛""音乐的耳朵"等等，这就是"人的主观感受的丰富性"③。这种"主观感受的丰富性"说明着欣赏美并不仅仅是了解其本质，而且还要从形式上得到美感享受。譬如，当我们走在农村盘山大渠的堤岸上时，就自然地被它的美好景象所吸引：渠水淙淙，绿树成行，太阳透过树叶的缝隙放射到大堤上许多金色的斑点……这些迷人的景色使我们心旷神怡。这就是对于美的形象的欣赏，这就是从形式美上面所得到的美感愉快。我们欣赏它时，并不停留在感性认识，自然地要产生思考、联想和想象——想到创造这种美好景象的劳动人民的崇高形象，认识到劳动改造世界的伟大意义。然而在认识到这种"人化自然"的深刻意义以后，也并不就此而终结我们的欣赏活动，而是面对着这一景象流连忘返，反复鉴赏它的每一个

---

① 见《世界文学》1961 年第 3 期。
② 参看《罗丹艺术论》，人民美术出版社 1978 年版。
③ 见《马克思恩格斯论艺术》第 204 页。

细节，从中既深化了认识、增加了知识，又在情感上受到激发和感染。由此可见，美感也好，审美认识也好，都应该包括在形象思维之内。所以美学的对象除美而外，还应该研究人们这种形象的掌握世界的思维方式及其规律。大家知道，"形象思维"是十九世纪的文艺批评家和美学家别林斯基提出来的。他说："艺术是寓于形象的思维。"以后又有高尔基、法捷耶夫等人进一步提出了"形象的思维""艺术的思维"等说法。① 这些提法虽然有唯心主义与唯物主义之别，但从文艺创作的特征来看都说明着艺术和科学的不同，是对艺术创作过程的哲学概括。但形象思维并不仅仅是艺术创作的一条规律，也是对各种美（包括自然美、社会美）的审美认识的规律，是整个欣赏活动的思维规律。人们的"形式美的眼睛"绝不只是观察、欣赏"艺术形象"，而是欣赏所有的美，其中就包括着"人化的自然"之美、劳动产品的美等等。所以马克思说："艺术对象创造出有艺术情感和审美能力的群众——任何其他生产物也是一样。因此，生产不仅为主体生产对象，并且也为对象生产主体。"② 这就明确地告诉我们：人们创造了劳动产品（包括艺术产品），同时劳动产品（包括艺术产品）也丰富了主体（人）的各种感觉和思维能力，其中就包括着审美的感觉和审美的能力。因此，审美的活动既有对艺术的欣赏，又包括着对各种美的事物的欣赏和体验。这种欣赏不是象鲍谟伽敦所说只是"感性"的活动、"感性认识"③，而是由感性

① 参看《古典文艺理论译丛》第 11 册。

② 马克思：《政治经济学批评导言》，见《政治经济学批判》142 页，人民出版社 1959 年版。

③ 十八世纪德国哲学家鲍谟伽敦提出美学应是一门独立的科学，这是对的，但他否定审美活动中的理性认识则是错误的。车尔尼雪夫斯基叙述道："鲍谟伽敦在叙述伏尔夫哲学的引论的时候，发现了一个十分重要的缺点：伏尔夫虽然把认识分为感性认识（通过感觉得来的）和理性认识（属于我们修正感性认识的智力方面的），却只谈理性认识的规律。照鲍谟伽敦的意见，研究感性认识的本质和规律是必要的，认识论的第一部分应该是关于感性认识的学说，他称这种学说为 Aesthetik（美学，从希腊文说来，意即'感性学'）。"（《美学论文选》，第 36 页）鲍谟伽敦提出"美学"这一名称，并且把它和"逻辑学"区别开来，初步说明了审美过程是一种有别于抽象思考的独特的认识方式，这是他在美学史上的功劳。但是，他把这种认识方式仅仅停留在"感觉"的阶段，因而是不能真正认识美的本质的。车尔尼雪夫斯基说：鲍谟伽敦的"Aesthetik 一开始便不谈简单的感性认识而讨论美感认识，美感认识的根源无疑是在感性认识里面，但是美感认识毕竟与感性认识有本质的区别"（同上书，第 36 页）。这就明确地指出了鲍谟伽敦把美感认识等同于感性认识、否定美感认识的理性阶段的致命弱点。

到理性的完全的认识过程。不然，人们就不能掌握美的规律，就不能在理性认识的支配下"按照美的规律来造成东西"。由感性而理性是逻辑思维和形象思维的共同规律，只是形象思维时刻离不开生动可感的形象罢了。因此，在认识过程中有无形象的最终伴随、渗透不渗透主体的感情体验，就是区别两种思维方式的根本标志。

这里需要指出一点，即形象思维的内容不仅仅是美的形象，而且也包括丑的形象。美学固然是指导人们了解美、欣赏美的科学，但也不能不研究丑的形象。因为美、丑是相互比较而存在、相互斗争而发展的。如果只研究前者，不研究后者，就无法对美、丑做出科学的鉴别，也就无法指导人们认识生活中、艺术中的美、丑的形象。所以从认识美、反映美的角度看，美学也就不能只研究美感和审美意识，而必须研究人们认识美丑、掌握美丑的全部形象思维。其实，"审美"也就是"分辨美丑而后取美以赏之"的意思。

形象思维和逻辑思维（或叫抽象思维）都属于意识、精神的范畴，都是自然的和社会的客观存在在人类头脑中的反映，都来源于社会实践。物或者物的形象（美、丑以及与此有关的崇高、滑稽等等）都是第一性的，而反映它们的思维则是第二性的。正如列宁所说："不言而喻，没有被反映者，就不能有反映，被反映者是不依赖于反映者而存在的。"① 很明显，这个"反映"是包括着各种思维形式的，因此总结形象思维的规律也不能离开唯物主义的反映论，不能离开自然美和社会美的发展规律。对于形象思维的研究，同对于抽象思维的研究一样，都是关于认识的源泉问题的探求，都是对思维的发展规律的概括，都具有认识论的意义。由此可见，美学观是哲学世界观的一部分。我们研究形象思维，就必须以马克思主义的世界观做指导，阐明美和形象思维的规律、性质及其相互间的辩证关系，这样才能科学地解释复杂的美学现象，也才能从美学这一部门来丰富哲学理论。

话又回到美学是否研究艺术的问题。美学是要研究艺术的，但并不是研究各艺术种类的具体规律和具体技术，诸如文学创作的修辞手段、各种

---

① 《列宁选集》第 2 卷，第 65 页，人民出版社 1972 年版。

文学体裁的特点、人物描写方法，或者美术创作中的"透视学"等等，也不像马奇同志所说是"艺术教育"（培养艺术人才？语文教学法？素描教学法？）和"艺术批评"，而是用哲学的观点来概括艺术的总规律。艺术是作家形象地、典型地对现实美的反映，是作家通过语言、线条、音响、动作等物质媒介所创造的第二性现实。它无论从内容上还是从形式上都比现实美的形象更集中、更强烈。它是作家形象思维的结果，反过来又是群众的审美对象。为了更好地创造它和欣赏它，我们就应该从认识论和方法论的高度首先解决艺术和现实的审美关系问题，揭示出艺术的本质和特征，就应该概括出艺术创作从形象思维转化为第二性现实的辩证发展过程，阐释艺术创作中的辩证法，诸如艺术形象的个性与共性、有限与无限、偶然与必然、内容与形式、现实性与理想性、教育性与娱乐性、主观成分与客观基础等的对立统一关系；就应该以历史唯物主义的观点阐明艺术形象的时代性、民族性、继承性和创造性等等。由此可见，美学研究艺术仍然是探求人们形象地把握现实美、反映现实美的根本规律。只是因为艺术是第二性现实，它的创造过程比一般的审美过程复杂得多，这就更需要我们对它进行哲学概括。这个哲学概括是在客观美的基础上对艺术家认识形象、塑造形象的根本原理的总结。从这个特定的意义来说，我们同意把"美学"称为"艺术哲学"，然而"艺术哲学"只能包括在美学之中，而不能代替美学的全部内容。这就是说，美学和文艺理论并不是一回事。美学是文艺理论和各种艺术概论的理论基础，它可以指导各种艺术理论的研究，指导艺术评论，但美学并不就是各种艺术门类的特殊规律和表现方法，而是关于美、形象思维以及形象思维转化为第二性现实（艺术）的哲学理论。因此，我们说朱光潜、马奇同志把美学等同于文艺理论的看法是不够恰当的。然而，各种学科又不是绝缘的，它们之间往往有某些重叠（不是完全的叠合）现象，即如文学理论、美术理论、音乐理论等等，它们既然要以美学为指导，自然就要在"艺术总论"里，或"艺术分论"的有关章节里阐明艺术的哲学道理（即有关艺术的美学原理）。这种部分的叠合并不会使艺术学代替美学，相反却正好说明了艺术学和美学的密切关系。同样，"教育学"中的"美育"也应当作如是观。"教育学"包括着德育、智育、体育及教学原则等等，但也包括着美育，而美育也是美学的内容之一。至于"心理学"中所研究的想象、联想、记忆、感情、气质、性格等等也是与美学（美的欣赏和艺术美的创造）有着直接关系的。所以确定美学的对象，既应当看到它与有关学科的区别，也应当看到它们之间的联系。这样才能辩证地理解美学的内容，才能使各种有关学科的研究起到相辅相成、互相促进的作用。但是绝不能把美学和其他有关科学等同起来。

最后，还应当指出一点，美学研究艺术，不仅要研究艺术中美的形象，而且也要研究艺术中丑的形象。因为在艺术中描写丑、批判丑，是为了歌颂美，是为了提高观众的鉴赏力，所以艺术中丑恶的典型也不能排除在美学之外。同样的，与艺术中的美、丑有关的悲剧形象、喜剧形象（包括幽默形象和滑稽形象）以及雄伟形象、优美形象等等也都是美学的研究对象。因为这些不同的形象不是别的，而只是美、丑的不同表现形式而已。所以美学研究艺术是为了从各种个性生动的艺术形象之中来探求艺术的各种审美性质。悲剧形象、雄伟形象可以引起崇高感，喜剧形象可以引起幽默感，可以引起"轻松的喜悦"（里普斯语）或戏谑性的笑等等，优美形象可以让人得到美的享受，丑恶的形象可以让人学会憎什么、爱什么，从而净化人的心灵，热爱和向往美的事物。这一切艺术形象对人所引起的思想感情或者是美感的不同形式，或者与美感认识大有关联，因而都具有审美的意义。所以美学研究艺术并不像洪毅然先生所说只是研究艺术"本身之美"，或者只研究艺术"如何反映客观对象事物的美"①，而是从更广阔的意义上把整个艺术作为形象思维的果实来进行研究，从中发现不同形象（不只是艺术中美的形象）所特具的不同的审美意义和美学价值，以便从认识论和方法论上提高人们对各种艺术形象的表现力和鉴赏力。这就是在界定美学的范围问题上我与洪先生的看法的细微差别。

总之，美学不仅要研究美、美感和艺术中的美，而且要把属于客体的美、丑、崇高、滑稽等等形象和它们作用于主体后所产生的美感、憎恶感、崇高感、幽默感及一切形象思维和真正的艺术都作为研究的对象。研究的目的是为了说明审美对象和审美主体（包括主体所创造的艺术）各自的本质、特征及其规律，是为了阐明两者之间的辩证关系——即主体对客

---

① 洪毅然：《论美学的研究对象——美学与艺术学的区别》。

体或者说人对现实的审美关系。所以我们说，美学是从哲学上指导人们形象地把握世界，从而认识美、欣赏美、反映美（包括创造艺术形象），丰富精神生活，提高审美能力，并按照美的规律改造世界的社会科学。简言之，美学就是研究美、形象和形象思维的科学。

明确了美学的对象和范围才能弄清美学领域中的种种范畴，才能对各种美学范畴进行切实的研究，才能使美学得到发展，才能发挥美学在建设社会主义精神文明方面的重要作用，从思想感情上促进"四化"建设。

# 论自然美的价值及其它[*]

## ——答李泽厚同志

　　我国美学界在五十年代和六十年代曾经对美学上的一些基本问题——美学的哲学基础、美学的研究对象、现实美和艺术美的本质、美感和美的关系、社会美和自然美的区别与联系等问题，进行了热烈的讨论。笔者也参加了当时的讨论。对于我当时的浅见，有的同志表示同意，有的同志（如李泽厚）则提出了质疑。这里仅就自然美问题做一答辩，以求共同提高。

　　1962 年李泽厚同志在《美学三题议》[①] 一文中对我在《自然事物的美学意义》[②] 中所提出的自然美在于自然事物本身的看法提出了不同意见。李泽厚认为把自然美说成自然的客观存在，就是把自然美与人类的社会实践割裂开来，因而是"神秘主义"和"客观唯心主义"的理论。他说："首先，说自然本身就美，这究竟是什么意思？美总是对人而言的一种价值，没有人，这种价值又能在什么地方？没有人类，太阳美不美，花美不美，它们的美学价值是什么？""其次，说美就在自然本身，就必须具体地说明它在自然本身之何处？究竟哪些自然条件或属性才是美的？……为什么它们会普遍必然的具有美学价值给予人们以美感愉快？不能回答这问

　　*　原文刊载于《学习与探索》1981 年第 4 期。——编者注
　　①　李泽厚：《美学三题议》，《哲学研究》1962 年第 2 期。
　　②　拙文：《自然事物的美学意义》，《新建设》1960 年 3 月号。

题，美的本质还是没有找到。因此，第三，正因为不能解释而又要去寻求解释"，所以这种作法"在开始常常可以是虽机械但仍为唯物主义，但理论本身的逻辑却必然会把它引到……神秘的、目的论的道路上来的……。因为他并没有也不能解释为什么自然界的'生机'或'内在矛盾的新生方面'就是使自然成为美的?"① 质言之，在自然美问题上，李泽厚同志与我的看法有着一定的分歧，因为一则认为"直到今天，某些自然对象也还是因为与人们的社会生活具有……比较显明直接而重要的'实用''功利'关系，……才成为美的"②；一则认为，自然美与人类社会生活虽然有着一定的"因果关系"，但"自然美之所以为自然美，就是因为它有着自身的与社会美不相混同的特点"③。为了进一步说明自然美的审美价值，自然美的客观规律，进而明确美学的一般研究方法，以便今后深入讨论，本文奉答如下。

## （一）自然美的美学价值

李泽厚同志认为，说自然美在自然本身，说自然美是"自然物的内部矛盾的新的矛盾方面"就是"与人类的社会生活没有关系"，因而看不到美的价值。其实李泽厚是把不同的"价值"概念弄混了，对于"自然美和社会生活的联系"的理解也近乎形而上学太趋于片面了。不错，"价值"（具体说就是事物的使用价值）总是对人而言的，但是"价值"有种种，客观事物与人类生活的联系也有种种。客观事物的某种"价值"正取决于它与社会生活的特殊关系，取决于它对社会人的某种需要的满足。人和物的多种关系以及多种需要的满足就充分地说明了客观事物的价值的多样性。人们需要饮食、居住，于是就在生产实践中制造了餐具和茶具等等。这样，从满足人的饮食等物质要求的观点来看，在实践中产生的餐具和茶具就具有"实用价值"；人们在生活中需要欣赏，于是工人就在餐具、茶具上饰以美丽的图案以满足人们的审美要求，餐具或茶具就成了一件完整的工艺品，因而也就具有了"艺术价值"。可见，"价值"体现着客观事物

---

① 李泽厚：《美学三题议》，《哲学研究》1962 年第 2 期。
② 李泽厚：《山水花鸟的美》，《人民日报》1959 年 7 月 14 日，第 7 版。着重号为引者所加。
③ 拙文：《自然事物的美学意义》。

与人类社会生活的某种关系，它在社会生活中的作用具有着多样性。一种物品可以满足社会的一种需要，也可以满足社会的多种需要。因此，同一事物可能有一种价值，也可能存在着无数种价值，诸如"营养价值""医疗价值""经济价值""艺术价值""道德价值""美学价值"等等。上述餐具和茶具就同时体现着几种价值。作为用具的茶杯和作为艺术品的茶杯是不尽相同的；作为货币的金银和作为饰器的金银，其价值也有区别。说到这里使我想起了易水同志对古剑的考证。古代制造的长剑原是为了作战用的，但是后来却变成了官员的佩饰和将领的防身兵器①。这就无怪《陌上桑》中秦罗敷用"腰中鹿卢剑"的言辞来夸耀自己的夫婿了。所以作为武器的宝剑和作为佩饰的宝剑也不尽相同。原因即在于宝剑自身存在着不同的价值。再如古代的令旗也是如此。"古代军事长官在阵上传令，即用一面令旗，作为凭证，因此在作战时要腰插几面令旗，以备应用。现在剧中将官背上所扎之靠旗，亦即此意，惟每背四面，则已夸张加大成为装饰品了。"② 可见令旗在实际上的用途和在戏剧中的用途也是不完全一样的。所以在考察某种事物的价值时，我们应区别出它的不同的社会职能，尤其应该注意的是，这里所说的价值都属于使用价值的范畴，更确切些说，是指的事物的某种用途或积极作用，它和经济学上的"价值"是完全不同的。前面所提到的餐具或茶具，它们既可供实用，又可供欣赏，这都是它们的使用价值，但是，如果生产者制造它们不是为了自用，而是为了换得另一种使用价值，从而进行着交换，那么，它们就具有着商品价值。这种价值即凝结在商品上的一定的社会劳动量。它和使用价值有着根本不同的性质。显而易见，"价值"并非一个单一的概念。我们研究客观事物与人类生活的各种关系都应该把不同的"价值"概念区别开来。一方面要把"使用价值"和商品"价值"区别清楚，一方面要把物质方面的使用价值和精神方面的使用价值区别清楚，而不能将不同的"价值"范畴混而统之，企图说明某种事物的使用价值或商品价值，而实际上却什么也不能说明。研究自然美的价值也是一样。

　　首先，自然美不完全是商品，我们不能用商品"价值"的观点来说明

---

① 易水：《古剑琐记》，《人民日报》1962 年 8 月 5 日第 6 版。

② 梅兰芳：《中国京剧的表演艺术》，《梅兰芳文集》第 19 页，中国戏剧出版社 1962 年版。

它的美学价值。蓝天、白云、太阳和月亮，都属于自然美。它们并没有被人去改造，并没有付出人们一定的劳动时间，它们不为任何人所专有，没有任何交换的可能性，因而它们不具有任何交换价值。但是它们对人类的社会生活却有着不同的作用，满足着人们一定的社会需要，其中就满足着人们的审美要求。因而我们说这些自然物虽然不是人类劳动的产品，但是对人却有着使用价值（包括审美价值）。

其次，人工培养的观赏植物和动物——如花卉、金鱼等等虽然经过了人类劳动的实践，可以成为商品，具有交换价值，但作为自然美来看，其美学价值并不在于它是抽象劳动的物化，而在于它的美学特性（即生气勃勃的有机生命对人们的鼓舞作用和它的具体的美丽的形状和色彩的美感作用等等），在于由于人的具体劳动，使得它成了自然美的最高显现形式。所以我们不能把属于使用价值范畴的美学价值和商品的交换价值等同起来，更不能像李泽厚那样以自然美的价值和货币相比，从而得出如下的结论，他说："……货币（纸币）所以有效，是由其后面的黄金储备，而黄金储备所以有价值，是在于作为商品的等价物它本身体现和包含着一定的社会劳动，而这就是它的社会性。商品的使用价值是其自然属性决定，而其价值则正是社会的产物，是它的社会属性，这种社会性当然是看不见摸不着而又客观的存在着的。……其实自然物与自然美的社会性也完全如此。"[1] 李泽厚这种美学的商品观点或者货币观点是经不起推敲的。因为第一，商品不完全属于美的范畴，而美也不一定就是商品。不独上述的太阳和月亮，就是人的美也不能纳于商品之内。当杜十娘怒沉百宝箱时，她的美充分地显现了出来——如果她甘愿作为商品让李甲出卖，那么她还有什么优美品质可言呢？不错，在资本主义社会里一切产品甚至连人的劳动力也是商品——然而这正是美被埋没的原因。马克思说，"矿物贩卖者只看到商业的价值，但看不到矿物的美丽和特有的本性；他没有矿物学的感觉"[2]，当然也没有美的感觉。他所注意的并非物的使用价值或美学价值，而完全是从商品角度出发，注意的则始终是交换价值——因为他所寻找和追求的不是美而是获得利润的途径。这不正好是美学价值、美的属性不同

① 李泽厚：《关于当前美学问题的争论》，《学术月刊》1957 年 10 月号。
② 马克思：《经济学——哲学手稿》第 89 页，人民出版社 1957 年版。

于"交换价值"的明证吗？美的事物可以是商品（如工艺品、经过人化的自然美），也可以不是商品（如自然美、社会主义新人的美）。不论怎样，它们的美的本质并不为"交换价值"所决定，而决定于自然美或者社会美自身。第二，正因为美学价值、美的本质取决于它自身的特性，所以它与物质财富的代表者——货币有着根本性质的区别。马克思说，货币"是价值尺度和流通手段的统一"[①]，在资本主义社会里"因货币作为价值底现存的和自己活动着的概念把一切事物混淆着、交换着，所以，货币是一切事物底普遍的混淆和互换，从而是颠倒的世界是一切自然的和人的诸品质底混淆和互换"[②]。马克思描述道："货币的力量有多大，那末，我的力量就有多大。货币的诸属性是我——它的持有者——的诸属性和本质力量。所以我是什么和我能够做什么决不是由我的个性来决定的。我是丑的，但货币能够给我买到最美丽的妇人，所以我不是丑的。因为丑恶底作用，它的可怕的力量是被货币否定了。我——依照我的个性——是跛脚的，但货币帮我获得二十四条腿，所以我并不是跛脚；我是一个恶劣的、不老实的、没有良心、没有智慧的人，但货币是被尊敬的，所以它的持有者也如此。货币是最高的善，所以，它的持有者是善的，而且货币还使我免去不名誉的操心，所以我被假设成可敬的；我是没有精神的，但货币是一切事物底现实的精神，货币的持有者怎么会没有精神呢？又如他还可以购买些富有精神的人们，如果某个东西有权力对付那些富有精神的人们，那末，这个东西岂不比富有精神者更富有精神？我通过货币能办到一个心灵所欣求的一切，我岂不是掌握了一切人的能力吗？所以我的货币岂不是把我的一切无能弄成了它的反面吗？"[③] 货币的交换机能可以颠倒黑白、混淆美丑，它并不和一个特定的品质进行交换，因此它和美自身所固有的美学价值是不相同的。由此可见，李泽厚以混淆美丑的货币来和美的价值相提并论，不仅不伦不类，而且也说明他并没有真正理解美的价值所在。当然，诚如李泽厚所说，货币"在资本主义制度下和在社会主义制度下……其社会性质

---

① 马克思：《政治经济学批判》第 81 页，人民出版社 1959 年版。
② 马克思：《经济学——哲学手稿》第 119 页。
③ 同上书第 116~117 页。

却大有变异"①。在社会主义制度下，货币掌握在人民手里，它就起着活跃国民经济的作用，体现着劳动者之间的互助合作关系——但是作为货币的基本职能，它却仍然是衡量一切商品的价值尺度，是商品的流通手段，而与商品的使用价值不同，更与美所特有的美学价值不同。所以李泽厚把物质交换的社会性看成是自然美的客观基础，并以此说明自然美的价值和审美作用，实际上不但不能揭示自然自身的美质，反而倒是狭窄地用经济学的概念掩盖了自然美的美学价值和社会作用。可见，在美学中以"浑沌的表象"和"复杂的统一"为借口轻而易举地抛掉具体的美学现象和历史事实而仅仅用纯粹思辨的方法研究美学是不正确的。

同时，我们说李泽厚同志混淆了不同的"价值"概念，不仅在于他在美学中用"交换价值"和货币来说明美的本质，而且还在于他没有把满足物质需要的使用价值和满足精神需要的使用价值区别开来，没有看到自然美的美学价值对人类精神生活的特殊作用。所以李泽厚才说"直到今天，某些自然对象也还是因为与人们的社会生活具有……比较显明直接而重要的'实用''功利'关系……才成为美的"。在李泽厚看来，"自然美在最根本的意义（在历史和生活根源的意义上）上是由其社会性而非由其自然性所决定。例如老鼠一向是不能成为美的对象的，这主要就是由其社会性（与人类社会生活的直接功利关系）所决定，而不是甚么没有'显现''种属的一般性'等所能决定"。② 在这里李泽厚已经把"社会性"和"直接功利关系"当成了同义语。这种自然美的理论，初看似乎是把自然美与人类社会生活保持了极为密切的联系，但实际上却经不起实际美学现象的考验而终于陷入自相矛盾的境地，根本不能真正道出自然美与人类社会生活的审美关系。玉米、甘薯、南瓜、白菜等固然可以成为审美对象，而对人有害的猛兽又何尝不是艺术题材和在公园欣赏的审美对象？就连李泽厚也说，老虎、狐狸或甲虫有时"因其机灵或勇猛"也会很美③，这个实例否定了他的自然美的"直接功利性"的理论；反之，大粪有着实用的功利

---

① 李泽厚：《论美的客观性和社会性》，《人民日报》1957 年 1 月 9 日。
② 李泽厚：《论美是生活及其他》，《新建设》1958 年 5 月号。着重号为引者所加。
③ 李泽厚：《山水花鸟的美》。

性，但却是美的反面。鲁迅就曾经说，画家们决不会"画鼻涕，画大便"①，就连李泽厚自己在《山水花鸟的美》一文中不是也承认"大粪、肥猪尽管实用，却因其恶臭或蠢笨不一定是今天吟咏描绘的题材"吗？这些实例就更说明了李泽厚自然美的理论的荒唐。这种理论的着眼点在于"实用"和"直接功利"而非审美性质，因而是看不到自然美的本质的，正如珠宝商人只看到商业的价值而不见珠宝的美丽一样。这种理论如果流行起来，就只能让人着眼于自然物的物质利益，而不能从对自然物的审美活动中得到前进力量的鼓舞。因此，在自然美的问题上，李泽厚同志运用的并不是辩证唯物主义的研究方法，而恰恰是"实用主义"的研究方法。最近李泽厚同志仍然坚持这种观点，他把吃饭也算做审美的范畴，说人们"吃饭不只是充饥"而且要求食品"成为美食"，这也是一种审美的需要。② 这不仅是"美"和"好"的混淆，而且把美学变成烹调技术了。古代所谓的"美食""美餐""美味"是指的食物具有好的味道，绝不是美学意义上的美。美学意义上的"美"是指的客观具体的形象能够引起人的美感的那种特质。美是形象思维的客观对象，离开了具体形象，就没有美可言。艺术美是客观的美的形象的反映，它也是以具体可感的形象感染人、教育人的。线条、声音、语言可以构成形象，所以能成为艺术美的因素；而味道却不能构成具体形象，所以无所谓美丑。我们可以在艺术中创造视觉形象、听觉形象等等，但至今还未见到创造"味觉形象"的艺术。增强食品的美味是饮食服务公司的任务而非美学的任务。应该承认，李泽厚强调"美与社会生活的密切联系"是无可非议的，但客观事实告诉我们：美的美学价值与物的实用价值并非完全相同，它们都与社会生活有关，但是它们对人类社会生活的作用和性质却有区别。李泽厚文章的前后矛盾是把"美学价值"和"实用价值"相互混淆的结果。

必须明确，实用价值和美学价值有着显著的不同。前者是就人的物质生活而言，后者是对人的精神生活而言；前者的有效性在于实用，后者的有效性在于美的形象对人的思想感情的影响、教育、感染和熏陶；前者的

---

① 鲁迅：《半夏小集》，《且介亭杂文末编》第 110 页，人民文学出版社 1973 年版。

② 李泽厚：《康德的美学思想》，《美学》第一期，上海文艺出版社 1979 年出版。

"功利性"必然是直接的物质利益，后者的功利性则不一定是直接的物质利益，而是通过人的审美意识反作用于社会实践，这就是说，美的职能是潜移默化的，它的功利性往往是间接的。普列汉诺夫在《没有地址的信》中所征引的大量的自然美和艺术美的材料就足以说明这个问题。他说："巴西人的鱼舞正如北美人的头皮舞或澳洲妇女的捉蚌壳舞一样，是同部落生活所依据的各种现象密切地联系着的。不错，这三种舞蹈中没有一种是给舞蹈者本人带来什么直接利益的，也没有给看舞蹈的人们带来什么直接的利益。在这里正如平常一样，人们是不顾任何实用的考虑而喜爱美的东西的。"① 所以，无论是现实美（如体态灵活的鱼和渔猎者的生活）或者是反映它的艺术美（如鱼舞、捉蚌壳舞）的价值都不在其直接的物质实用性，而在其审美价值，在于它对人们精神生活的满足，在于它通过美感愉悦性所发挥的对社会、对种族十分有益的教育鼓舞作用。② 这就是美学价值的本质内容。

明确了"美学价值"与"实用价值"的不同，就会明白人的审美活动和人的经济生活的区别，就会明白为什么"少女会歌唱失去的爱情，而守财奴决不会歌唱失去的金钱"的道理，也就会明白，自然美与人类生活的关系是一种审美关系而非是一种直接经济关系。我曾经说过："自然界新生的、茁壮的、充满生命力的东西，富有生机的东西，亦即自然物的内部矛盾的新的矛盾方面是美的；反之，腐朽的、衰亡的，亦即自然物的内部矛盾的旧的矛盾方面则是丑的。"③ 这就是说，用"生机"或"内部矛盾的新的方面"说明自然美的实质并非取消自然美对人的价值，而正是以它对人的美学欣赏价值来立论的。"大自然是人的生活环境的一个组成部分"④，只要是热爱生活的人，他就会热爱他所赖以生活的自然环境，并且把预示自然界美好前景的富有生机的事物当作审美对象。车尔尼雪夫斯基说得好："对于人，什么是最可爱的呢？生活，因为我们的一切欢乐、我们的一切幸福、我们的一切希望，只与生活关联……所以，凡是我们发现

① 普列汉诺夫：《没有地址的信、艺术与社会生活》124页，人民文学出版社 1962 年版。
② 普列汉诺夫：《没有地址的信、艺术与社会生活》124~125页。
③ 拙文：《自然事物的美学意义》。
④ 同上。

具有生的意味的一切，特别是我们看见具有生的现象的一切，总使我们欢欣鼓舞，导我们于欣然充满无私快感的心境，这就是所谓美的享受。"[1] 可见，人们不仅有着吃、穿、住的物质活动，也不仅有着欣赏社会美和艺术美的审美活动，而且也有着基于热爱生活而产生的欣赏自然美的审美需要。在原始民族那里，这种审美活动也是不可缺少的。普列汉诺夫写道："事实上，原始狩猎者几乎总是具有独特风格的、聪明的、有时是热情的画家和雕刻家。封·登·斯坦恩说，那些伴随他旅行的土人们（巴西印第安人——引者按）晚间心爱的消遣，就是在沙土上描绘各种动物和狩猎生活的场面。澳洲人在这一方面是不亚于巴西印第安人的。他们喜欢在保护他们不受风寒的袋鼠皮上以及树皮上刻画出各种不同的图形。菲列蒲在杰克逊港附近看到了许多表示……鸟、鱼、蜥蜴等等的图画。所有这些图画都是刻在岩石上的，其中一些图画证明原始艺术家具有相当高的艺术技巧。"[2] 生产力极为低下的原始民族，为什么还要刻画这些动物呢？很明显，他们除了某种实用目的以外，还有一种审美需要。这种欣赏新的生机的审美需要不仅在原始人的狩猎生活中可以看到，就是在古代的战争生活中也能看到。晚周时期的一件武器"金银错动物文剑"[3] 就说明了人们对自然美的欣赏。战争是残酷的，但是为什么人们还要在武器上表现鸟兽的艺术形象呢？这就说明了战士们有着由于热爱生活而产生的对自然事物的美的感情。在今天，从自然界美的事物中更加感到生活的可爱、世界的可爱，并在情绪、情感和审美方面受到鼓舞。

从以上的分析可知，人们欣赏自然美，绝不象克罗齐所说是"形象的直觉"，也绝不象康德所说是不带任何"认识判断"的喜悦，而是经过鉴赏判断在充分理解到优美的自然环境的可爱之处以后所获得的美感享受。当然，颓废主义者、厌世主义者对新生事物没有任何兴趣，新生事物对于他们也不能产生美感，而热爱生活的人则始终注意着自然界的新生事物，因为新生事物欣欣向荣、生机勃勃的特点和人们健康的审美情绪、革命的

---

① 车尔尼雪夫斯基：《美学论文选》54 页，缪灵珠译，人民文学出版社 1957 年版。

② 普列汉诺夫：《没有地址的信、艺术与社会生活》162～163 页。

③ 见郑振铎编：《伟大的艺术传统图录》上册，第一辑，第 31 图，中国古典艺术出版社出版。

乐观主义精神是相一致的。"情绪健康的人因为热爱生活，所以才欣赏具有充沛生命力的自然物，而富有生机的大自然反过来又使人内心沸腾，增加生活的力量……这就是欣赏者与自然美的辩证法。"① 这就是自然美与人类生活的密切联系。这种联系不单在于物质的实用性，而是在于作为环境的自然本身的特点对人类精神生活所特具的美学价值。这是一种思想上、感情上的联系。对于这种联系，我们既要看到热爱生活的人的审美意识，也要看到作为人的环境的客观存在的大自然。没有人，大自然本身固然不能成为被欣赏的对象，而没有自然的物质存在，没有自然的生机、运动、变化和发展②，那么自然美将会变成不可捉摸的东西，而自然美对人的鼓舞作用又从何谈起呢？只有把自然界生气勃勃的特点和主体精神生活的健康的审美需要联系起来，才能看到自然美的作用。由此可见，自然美在其自身的生机和内在矛盾的新生方面的说法并非脱离了人类的社会生活，更不是什么"目的论"和"神秘主义"，恰恰相反，它正是以人民群众热爱生活的审美情绪为条件、以客观物质世界为基础来探讨究竟哪些自然物才是审美对象的。

总之，自然美并非完全直接满足人的经济生活的需要，而是满足着人们热爱生活的审美要求；自然美的社会有效性或社会性并不只在其"直接功利性"和"实用性"，而是在于其生机勃勃的特点通过作用于人的审美意识而产生的有益于改造自然、改造生活、改造社会的审美鼓动作用和美

──────────

① 拙文：《自然事物的美学意义》。
② 《自然内部矛盾的新的方面》并不单指富有生机的自然物，它是一个具有深刻含义的美学范畴。天气的由阴到晴，季节的冬去春来以及一切自然界的运动和变化都是对立统一规律的体现，都是新的矛盾方面在起着主导作用，都预示着自然的发展前景，所以它们都能引起我们的美感。因此，在"阴风怒号，浊浪排空"之后，"至春和景明，波澜不惊，上下天光，一碧万顷；沙鸥翔集，锦鳞游泳；岸芷汀兰，郁郁青青"，这样的景象才令人"其喜洋洋"。因此毛主席诗句中所描绘的"大河上下，顿失滔滔……须晴日，看红装素裹，分外妖娆"，这样富于变化的美丽的自然界如此激动人心。隋代展子虔的《游春图》之所以美也是这个道理，郑振铎写道，《游春图》"是今存的最早的一幅山水画；那新艳繁富的色彩，反映出祖国山川的锦绣般的可爱。人物小如豆点，而动态一一可指。大小李将军的作品虽然不存于世，见了这个'祖本'，就可以知道'金碧山水'的一派是如何的善于捉住大自然的瞬息万变的景色而使之万古常新"（郑振铎：《中国绘画的优秀传统》，载《文物参考资料》1954年第一期，着重点为引者所加）。这一切都证实了运动的美、变化的美。我此处所说的"生机""运动""变化"和"发展"就是"自然内部矛盾的新的矛盾方面"这一美学范畴的同义语。

感作用，亦即它的"间接功利性"。这就是自然美的审美作用的特点，这就是自然美的美学价值。由此可见，说自然本身就美并非否定自然美的价值，而是说自然美的"美学价值"既不同于商品价值，也不同于物的一般"实用价值"，它的职能更不同于货币的职能。自然美是客观的物质存在，自然美的美学价值取决于它自身的形象对人的意识所起的审美作用。因而我们不能用"物质交换"的观点或者"实用"的观点去理解它。这样，我们就不仅回答了李泽厚关于"美存在于自然本身之何处""究竟哪些自然条件或属性才是美的"等等质问，而且也解决了他的"为什么它们会具有美学价值给予人们以美感愉快"的难题。只有把自然美的价值从各种事物的不同价值中区别开来，才能认识自然美的实质，才会对自然美的鉴赏活动有其指导作用，才能发挥自然美的审美作用，以丰富人们的精神生活，促进人们的社会实践；也只有对自然美的价值做具体的分析和正确的理解才能使艺术作品在塑造人物的同时真实地描绘人们所赖以存在的优美的自然环境（而不是把自然物仅仅看作某种社会事物的象征等等），才能保证自然美的研究在美学的正常轨道上进行。

## （二）自然美的发现和生产实践

自然美的美学价值不同于自然物的实用价值，但不能把二者看成毫无关系的东西。就自然美与美感的关系而言，自然美是因，美感是果。没有自然美，关于自然美的观念和美感就无从产生——然而就精神生活和物质生活而言，则实用价值的生产先于美学价值的发现，改造自然的实践活动先于自然美的欣赏活动。生产实用价值的实践是发现自然美的基础和原因，这就是二者的基本关系。李泽厚同志是非常喜欢普列汉诺夫的，为了明确问题的症结，从而彻底解决这一问题，我这里也要从普列汉诺夫的美学开始。对于原始民族的"绘画文字"，普列汉诺夫这样写道："为了表达和交换自己的思想，北美印第安人往往喜欢求助于绘画文字……。用这种方式表现的思想通常同狩猎、战争和其他各种日常的生活关系有关。因此，绘画文字在他们那里首先是服务于纯粹实际的、实用的目的。在澳洲，这种文字也是服务于这样的目的。'奥斯汀在澳洲大陆内地的溪水周围的岩石上发现了一些袋鼠的腿和人的胳膊的图形，凿刻的目的显然是想表明，人和动物都到这个水泉来喝过水。'格雷在澳洲西北海岸所看到的那些描绘人的身体的各个部分（胳膊、腿等等）的图形，大概也是具有给不在那儿的同伴传达消息的纯粹实用的目的。封·登·斯坦恩说，有一次他在巴西一条河的沙岸上看到了土人所画的一幅表现本地一种鱼的图画。他于是命令伴随他的印第安人撒下网去，他们便捞出了几条同沙岸上所画的鱼一样的鱼。显然，土人在画这幅图画的时候，是想向自己的伙伴们报告，在这个地点可以找到什么鱼。但是，土人对这类绘画文字的需要当然并不只限于这一情况。这种需要他们是时常感到的，他们也一定经常采用'绘画文字'，因而这种绘画文字一定是他们的狩猎生活的早期产品之一……封·登·斯坦恩认为，以传达消息为目的的符号是早于绘画的。我完全同意他的意见，因为——如您已经知道的——我一般相信，从有用的观点对待事物（当然也对待动作）的态度，是先于从审美快感的观点对待事物的态度的"。① 这段话生动地说明了以下几个互相联系的问题：第一，"绘画文字"不同于"绘画艺术"。前者有着"纯粹实用的目的"，它是原始猎人为了寻找与获得鱼兽等等直接有用于经济生活的物品而作的"传达消息"的符号；后者则有着审美的目的，亦即是猎人"心爱的消遣"和欣赏的对象。第二，"从有用的观点对待事物的态度"和"从审美快感的观点对待事物的态度"是不相同的，即"实用观点"和"审美观点"有着显著区别。普列汉诺夫此处只是在说明反映实用价值的"实用观点"和反映美的"审美观点"的因果联系，而从未说过"实用观点"就是"审美观点"，也从未说过"实用价值"就是"审美价值"。第三，两种观点和两种价值的因果关系就是"从有用的观点对待事物的态度是先于从审美快感的观点对待事物的态度的"。所以普列汉诺夫的美学不但不能证明李泽厚自然美的理论，反而它倒说明了"实用价值"的生产是先于"美学价值"的发现的。这是历史实践的规律，也是美的发现和发展的规律。只有把美学价值的发现，把美的欣赏活动建立在物质生产实践的基础之上，才能对自然美做出历史唯物主义的解释。自然美固然对人具有美学价值，但是在远古，自然美却是一个黑暗王国，甚至是威胁人的物质力量，因此在

————————

① 普列汉诺夫：《没有地址的信、艺术与社会生活》165~169页。

那时，人们为了生存，改造和征服着大自然，他们所考虑的首先是自然的实用功利性而不是什么审美价值。可是在生产实用价值的实践中人们熟悉了自然、认识了自然、掌握了自然的规律，不仅发展了人的劳动技能，而且也丰富了人的智慧。这时"人的眼睛底享用不同于粗野的非人的眼睛，人的耳朵底享用不同于粗野的耳朵等等"①。亦即劳动实践发展着人的感官，因而出现了"形式美的眼睛"和"音乐的耳朵"——在实践中，人具有了认识美的能力，所以进行狩猎实践活动的原始人才有可能成为认识美、欣赏美和反映美的画家和雕刻家。

普列汉诺夫说："作为一个画家，他需要的是什么呢？他需要的是观察能力和手的灵巧。这正是他作为一个猎人所需要的同样特性。因此，他的艺术活动是生存斗争在他们身上锻炼出来的那些特性的表现。"② 在狩猎、畜牧、农业等等的实践中，尽管人们的"观察能力"和"手的灵巧"具有不同的性质，但是它们却都是发现和欣赏不同的自然美的根本条件。猎人对动物的熟悉和对动物的观察能力使得他们有可能认识和欣赏动物那种自然美的特性；而农人，由于对植物的熟悉和稼穑的技巧，就使得他们有可能认识、欣赏和歌颂植物的美。不错，普列汉诺夫曾谈到过原始狩猎民族"尽管他们所居住的地方是鲜花遍野，但是他们从不用鲜花来装饰自己……这些野蛮人对植物完全不感兴趣"③。但这段话丝毫不意味着植物自身不存在着美，只是由于这些野蛮人没有从事农业实践，所以不熟悉植物，因而也就不能发现植物的美而已。当人类的历史发展到农耕时期，那么他们由于农业生产的实践，提高了对植物的观察能力，因而也就自然地发现了植物的美，对植物界产生美感兴趣。这已为无数历史事实所证实。例如，从广泛分布在我国黄河上游和中游两岸的黄土高原的遗址中出土的新石器时代的彩陶，就描绘着植物的形象。从彩陶图案的数量和绘制质量来看，既说明了当时陶工们对植物的深刻观察，也说明了植物图案在当时相当流行，颇为人们所欣赏。这种对于植物的描绘和欣赏正是我们远古的先人在早期农耕生产的实践中认识植物、了解植物的结果。所以我们说自

---

① 马克思：《经济学——哲学手稿》88页。

② 普列汉诺夫：《没有地址的信、艺术与社会生活》170页。

③ 普列汉诺夫：《车尔尼雪夫斯基的美学理论》，《哲学译丛》1957年第6期。

然美虽是客观的物质存在，但它的被发现和被欣赏却是物质实践的结果。

生产实践不仅帮助人们发现了主体周围动物、植物的美及自然界其它美的事物，同时实践也帮助人们发现了远离地球的太阳、月亮等天体的美学价值。在生产力极为低下的原始社会里，太阳的美就不会为人所认识，这是当时的生存条件所决定了的。但是人们在不同历史时期的不同生产实践中，却逐步地认识到了太阳与畜牧业、农业的密切关系，认识到了太阳是一切生命的源泉，因而也就由对太阳的惧怕转到了对它的欣赏和赞美。这一转化是由于人们认识到了太阳与人类生活的实用关系以后，人们发现了太阳的审美价值。同样，古代的月亮对于我们的祖先也是一个谜，他们认为月亮的运动是由于神的驱使或者它本身就是一种神灵，而在生产实践中人类却直接间接地认识了月亮的变化规律，不仅发现了它在历法上的价值，而且也发现了月亮对人类生活环境所呈现出的特有的美。可见，说自然本身就美，不仅如前所述没有脱离人类生活，而且也没有脱离人类的生产实践。但是在实践与自然美的关系问题上，我与李泽厚却有着不同的理解。我认为自然美是客观的，它不以人的美感为转移。虽然我们的祖先曾一度不欣赏太阳，但太阳的美还是客观地存在着；虽然老早就从事农业的非洲黑人不喜欢动物，但动物美的特性也不能抹杀；虽然原始狩猎民族不以鲜花做装饰，也不描绘植物，但植物美的属性也不会消失——不然，为什么后来人却要描绘它们并以它们为装饰呢？自然美的规律是客观存在，实践的意义只是在于打破自然美的黑暗王国，发现自然美的美学价值，认识自然美的规律，并像马克思所说的那样"依照美底规律来造形"①。所谓自然美的规律，从内容上来讲，它是和自然物的发展规律（而不是衰亡的规律）相一致的，自然物的新的积极的上升的矛盾方面就体现着这个规律，人们就是按照这个规律改造自然，使自然更富有生机、更美的，如果在改造自然的生产劳动中违背这个规律——譬如"揠苗助长"，就会破坏自然的生机和美。那种把自然美的规律和自然物的发展规律对立起来的观点是没有根据的。难道创造美的事物（包括人化的自然和艺术品）能够与自然的发展规律背道而驰吗？如果是那样，那么"人化"以后的自然将会

---

① 马克思：《经济学——哲学手稿》第 59 页。

丑陋不堪，而描写人的自然环境的艺术品也将会失去真实性。这个自然物的发展规律以及体现这个规律的自然内部的新的矛盾方面，即是自然美的内容。我们必须根据这个规律改造自然美、创造反映自然美的艺术。艺术中自然美的形象，违背了自然物的规律，就不成其为美，而只能是美的反面——丑或滑稽。中外许多艺术大师们都提倡艺术家除掌握丰富的社会科学知识以外，还要了解自然科学的知识，其原因也就在这里。也许李泽厚又要说自然美只是一种形式而它本身没有内容。那么，我们不禁要问：既然马克思主义经典作家们都说任何事物都有它的内容和形式，那么为什么自然美就没有它的内容呢？西方唯心主义美学家们把"神的意志"说成是自然美的内容固然是错误的，但李泽厚在《美学三题议》中得出自然美只是社会美和艺术美的形式的结论①，恐怕未必正确。强调社会生活与自然美的联系是必要的，但是仅仅把社会美的内容注入到自然美的形式之中，而否定自然美本身的内容，却仍然跳不出客观唯心主义的泥坑。因为这样的自然美的理论不能让人去了解自然美本身的特性，不能让人认识自然美本身的法则——而是面对着优美的自然环境去欣赏抽象的观念和所谓"自己的理想"。这样的理论无形中否定了认真、细致观察大自然的必要性，因而既不能使我们根据自然美的规律去改造自然，也不能指导我们在艺术中去创造生动真实的自然美的形象。

自然美也有它自己的形式，那就是体现自然发展规律的外部形态。因此，形式要适应内容，要与内容相统一，就不仅是艺术中创造社会美的形象的必然要求，同时也是创造自然美的形象的一条主要规律。例如从西安半坡遗址中出土的许多陶器上所画的不同形态的鱼就体现了这条规律。这些生动活泼的鱼，有的"口微张，鼻尖翘起，作游泳状"；有的"目大睁，向前张望"；有的"闭嘴睁目似向前觅食"；也有的如临劲敌，怒目相视等

---

① 李泽厚在《美学三题议》中说："社会美日益获得丰富深刻的生活内容，但是，其作为自然物质存在的各个别形式却局限束缚；另一方面，自然美日益获得鲜明生动的规律形式，但其直接内容却模糊抽象。只有当社会美……成为广阔明确的艺术内容，自然美当作被运用的物质手段，……社会美与自然美才高度统一起来。成为一种更集中、更典型、更高的美。这就是艺术美。"

等①。这就把鱼的内在生命及其外部表现形态统一起来了，真如同活鱼一般。所以自然美的形象也是内容和形式的统一。由此可见，无论改造自然美还是创造反映自然美的艺术作品都离不开自然美的内部规律和外部特征，而这些规律的发现则要以劳动实践为前提。

当然，艺术反映自然美并不是机械地反映，而必然渗透着作者的思想感情，这正说明了艺术形象是主客观的统一体，但我们不能因为艺术中有作者的思想感情就否认它所描绘的客观对象。如果只强调主观而否定客观，那实际上是否定了自然美和自然美的规律。这对于山水诗、风景画的创作是不利的。

总之，物质生活先于美学欣赏，实用观点先于审美观点，而实践则又是联络自然物的实用价值和自然美的美学价值的纽带。人为生产实用价值而劳动，在劳动中认识了自然美的规律，发现了自然美的美学价值；而自然美的规律和美学价值又通过人的审美意识反作用于物质生产实践，亦即自然美能使人认识自然并以生动的悦目、悦耳的形象从思想感情上鼓舞和促进人类的劳动实践。只有这样，才不是机械唯物主义地用直观观点去理解自然美，而是根据"认识来源于实践"的马克思主义观点具体地说明了自然美的美学价值的发现过程和自然美与审美主体的辩证关系。也只有这样，理解实践对自然美的关系，才不会用"实践活动"本身代替自然美，更不会象唯心主义者那样抽象地发展人的感性活动的能动方面——而是从理论上指出了我们在劳动实践中，在改造自然的活动中，在现实世界里去接触自然美、反映自然美、发挥自然美的认识作用和美感作用的正确途径。

## （三）各种美学概念不应混淆

我曾经在《论美的实质和马克思主义美学中的辩证原理》一文中说过，美不仅体现着"宇宙规律之必然"，"同时也是人类社会实践的产物"。② 这"宇宙规律"即包括着自然美的规律，而美"是人类社会实践

---

① 参看中国科学院、陕西省西安半坡博物馆编：《西安半坡》第 164~165 页，文物出版社 1963 年版。

② 拙文：《论美的实质和马克思主义美学中的辩证原理》，《光明日报》1960 年 11 月 4 日。

的产物"则具有着多方面的含义。第一，从最根本的意义上说，实践是社会美的源泉。社会美的内容和形式是实践活动的结晶。马克思在《关于费尔巴哈的提纲》中说："社会生活在本质上是实践的。"① 没有人的实践也就没有人类社会生活，实践创造了人类、创造了生活、创造了历史，所以社会的美、生活的美、人的美就不会是什么主观观念，而只能是社会实践的产物。第二，实践对自然美的意义在于：自然美的显现，一般要以实践为条件，实践为发现、欣赏和改造自然美提供了无限的可能性，但决不能用"实践""生活"来代替自然美的规律和特质。李泽厚同志不是从认识、发现和改造自然美的观点去理解实践的意义，相反，他却像解释社会美那样用实践活动本身去说明自然美，因而就忽视了自然美的客观规律。这是他把自然美和社会美相互混淆的结果。第三，我说"美是社会实践的产物"还表明：由于人的生产实践，才创造了"人化的自然"。这种"人化的自然"已经具有了双重意义。一方面它充分体现了自然美的规律，使自然的美充分显示出来；一方面它又是实践的结果，留下了人们实践的印迹，体现了人们改造世界的巨大力量，它是"人的本质力量的对象化"，这样在它身上又体现着社会美的内容，即"对象成为人自身"②。李泽厚也谈到"人的本质力量"或人的"理想的实现"，但这只是"人化的自然"的后一种意义，即"人化的自然"体现着人自身力量的美。至于前一种意义，即自然本身的美的规律却被李泽厚忽视了。他没有分清"人化的自然"的双重意义，③ 因而不自觉把两种意义相互混淆了。第四，我说"美是社会实践的产物"也表明：由于人的劳动实践产生了语言，发展了人的各种技能和思维能力，因而创造了艺术和人类文化。也正因为如此，人才能够将社会事物、社会意识比附到自然物上，使自然物成为某种社会事物或意识的象征，这是人们意识作用的结果。这也是一种社会美。关于这一点，我在《自然事物的美学意义》一文中也谈得很清楚。而李泽厚也用这种社会美代替了自然美本身。这几个混淆不仅使李泽厚同志取消了自然

① 《马克思恩格斯选集》第一卷，第 18 页，人民文学出版社 1972 年版。

② 《马克思恩格斯论艺术》（一）第 204 页。

③ 关于"人化的自然"的双重意义，我在《自然事物的美学意义》一文中已详谈，故不赘述。

美，而且把社会美的多种内容也弄得混乱起来。可见，片面理解人类实践的意义，不深入到实践主体和实践对象的各个方面和各种关系中去进行具体分析，就不能区别出各种美的性质，因而也就不能科学地全面地概括出美的本质。

我们说自然美在自然本身并不是说它就比社会美更重要，而是说，只能把自然美与各种社会美区别清楚，才能从比较中认识它们各自的本质，才能充分发挥自然美尤其是社会美的作用，也才能创造出综合反映（有时是分别反映）各种美的更高的艺术作品。因此，对于各种美学概念，我们必须区别清楚，绝不应混淆。

# 关于"社会美" 问题的通讯<sup>*</sup>

你来信问道，什么是美？"四美"有没有共同点？这说明你在五讲、四美活动中做了深入的思考，也说明开展文明礼貌活动需要我们懂点美学理论。正因为如此，在中宣部、教育部、文化部、卫生部和公安部联合发出的通知中才明确指出："教育部门要把文明礼貌列为各类学校思想政治教育的一项重要内容，政治课要向青少年讲授道德修养和美学知识"（见1981 年 3 月 3 日《人民日报》）。我对美学研究得不深，仅就我个人的理解简复如下。

美究竟是什么？这是一个哲学问题。只有学好马克思列宁主义哲学，才能透过复杂的美学现象来概括美的本质。马克思主义的认识论和唯心主义的认识论有着根本的区别。它承认客观世界是第一性的，而思维、精神则是第二性的。人们的审美意识是形象思维，它既是对事物本质的认识，又是对事物的外观的欣赏。认识和欣赏是这种思维活动的密不可分的两个方面。尽管这种认识具有着欣赏者的强烈的感情活动，有它自己的特点，但又和其它认识活动有着共同的规律。马克思主义认为，一切认识都来源于社会实践，一切意识都是客观世界在人类头脑中的反映。客观现实是人们认识的对象，也是人们欣赏的对象。因此，做为对象的美本身不是思维、审美意识、美感等主观的东西，恰恰相反，审美意识、美感的产生，却应该用客观世界中的美的形象来解释。这是美学中的一条最基本的唯物

＊　原文刊载于《河北师范大学学报》1982 年第 2 期。——编者注

主义原理。如果离开了客观现实，把美说成是精神，理念或主观意识的产物，岂不是把美变成了不可捉摸的东西？岂不是公说公有理、婆说婆有理，从而取消了美的客观标准吗？所以我们必须把美学首先建立在唯物主义基础之上，承认在客观现实中有美，然后才能进一步研究现实中哪些事物才是美的。同时，马克思列宁主义美学不同于机械唯物主义和自然主义的美学，它既不是孤立地、静止地、互不联系地看待客观世界，也不是把世界上的一切都看成是美的事物——不然，我们就仍然找不到分辨美丑的标准。虽然美、丑同样是客观存在，但它们却是对立的、互相排斥的、互相转化的。因此，我们必须用马克思主义的方法论来分析客观事物的形象，这样才能掌握美的本质。

列宁指出："可以把辩证法简要地规定为对立面的统一的学说。"（《列宁选集》第二卷，第 608 页）斯大林也指出："决不能认为生活是一种不变的和凝固的东西，它永远不会停止在一个水平上，它是处在永恒的运动中，……因此，生活中总是有新东西和旧东西，生长着的东西和死亡着的东西……"（《斯大林全集》第一卷，第 274 页）这些话虽然不是谈论美学问题，但却是我们探索美的指导思想。既然现实中存在着矛盾，那么存在于现实中的美、丑就不能例外。在社会生活中，无论是现实的矛盾，还是历史的矛盾，矛盾的此一方面是美的，而矛盾的彼一方面则是丑的。秦末的农民起义英雄陈胜、吴广与残酷压迫人民的秦二世是对立的，矛盾的，他们的形象很明显地具有着美、丑的区别。宋代的民族英雄岳飞与卖国贼秦桧也存在着尖锐的矛盾，他们的形象也是泾渭分明的——一个是爱国主义的典型，为历代人民所传颂；一个则是遗臭万年的小丑，为人民所唾弃。从当代的现实生活来看，功高天下而大公无私的周恩来同志对企图篡党夺权的"四人帮"进行过各种形式的斗争，他们的形象更有着根本的区别。前者是一位巨人，他的崇高精神和光辉形象永远活在人民心中，而后者则是不齿于人类的跳梁小丑。由此可见，"真的、善的、美的东西总是在同假的、恶的、丑的东西相比较而存在，相斗争而发展的。"（毛泽东：《关于正确处理人民内部矛盾的问题》）美和丑不仅是客观的，而且是矛盾的。属于社会生活中新的先进的积极的矛盾方面的人物或事物，体现着社会的发展方向，合乎客观规律、客观真理和历史的必然性，具有教育作用，并能从情绪、情感上鼓舞我们前进，因而是美的；反之，属于旧的腐朽的衰亡的矛盾方面的人物或事物则是社会历史发展的阻力，它们是美好生活的对立面，因而是丑的。这就是我们对"社会美的本质"的哲学概括。九个单位所提出的心灵美、语言美、行为美都是就社会上的人而言的，因而都是社会美。我们看一个人的心灵、语言、行为是不是美，首先要看其是否属于社会生活中新的先进的积极的矛盾方面。譬如雷锋、栾茀对党对人民都有一颗赤胆红心，都具有着共产主义道德情操，这种内心世界自然是新的、先进的，而不是自私的、落后的，因而我们说他们的心灵是美的；他们所说的都是新时代同志式的语言，和气、文雅、谦逊，而不是蒙昧的、落后于时代的粗话和脏话，因而我们说他们的语言是美的；他们为党为人民为社会主义做了许多好事，他们的行为对社会的发展是积极的，而不象打砸抢者那样破坏社会秩序，因而他们的行为是美的。总之，心灵美、语言美、行为美都属于社会生活中新的矛盾方面，这就是它们的共同点，而其中心灵美、行为美则具有着决定性意义。它们都存在于客观的具体的人物身上，是表里如一的有个性的美的形象。要想分辨生活中的美与丑，一方面要学习九个单位的倡议书，同时也应该从哲学上理解社会美的本质，只有这样才能从具体的社会关系中深刻认识心灵美、语言美、行为美的意义和作用，才能掌握美的根本标准，建立起正确的审美观念，从而深入开展五讲、四美活动，促进社会主义精神文明的建设。

以上我们概括了社会美的本质，至于自然美（它是环境美的重要组成部分），也应当从自然界的矛盾关系中去理解，可详见拙文《论自然美的价值及其它》（《学习与探索》1981年第4期），此处就不赘述了。上面所谈，未必正确，仅供参考。

# 再论美丑的矛盾性<sup>*</sup>

## ——兼谈对中间人物的美学分析

在"文化大革命"前，我曾经提出美丑具有矛盾性的看法。那时我认为，"美对丑相互比较而存在，相互斗争而发展"是"美的本质论"中一条最根本的原理，还就社会生活中各种对立的人物和事物进行了论证。①现在这篇文章，是我以前的观点的进一步发挥，故名之日"再论"。

我在《论美的实质和马克思主义美学中的辩证原理》一文中曾经说过：美这个概念并不是事物矛盾的双方，而是矛盾的一个方面。矛盾的此一方面是美的，而矛盾的彼一方面则就是丑的，美就是新生事物，就是事物矛盾的新的方面。这是根据对立统一的规律提出来的，是根据事物的客观辩证法提出来的。因此，它不仅适合于分析社会美、自然美，而且也适合于分析艺术美。马克思说，对社会本身，"首先应当从它的矛盾中去理解"②。列宁说："自然界的（也包括精神的和社会的）一切现象和过程具有矛盾着的、相互排斥的、对立的倾向。要认识世界上一切过程的'自己运动'、自生的发展和蓬勃的生活，就要把这些过程当做对立面的统一来认识。""统一物之分为两个部分以及对它的矛盾着的部分的认识，是辩证

---

\* 原文刊载于《河北学刊》1983 年第 2 期。——编者注

① 见《光明日报》1960 年 11 月 4 日。

② 马克思：《关于费尔巴哈的提纲》，《马克思恩格斯选集》第一卷第 17 页，人民出版社 1972 年版。

法的实质。"① 这就是说，在客观事物中总是包含着对立的矛盾方面，它们各以矛盾的对方为存在条件，它们都是在斗争中向相反的方向转化，这是客观事物的根本规律，也是马克思主义哲学世界观的核心。我们认识客观世界有两种思维方式，一是逻辑思维，一是形象思维，但不论哪一种思维，都不能孤立地、静止地、互不联系地看待客观事物，而必须看到它们的矛盾运动，必须从美丑的矛盾、美丑的比较中去认识美的本质。对于古代文艺作品中反映的生活，我们应该从美丑矛盾的观点去分析它。对于当代作品和当前的现实生活，我们也应当用这个观点来认识它。整个十年浩劫时期广大人民群众与"四人帮"所展开的你死我活的斗争，充分说明了美丑是相比较而存在相斗争而发展的。话剧《丹心谱》、长篇小说《许茂和他的女儿们》等作品之所以振奋人心，就在于它们典型地反映了社会生活中的尖锐矛盾，从美丑的对立中深刻地批判了"四人帮"祸国殃民的丑恶本质，热情地赞美了革命人民、革命干部为挽救社会主义祖国的危亡而不屈不挠地进行斗争的精神和胜利信心。这其中的美丑对立是何等的鲜明！在新时期的社会生活中是不是就不存在矛盾呢？回答是肯定的。党的十一届三中全会公报指出："实现四个现代化，要求大幅度地提高生产力，也就必然要求多方面地改变同生产力发展不适应的生产关系和上层建筑，改变一切不适应的管理方式、活动方式和思想方式，因而是一场广泛、深刻的革命。"② 文艺工作者要反映这场广泛而深刻的革命，就必须认真观察新时期社会生活中的各种矛盾，必须在矛盾斗争中表现和歌颂这些最新最美的形象，必须揭露和批判那些腐朽丑恶的人物。不论是历史的还是现实的社会生活中都充满着矛盾，文艺作品要想通过美感作用充分发挥它的教育作用，就必须反映矛盾，描写现实斗争，就必须歌颂新生事物，就必须赞美体现社会矛盾的新的方面的形象，这样才能克服新长征路上的种种障碍，促进四化建设。所以，关于美丑具有矛盾性的提法是科学的、合于客观真理的。毛泽东同志指出："人们历来不是讲真善美吗？真善美的反面是假恶丑，没有假恶丑就没有真善美。真理是同谬误对立的。在人类社会

① 列宁《谈谈辩证法问题》，《哲学笔记》407~408 页，人民出版社 1974 年版。
② 《中国共产党第十一届中央委员会第三次全体会议公报》。

和自然界，统一体总要分解为不同的部分，只是在不同的具体条件下，内容不同，形式不同罢了。……任何时候，好同坏，善同恶，美同丑这样的对立，总会有的。……它们之间的关系都是对立的统一，对立的斗争。"①这是对美丑矛盾性的哲学概括。我认为，这是美丑矛盾性的哲学原理。这个原理是在对立中、比较中理解生活美和艺术美的钥匙。我们只有根据这一原理分析生活形象和艺术形象，才能分辨美丑，才能在欣赏美的形象时认识生活真理，才能从中受到教育和鼓舞。

当然，说美丑具有矛盾性，说矛盾的此一方面是美的，彼一方面是丑的，并不是说某一事物"非美必丑"。在生活中有许多处于中间状态的事物和人物。对于这些事物或人物，我们固然不能绝对地说它美或者丑，但是它总有一个基本的矛盾方面起着主导作用，体现着它的本质。如果不用美丑矛盾性的原理来分析它，就不能透过现象把握其本质，那么它就仍然是一个浑沌的表象；如果根据美丑的矛盾性质来剖析它，那么就会看到它的基本的方面属于美或者丑，就能使我们把握住它的本质。以文艺作品为例，《药》中的华老栓是一个愚昧的人物，革命者要革掉封建社会的命，而他却让儿子吃了革命者的血。对这个人物似乎不能用美丑来评判他，而实际上他是劳动人民，在他身上存在着勤劳、善良等美的素质，这是他的基本品质。他的愚昧只不过是封建迷信思想对他毒害的结果。因此，从他的基本方面着眼，他的本质仍然是美的。他的愚昧、落后等丑的因素是黑暗的旧社会所造成的。我们用美丑矛盾性的原理对他进行了这样的分析，不仅得不出"非美必丑"的结论，反而对他的思想性格（包括美的方面和丑的方面）就更有了全面的了解。因而就不仅同情这个从根本品质上是美的人物，而且更加憎恨万恶的旧社会，同时也使我们进一步认清了辛亥革命的流产就在于没有清除这类人物的愚昧，没有从思想上教育群众、发动群众。在文艺作品中有许多中间人物，我们要想深刻理解他们，就必须用美丑的矛盾性的哲学观点来分析它。即以短篇小说《乡场上》② 所描写的冯幺爸而论，就可以进一步说明这个道理。冯幺爸在不正之风的压力下，面对着颠倒了的事实不敢讲真话；但若讲假话，他又觉得对不起受欺凌的

---

① 毛泽东《在中国共产党全国宣传工作会议上的讲话》。
② 见《人民文学》1980 年第 8 期。

群众，因而在内心里产生了曲折而激烈的思想斗争。斗争的结果是坚持真理的精神战胜了委曲求全、趋炎附势的思想和恶习。他挺起了腰杆，站在群众一边，和大搞"后门"生意的罗二娘夫妇等人进行了坚决的斗争，揭出了事实真相。在冯幺爸身上既有庸俗、落后的一面，又有诚实、正直的一面。毫无疑问，前者是他内心世界中丑的东西在作怪，而后者则属于"心灵美"的范畴。前者是由于"四人帮"横行时期所造成的歪风邪气对他威逼的结果，而后者的发扬光大，则是党的十一届三中全会的精神和新时期的经济繁荣对他鼓舞的结果。两者都存在于冯幺爸这个形象的共同体中。我们固然不能绝对地说冯幺爸是丑的，或者是美的，但是用美丑的矛盾性对他的性格进行分析之后，就可以明白冯幺爸的主导的方面是美的，而在他的内心世界中美丑的斗争正是新时期中两种思想斗争的反映。这不仅有助于对中间人物的理解，而且也有助于我们认识当前的社会现实，使我们学习新的思想，树立新的道德和风尚，并和腐朽的思想作斗争，从而搞好"四化"建设。所以美丑的矛盾性原理是大有用处的。

除中间人物以外，在中外许多文艺作品中还有许多性格极为复杂的人物，要想理解这类人物，就更应该用美丑的矛盾性原理去分析他们。如果我们对曹禺《雷雨》中的繁漪这样一个"生命交织着最残酷的爱和最不忍的恨"，"拥有行为上许多的矛盾"的人物进行这样的分析，那么我们就会深刻认识到，她对周萍的由爱到恨以及最后毁灭周朴园和周萍的行动，都表现了一个"五四"以后的资产阶级女性对旧的精神罗网的冲击和反抗，表现了追求个性自由的新思想，表现了她的闪光的雷雨性格。这种对抗罪恶的大家庭的新思想、新性格虽然和鲁大海的工人阶级革命精神有着阶级的差别，但毕竟是属于社会矛盾的新的方面。因此，她的性格和心灵是美的，而她的阴郁、孤独和对一切人（包括四凤）的报复心理则又表现了一个个人主义者的思想特征，这是她性格中丑的因素。前者是她的主导倾向，后者则是她的局限性。因此，用美丑矛盾性的原理对她进行分析就能够使我们明确她的性格的全部的社会意义，也自然地会同情她的美的一面，批判她的丑的一面，而不会为她的矛盾心理所迷惑。也有一些性格复杂的人物，在他们身上，美的方面不是主要的，而丑的方面却是主导的东西。这也需要用美丑的矛盾性原理来分析他。譬如曹禺《日出》中的李石清，一方面，他恨有钱有势的人；一方面"又不得不将愤恨倒咽进肚里去，装着笑脸卑躬屈膝地逢迎他们"①，对于这种人物怎样评价呢？只要我们用美丑的矛盾性原理这把解剖刀对他进行一下解剖，那么他的性格的"复杂性"的本质就会为我们所掌握。按照作者的意思，《日出》可分为两类人物，即"不足者"和"有余者"。"不足者"即被剥削、被压迫、被侮辱与被损害的人；"有余者"即残酷剥削、欺压人民的资产阶级及其帮凶。欧阳山尊同志把前一类人物叫做"人的阵营"，把后一类人物叫做"鬼的阵营"，而李石清正介乎人、"鬼"之间。②从美学上看，这"不足者"或"人的阵营"属于美的人物；这"有余者"或"鬼的阵营"则属于丑的人物。李石清在年轻的时候当过学徒、店员，经历了苦难的生活，他是一个"不足者"，是一个"人"，具有着"不足者"的思想感情，所以这时的李石清具有着美的一面和美的因素；但是当他在生活的道路上掌握了资产阶级的获得金钱的逻辑之后，他就拼命踩着别人的头向上爬，得到了银行经理秘书的职务。这时的李石清心狠手辣，满脑袋充满着铜臭气，具有了"有余者"的腐朽的思想感情，因而由人变成"鬼"，由美转化成丑了。这就是说，在李石清的性格发展中，在他的内心矛盾中，他的丑的一面逐渐成了主导的东西，而美的因素则逐渐消失，因而他的性格，从根本上说来是丑恶的。可见，在性格复杂的人物中，不论其内心如何变化，我们都不能仅仅用"自然""合情""合理"一类词句对他进行艺术表现方面的评价，而应该进一步用美丑的矛盾性原理去具体地理解他。这样才能发掘出典型人物深刻的社会意义。

世界上的任何事物都不是绝对静止的，它们的内部矛盾不是绝对平衡的，它们经常处于运动和变化之中。因此，中间人物内心世界的矛盾也不是绝对平衡的，而是随着一定的条件相互转化的。有的中间人物在其性格的矛盾中，美的品质占据了主导地位，而丑恶的思想则居于次要地位，以至最后美的品质战胜了丑的思想，这样的中间人物即由中间状态变成了美的人物；有的中间人物，在内心世界的冲突中，则是丑的品质占据了主导地位，而美的品质则居于次要地位，以至最后丑恶的品质战胜了美的思想

---

① 欧阳山尊：《〈日出〉的导演分析》，《戏剧论丛》1957年第1辑。

② 同上。

感情，这样的中间人物就由中间状态变成了丑的人物。由此可见，在中间人物身上不仅存在着美丑的对立，而且也体现着美丑的转化。革命的文艺作品描写中间人物的形象，就必须典型地表现出中间人物的这种转化过程，就必须在描写中体现出作家革命的审美感情，这样才能真实地反映出社会生活的复杂性，也才能教育读者建立正确的审美观念，并促进生活中的中间人物朝着美好的方向转化。话剧《救救她》里的李晓霞本来是一位品学兼优、见义勇为的好学生，是一个美的人物，但由于十年动乱时期的反常生活，她流浪街头，接触了流氓集团，走上了犯罪的道路，由美变成了丑；而在方老师的耐心教育和徐志伟同学的热情鼓励下，她经过痛苦的思想斗争，终于对流氓集团进行了彻底的揭露，走上了自新的道路，并刻苦努力、立志成材，最后考上了大学，变成了新人，由丑又终于转化成为美。李晓霞从美转化成丑，又从丑转化为美的真实过程，对青年是有教育作用的。有些和李晓霞经历相似的青年，当看到李晓霞在方老师面前悔恨自己的犯罪行为时，偷偷地流下了眼泪，她（他）们具体地认识到了什么是真正的美，什么是真正的丑，因而才能痛下决心，悔改前非。可见，美丑转化的原理既能帮助我们深刻认识中间人物，从而真实地、典型地描写中间人物的转化过程，又能以生动感人的形象感染和教育读者、观众，从而促进人们爱美向善，使心灵和行为更加高尚起来。

文艺作品描写中间人物由美转化为丑，是为了贬斥丑、歌颂美，让读者识别美丑；文艺作品描写中间人物由丑转化为美，是为了向读者指明通向美的道路。这一切都离不开美丑矛盾性的根本原理。

质言之，不论是中外作品中性格极为矛盾的人物，还是我们现实生活中的中间人物，我们都可以用美丑矛盾性原理对他们进行认真地分析，不然就不能正确理解他们内心世界的矛盾，因而也就不能充分发挥文学艺术的认识作用、教育作用和美感作用。

我们的文艺批评自然要坚持文艺的真实性，但是在评论中对文艺作品中的中间人物只是说他真实、可信，而不对其性格中美的因素和丑的因素（即中间人物性格中的具体矛盾）进行认真的分析，那么这样的文艺批评既不能帮助当代作家更深刻地认识中间人物，从而在描写英雄人物的同时更好地表现中间人物，达到本质的真实，也不能使读者正确欣赏和认识中间人物的形象。由此可见，美丑的矛盾性原理并不是对中间人物下"非美必丑""非 A 必 B"式的绝对化的判断，相反，却是作家、批评家认识、分析中间人物性格的复杂性的重要理论根据。我们不能因为中间人物的复杂性而停留于表面认识，更不能抛弃这个分析人物性格的复杂性的美学原理。

关于美的实质，我在《艺术美的实质及其它》一文中曾经进行过论证，为了进一步说明美丑矛盾性原理的哲学基础，我觉得有在这里转录的必要："毛主席在《矛盾论》中曾说：'任何事物的内部都有其新旧两个方面的矛盾，形成为一系列的曲折的斗争。斗争的结果，新的方面由小变大，上升为支配的东西；旧的方面由大变小，变成逐步归于灭亡的东西。而一当新的方面对于旧的方面取得支配地位的时候，旧事物的性质就变化为新事物的性质。'由此可见，事物的新的矛盾方面决定着事物的发展方向，体现着事物的发展规律，因而这种新生的矛盾方面对于无产阶级按照美的法则创造世界就具有着巨大的认识作用。同时，因为新的矛盾方面是积极的上升的趋胜的东西，所以它是鼓舞人们前进和革命的最活跃的因素。因此，我们说美是新生事物，或者说美是事物矛盾的新的、积极的、上升的、趋胜的矛盾方面。这一说法，不仅体现着无产阶级的革命观点，而且和辩证唯物主义的认识论和方法论也是相一致的。"[1]

从这里就可以看出，根据马克思主义的认识论和方法论来说明美的本质，就不会像黑格尔那样把美说成是"绝对理念"，也不会像车尔尼雪夫斯基那样不管生活中的一切缺陷，把一切生活都笼统地归结为美。不仅在实践中、生活中、现实中存在着美，并且美丑有着根本对立的性质。这种美丑的矛盾、美丑的对立、美丑的转化不仅存在于各种矛盾着的人物关系之中，而且也存在于中间状态的人物性格本身之中。因此，不论分析文艺史上的作品，还是当代作品以及社会现实生活，也不论分析各种人物和事物，都离不开对立统一的规律。我们只有根据这个规律分析复杂的美学现象和文艺现象，才能在美丑的对立中把握美的本质，认识美的本质，才能使我们通过形象的创造和欣赏充分发挥出美的鼓舞人、教育人、感染人的社会作用，才能使美学为当前的社会实践服务，为四个现代化服务。

───────────────

[1]　庞安福《艺术美的实质及其它》，《新建设》1960 年 12 月号。

# 论美的客观性<sup>*</sup>

## ——学习马克思的美学思想笔记

　　美是主观的还是客观的？在人类出现之前是否有美存在？美决定于美感还是美感决定于美？这是美学史上一直在争论的问题。休谟认为审美趣味没有客观标准。克罗齐认为美即直觉，这就是说美决定于美感，美是主观的。这是美学上的主观论。柏拉图认为美是理念，黑格尔认为美是绝对理念的感性显现，这就是说美是一种独立的客观精神，这种精神决定着美的存在，实在的东西不过是这种精神的影子或外化。这可以说是美学上的一种客观论。但是这种客观论却仍然是唯心主义的。因为它用神来解释世界的本原，而神不过是人的意识所创造的虚幻的东西。所以，他们所谓的美仍然不是现实的，而是意识的产物。柏克、狄德罗等人认为美是可以感觉得到的客观物体的某种性质或品质，这就是说美存在于物本身，美具有客观性。这才是美学上的唯物主义的客观论，它和前一种客观论有着本质的区别。因为它看到了美是不以美感为转移的客观存在，而不是存在于精神之中。这种学说虽然坚持唯物主义的美学观，但他们的注意力主要是放在事物的秩序、关系、比例、对称、和谐以及体积的大小和光滑感等等形式美的因素上，而没有看到（或没有全面看到）美的内容，更没有真正解决社会美的本质问题。因而也是片面的、机械的。只有马克思主义哲学的

　　* 原文刊载于《河北师范大学学报》1984 年第 3 期。——编者注

创立，才从认识论和方法论上全面地、辩证地、科学地解决了美的本质问题。

马克思的《关于费尔巴哈的提纲》《政治经济学批判》《资本论》以及与恩格斯合著的《德意志意识形态》等著作虽然不是专门谈论美学问题的，但其根本观点却是解决美学问题的指导思想。其中有些直接谈到了美的地方，更是我们科学地揭示美的秘密的钥匙。本文仅就美的客观性谈一点学习体会。

## 一

美虽然种类繁多，但归结起来不外自然美、社会美和艺术美。这三种美追本溯源都不是由美感决定的，而是由客观的自然存在或社会存在决定的。这在马克思的著作中已经作了明确的解答。就自然美而论，马克思早在《1844年经济学哲学手稿》一书中就明确指出："忧心忡忡的穷人甚至对最美丽的景色都无动于衷；贩卖矿物的商人只看到矿物的商业价值，而看不到矿物的美和特性，他没有矿物学的感觉。"① 这就是说，自然物本身就存在着美，它是不以主体的美感为转移的。在资本主义制度下，资本积累于少数人手中，整个社会分化为两个阶级，即"有产者阶级和无产劳动者阶级"。资本家残酷压榨无产阶级和劳动人民，过着剥削、寄生的享乐生活，利己主义、唯利是图支配着他们的一切行动，所以他们看不到矿物美及一切自然美的真正特性。很显然，他们没有美的感觉，但是矿物的美依然存在，它并不因矿物贩卖者的金钱观念而消失。在私有制度下，无产者由于受剥削、受压迫，过着衣不蔽体、食不果腹的牛马生活，所以对最美的景色也无暇欣赏。尽管如此，自然界的美景也不会因此而失去其美学属性。在这里马克思既揭露了私有制度的罪恶，同时也有力地证明了自然美的客观性，自然美并不因人的美感差异而变化。恰恰相反，它却是独立于意识之外的客观物质实体。马克思的这一美学思想是一贯的。他在1858年8月至1859年1月间写的《政治经济学批判》一书中论述贵金属何以

① 马克思：《1844年经济学——哲学手稿》，人民出版社1979年版，第79~80页。

被用作货币材料时也明确地表述了这一观点。他说："金银不只是消极意义上的剩余的，即没有也可以过得去的东西，而且它们的美学属性使它们成为满足奢侈、装饰、华丽、炫耀等需要的天然材料，总之，成为剩余和财富的积极形式。它们可以说表现为从地下世界发掘出来的天然的光芒，银反射出一切光线的自然的混合，金则专门反射出最强的色彩红色。而色彩的感觉是一般美感中最大众化的形式。"① 这就进一步表明：金银本身具有着美学属性，它是装饰的"天然材料"，它有"天然的光芒"，这种自然物并不是因为人把它用作装饰才美，相反，却是因为它的天然光芒这种美学特性本身决定着人们用它来作装饰。由此可见，正因为自然美本身具有美学属性，所以才能使主体经由实践而产生关于自然美的感觉、知觉、表象和审美意识。

自然界的美学现象无论在空间上和时间上都具有着多样性，这些复杂多样的美，无一不证明着自然美的客观性。就植物而言，我们伟大祖国幅员广大，地形复杂，"多种多样的地理环境，给树木花草的生长和繁衍提供了优越的自然条件。特别是我国的大山多为东西走向，在大约一亿年以前曾起到阻隔冰川侵袭的作用，因此，许多古代珍奇的植物能保存下来，成为我国特有的种类。许多有名的大山如峨眉山、黄山、庐山、长白山、玉龙山和云贵山区等，都是奇花异草汇集的地方"② 。这些奇花异草"繁花似锦，琳琅满目，白的如玉，红的火红，婀娜多姿"。谁能说它们不美呢？它们不是神创造出来的，而是由于有机生命的新陈代谢和地理、气候等多方面的条件自然生成和发展的。怎么能说自然美是意识化的结果呢？再如"秦岭有植物 2377 种，它们隶属于 143 个科。其中能作为观赏植物的有1000 种左右"③ 。在这些观赏植物中有的早已为人栽培，但有许多仍处在野生状态，没有栽培过。"它们无论在花色、花姿……及花韵等观赏性状上，还是在适应性上……都各有其独到之处。"④ 可见这些野生状态的植物也是很美的。它们的美是怎样构成的呢？是由于人的劳动实践吗？显然不

① 马克思：《政治经济学批判》，《马克思恩格斯全集》，第 13 卷，第 145 页。
② 彭学苏：《花卉》，安徽科学技术出版社 1982 年版第 1 页。
③ 张春静：《秦岭——观赏植物资源的宝库》，《大自然》1981 年第 2 期。
④ 同上。

是。原来"秦岭是我国温带与亚热带的主要分水岭。在植物种类上它是华中、华北及青藏高原交汇的地带……所以这里的植物十分丰富"①。这就进一步证明,植物的美不是感情的外射,也不都是劳动的产物。从最初的意义上说,它是在一定的环境中进化的结果。谈到动物也是如此,例如,褐马鸡"嘴巴粉红,两眼的周围镶着金边……面孔红得很鲜艳,腿杆和脚趾也红得可爱;羽毛,基本上是褐色的,但有深有浅,配置得体,耳后有一个白色的项圈,有两撮耳羽向耳后伸出,像是头上生着两只白角。尾羽在雉科中不算太长,上半截白如鹅毛,下半截黑褐色闪耀着一层紫兰的金属光泽。虽然算不得国色天姿,却也独具一格"②。毫无疑问,这种野生鸟类是美的,它的美没有任何"人化"的痕迹,因此也是纯客观的自然美。

在自然界中,不仅丰富多彩的植物的美具有着客观性、自然性,而且姿态万千的地貌的美也是自然形成的。譬如我国南方,"逢山有洞",洞内景象多姿多态、光彩夺目。这些奇异洞穴的形成也不是由于鬼斧神工,而是由地下水浸蚀的结果。洞内的石笋、石柱、石峰等自然美则是由洞顶上面渗透下来的地下水饱含着碳酸钙的缘故。纯净的碳酸钙沉积是雪白色的。当它的结晶反光时,闪烁着银白的亮光,这就是洞中的"银山"。如果堆积中含有泥土,会呈黄色的闪光,这就是洞中的"金山"③。总之,自然界的一切美都没有意识、没有思维,它们是不同的物质运动和变化的结果。正因为自然、宇宙是物质的而又是无限的,所以在空间上就具有多样性,正因为物质的运动和变化是永恒的、绝对的,所以在时间上也具有多样性。无限的物质及其矛盾运动是形成自然美及其多样性的根本原因。物质是自然美的基础,物质是第一性的,而精神则是第二性的。物质决定精神,自然美决定自然美的观念和美感,这是明显而普遍的事实。人类的生产实践能够改变自然界,也能够改造自然美,这更是明显而普遍的历史事实,但无论如何,我们不能用实践本身来否认客观的物质世界,也不能用它来代替自然美的客观性。马克思说:"没有自然界,没

---

① 张春静:《秦岭——观赏植物资源的宝库》,《大自然》1981年第2期。
② 张天来:《虽死不避的褐马鸡》,《光明日报》1982年8月25日。
③ 参见曾昭璇、钟新基:《奇异的溶洞》,中国青年出版社1980年出版。

有外部的感性世界，劳动者就什么也不能创造。自然界、外部的感性世界
是劳动者用来实现他的劳动，在其中展开他的劳动活动，用它并借助于它
来进行生产的材料。"① 马克思在这里就充分说明了物质对精神的决定作
用，说明了马克思主义的认识论并不是"实践一元"论，而是首先把实践
活动建立在客观物质世界的基础之上。这才是真正马克思主义的实践
观点。

## 二

自然美存在于自然本身，社会美也存在于社会生活之中。由于自然和
社会具有不同的性质，所以自然美和社会美的客观性虽然在形式上有共同
的地方，但在内容上却又具有不同的性质。所谓社会美主要是指人的形象
的美，因此如何研究人的本质是研究社会美的本质的关键。费尔巴哈把人
理解为生物学的人，在他看来，人不同于一般的动物就在于人具有"理
性、意志、爱"等共同性，这种共同性不受任何历史条件的制约，而是人
生下来在内心中就具有的。费尔巴哈的新宗教、伦理学就是以这种抽象的
人为出发点的，所以就不能发现历史的规律，终于由自然观上的唯物主义
变成了历史观上的唯心主义。马克思早在 1845 年春天写的《关于费尔巴
哈的提纲》里就对这种唯心史观作了非常深刻的批判。他指出：费尔巴哈
"撇开历史的进程，孤立地观察宗教感情，并假定出一种抽象的——孤立
的——人类个体"；"所以，他只能把人的本质理解为'类'，理解为一种
内在的、无声的、把许多个人纯粹自然地联系起来的共同性"；"费尔巴哈
没有看到，'宗教感情'本身是社会的产物，而他所分析的抽象的个人，
实际上是属于一定的社会形式的"。② 这说明，研究人的本质不能用生物学
的观点对人和动物进行简单的"类"的区别，更不能用宗教来解释，而必
须结合历史的进程，必须明确，区别于动物的人的思想、感情、意志、愿
望等等都不是凭空产生的，而是社会的产物。费尔巴哈不去追究产生人的

---

① 马克思：《1844 年经济学——哲学手稿》，第 45 页。
② 马克思：《关于费尔巴哈的提纲》，《马克思恩格斯选集》，第一卷，人民出版社 1972 年
版，第 18 页。

思想感情的社会原因，反而把两性爱、友谊及存在于"人心中"的"宗教感情"看作是调整人与人之间的关系的手段，把所谓人生下来就有的追求幸福的意向看成是道德的基础，这就颠倒了社会存在和社会意识的关系。费尔巴哈的人"不是由娘胎里生出来的，他像由蛹变成蝴蝶一样，是从一神教的身上飞出来的。所以这个人不是生活在现实的、历史上发展了的及历史上规定了的世界里面"[1]。什么是"历史上规定了的世界"呢？那就是一定历史阶段的社会生产力的发展水平，一定社会的基本矛盾，这些基本矛盾就是生产方式内部的矛盾运动、基础和上层建筑的辩证关系。正因为马克思通过大量的历史资料和经济事实进行深入地研究，发现了这些基本矛盾，才能够正确理解人的本质。马克思指出："人们在自己生活的社会生产中发生一定的、必然的、不以他们的意志为转移的关系，即同他们的物质生产力的一定发展阶段相适合的生产关系。这些生产关系的总和构成社会的经济结构，即有法律的和政治的上层建筑竖立其上并有一定的社会意识形式与之相适应的现实基础。"[2] 马克思的这一伟大发现彻底揭示了历史运动的规律。无论何种社会形态都是由经济基础和上层建筑组成的，它们概括了社会上人与人之间的基本关系，即经济关系、政治关系和思想关系。经济关系决定政治关系和思想关系，同时政治关系和思想关系又对经济关系发生反作用。这样就使我们看到"物质生活的生产方式制约着整个社会生活、政治生活和精神生活的过程。不是人们的意识决定人们的存在，相反，是人们的社会存在决定人们的意识。社会的物质生产力发展到一定阶段，便同它们一直在其中活动的现存生产关系或财产关系（这只是生产关系的法律用语）发生矛盾。于是这些关系便由生产力的发展形式变成生产力的桎梏，那时社会革命的时代就到来了。随着经济基础的变更，全部庞大的上层建筑也或慢或快地发生变革……我们判断一个人不能以他对自己的看法为根据，同样，我们判断这样一个变革时代也不能以它的意识为根据，相反，这个意识必须从物质生活的矛盾中，从社会生产力和生

<hr>

① 恩格斯：《费尔巴哈与德国古典哲学的终结》，人民出版社1961年版，第26页。

② 马克思：《政治经济学批判》序言，《马克思恩格斯选集》，第二卷，人民出版社1972年版，第82页。

产关系之间的现存冲突中去解释"①。这不仅说明了生产力和生产关系的矛盾运动是社会发展的决定力量及经济基础和上层建筑的性质决定着整个社会形态的特征，而且也说明了人类的一切社会生活都受着物质资料生产方式的制约。人的思想、感情、意愿等等完全可以在一定社会的生产方式中找到解释，人的性格的形成完全能够在一定社会的经济基础及与之相适应的上层建筑的不同性质中找到根据。所以人不是脱离社会存在的悬空的感情动物，而正如马克思在《关于费尔巴哈的提纲》中所说："在其现实性上，它是一切社会关系的总和。"② 这样我们就不会为单个人的思想动机所迷惑，而是把人的思想、感情、性格放在具体的生产关系、政治关系和思想关系中去理解。马克思关于人的本质的规定是我们探讨社会美的理论基础，什么样的人是美的呢？这就要看他在具体的物质生活资料的生产方式中的地位和作用，看他在历史的活动中所要破坏和维护的是什么样的经济基础，看他是不是先进的政治力量，看他的思想感情和愿望是否符合历史的发展方向。马克思在给斐迪南·拉萨尔的信中非常鲜明地体现了这种历史唯物主义的美学思想。德国机会主义者拉萨尔在 1858 年至 1859 年写的历史剧《济金根》描写了德国十六世纪初以济金根为首的一次骑士起义及其失败的过程。作品中的主人公济金根是作者所崇拜和歌颂的人物，因而被描写成"言语和行动同样伟大"的"德意志最后一个英雄"，而剧中的农民形象则遭到了歪曲。马克思看了这个剧本以后严肃地指出了剧本的错误观点。马克思说："济金根（而胡登多少和他一样）的覆灭并不是由于他的狡诈，他的覆灭是因为他作为骑士和作为垂死阶级的代表起来反对现存制度，或者说得更确切些，反对现存制度的新形式……他们完全像一八三〇年的有教养的波兰贵族一样，一方面使自己变成当代思想的传播者，另一方面又在实际上代表着反动阶级的利益。革命中的这些贵族代表——在他们的统一和自由的口号后面一直还隐藏着旧日的帝国和强权的梦想——不应当像在你的剧本中那样占去全部注意力，农民和城市革命分子

---

① 马克思：《政治经济学批判》序言，《马克思恩格斯选集》，第二卷，人民出版社 1972 年版，第 82~83 页。

② 马克思：《关于费尔巴哈的提纲》，《马克思恩格斯选集》第一卷第 18 页。

的代表（特别是农民的代表）倒是应当构成十分重要的积极的背景。"① 马克思的这段话说明了以下的美学问题。第一，认识社会美的本质、内容必须用历史唯物主义观点对社会现象和历史现象进行科学的分析。拉萨尔主张剥削阶级的个别领袖人物决定历史的命运，充分暴露了他的历史唯心主义观点和机会主义立场，因而他把济金根当作美的人物来描写，把他吹捧为"民族的代言人"，并把农民运动说成是"彻头彻尾的反动"；而马克思则历史地具体地分析了济金根所生活的土壤，分析了他的经济地位和政治地位，因而正确地指出济金根这个开历史倒车的人物只不过是一个唐·吉诃德式的小丑。这不正是马克思用历史唯物主义观点从美学上对济金根的否定吗？马克思主义认为，广大劳动人民是物质生产的直接参加者，是变革生产关系的决定力量，是创造世界历史的动力，因而他们的革命运动是伟大的，他们的形象才是应当赞美的，所以马克思才向拉萨尔尖锐地指出，"农民和城市革命分子的代表"应当在剧本中"构成十分重要的积极的背景"。这不正是马克思从美学上对劳动人民的肯定吗？从马克思对历史上和剧本中的人物分析，很明显地使我们看到社会生活中的美与丑，人的美与丑是由社会存在决定的，有力地证明着社会美是符合社会发展趋向，促进社会前进的人物，而决不是相反。这种社会美并不是从天上掉下来的，也不是欣赏者头脑中固有的，而是在具体的社会关系中形成的，它的社会性并不是主观的臆造而是社会生活中的客观现实。第二，马克思的这段话还充分说明美不是抽象的概念，它具有形象性，美是内容美和形式美的统一。在生活中社会美的本质体现在具体人的极为丰富的内在心理和外在行为以及外在形态上，亦即体现在真实的可感的个性生动的形象之中。这样，社会美就不仅具有社会功利性（自然美也有功利性，但却是间接的），而且具有美感作用，因而既能教育人，又能以他本身具体的形象和感情激发人的情绪，使人得到感染，鼓舞人前进。正因为如此，马克思才在同一封信中指出，反映生活的艺术作品的形象应该"更加莎士比亚化"而不应该"席勒式地把个人变成时代精神的单纯的传声筒"②。总之，

① 《马克思致斐·拉萨尔》，《马克思恩格斯选集》第四卷，人民出版社 1972 年版，第 339~340 页。

② 同上书第四卷，第 340 页。

从马克思对人的本质以及对具体的艺术作品的论述中，明显地看到社会美是社会功利性和形象性的统一，内容和形式的统一。它具有历史性、社会性，但它的社会性并不以欣赏者的主观意识为转移，而是决定于一定的社会存在及与之相关的各种客观的社会关系，这就是它的客观性。

社会美不仅包括人的形象的美，而且也包括具有美的特点的劳动产品。马克思说："动物只是按照它所属的那个物种的尺度和需要来进行塑造，而人则懂得按照任何物种的尺度来进行生产，并且随时随地都能用内在固有的尺度来衡量对象，所以，人也按照美的规律来塑造物体。"[①] 马克思在这里从生产实践上（而不是从生物种类上）对人和动物进行了区分。动物只是由于直接的肉体需要而本能地部分地改变着自然界；而社会的人则能够利用工具根据各种自然规律进行生产实践活动，从而全面地改造自然，创造出各种产品，以满足社会的各种需要。人的劳动产品有的具有实用价值，有的具有审美价值，有的二者兼而有之。不论如何，凡具有美的特点的产品都是"按照美的规律塑造物体"的结果。例如城市绿地以及建筑和室内陈设等都是劳动的产品，而它们的创造又都离不开美的规律，所以都属于美的事物。这种美不是纯粹的自然物，而是体现着人的审美观点，有着劳动的印迹，是人类智慧和汗水的结晶，所以也是社会美。这种社会美既是物质实体，又体现着人的审美观念，所以是主客观的统一。但是这种统一是主观统一于客观，而不是客观统一于主观。因为"观念的东西不外是移入人的头脑并在人的头脑中改造过的物质的东西而已。"[②] 美的观念是美的反映，是物质的东西的反映。只有根据符合客观存在的美的规律的观念改造自然，才能创造出美的产品，所以从最根本的意义上讲，它是客观的。这是就美的产品的自然性而言。同时因为人类实践活动本身也是客观的社会存在，因此具有实践活动的印迹的产品也就具有客观的社会性。马克思说："工业的历史和工业的已经产生的对象性的存在，是人的本质力量的打开了的书本，是感性地摆在我们面前的人的心理学"[③]。这"对象性的存在"即劳动产品，它由于是实践活动的结果，所以就体现着

①  马克思：《1844年经济学——哲学手稿》，第50～51页。

②  马克思：《资本论》第一卷第一版跋，见《马克思恩格斯选集》第二卷，第217页。

③  马克思：《1844年经济学——哲学手稿》，第80页。

当时生产力的发展水平。当时的技术水平和人类的思想、智慧等等，一句话，体现着人类改造自然（包括改造自然美）的物质力量和精神力量，因此它具有着社会性。而这种改造自然的力量又是在一定的生产关系中发挥作用的，因此它体现的社会性就只能是客观的，而不是超社会的抽象的力量。总之，劳动产品（包括美的劳动产品）既是物质的东西，具有着自然性，又是"对象性的存在"，具有着社会性。它们不是神的创造物，而是人类伟大的物质实践活动的见证。它们是现实的人（一定社会关系中的人认识、改造自然的能力）和自然的统一。因此，无论就自然性而论，还是就社会性而论，美的劳动产品都是客观的。

<h1 style="text-align:center">三</h1>

马克思的哲学理论和美学观点不仅证明着社会美、自然美的客观性，而且也说明了艺术美的本质。

马克思指出，艺术是意识形态，是用"莎士比亚化"的方法即典型化的方法创造出"特出的性格"[1]，对现实美的集中反映。因此就艺术美的源泉来说，美仍然是客观的。社会美是艺术美的主要源泉，这是毫无疑问的。但不能因此就否定自然美也是艺术的原料，因为人类社会无时无刻不在和自然发生关系。人为了物质生活而改造自然，也为了精神生活而欣赏自然。所以自然美不可能停留在艺术世界之外。这从古代神话即可见出端倪。马克思说，神话是"通过人民的幻想用一种不自觉的艺术方式加工过的自然和社会形式"，"任何神话都是用想象和借助想象以征服自然力，把自然力加以形象化"[2]。这种用"艺术方式加工过的自然"或"形象化的自然力"既表现了当时人民征服自然的理想，同时也反映了自然美的某些属性。如女娲"炼五色石以补苍天，断鳌足以立四极"的故事[3]，既表现了人民改造天地的异常雄伟的气魄，同时还以优美动人的图画使我们感到天空彩霞的美。作品通过"五色石"描绘天空的美，而且又是作为理想境

---

① 《马克思致斐·拉萨尔》，《马克思恩格斯选集》第四卷，第341页。
② 马克思：《政治经济学批判》导言，《马克思恩格斯选集》第二卷，第113页。
③ 见《淮南子·览冥训》。

界来描绘的，这就说明古代人民已经对彩霞产生了美感。五色石补起来的苍天固然是大胆的想象，但云霞本身美的色彩则是引起"五色石"的想象的根据。我们不能因为"五色石"而否定彩霞本身的美，更不能否定自然美是艺术的一种原料，尽管它不是主要原料。马克思还指出："随着这些自然力之实际上被支配，神话也就消失了。"① 这就是说，许多现实的东西之所以代替了幻想的东西，是因为生产力的发展，是因为人们认识能力的提高。正因为如此，人们才能更深入地认识自然美。如北魏的郦道元好学博览，在各地"访渎搜渠"，留心观察水道等地理现象，所以在《水经注》中才能详细记载一千多条水道的情况并能穷原竟委，纠正了前人地理学著作中的谬误。也正因为他有丰富的知识，能够深刻地认识自然，所以才能够真实生动地描写自然美，使《水经注》不仅具有科学价值，而且具有美学价值。在郦道元的笔下，山峡的雄伟壮丽，植物的清荣峻茂，河流的回清倒影，湖泊的幽静、妩媚都写得非常真切，表现了祖国山河的多娇多态。书中说这些景物能使人产生"良多趣味"，就说明作者对自然美的欣赏更自觉、更深刻了。至于我国的山水诗、山水画、花鸟草虫画等艺术体裁的出现，也无不与人们知识面的不断扩大、审美感受力的不断提高有关。这些体裁对于自然美的描写比神话更真实、更具体，更能反映自然美的基本特征。所以神话消失了，而描写自然美的艺术品却增多了②。

　　自然美不只是上述艺术体裁的内容，而且在小说等叙事作品中也是不可缺少的。《三国演义》描写了隆中的山清水秀、松篁交翠等自然风光的特点，《红楼梦》的景物描写更加细腻、巧妙，仅潇湘馆一处那"竹影摇曳"的景色就像一幅清淡的水墨画呈现在读者面前。为了增强作品的真实性，为了表现人物活动的真实场所，就需要描写自然环境，而在这种真实的描写里就包括着艺术地再现自然美的形象。所以自然美也是小说反映的对象之一。

　　文学是人学，文学描写人就不能脱离人所生活的物质世界。人通过生

---

① 马克思：《政治经济学批判》导言，《马克思恩格斯选集》第二卷，第 113 页。

② 说神话消失了。并不是说古代神话在今天没有意义。文艺是有继承性的，人们的审美需要也是广泛的，所以马克思说神话"仍然能够给我们以艺术享受，而且就某方面说还是一种规范和高不可及的范本"（《马克思恩格斯选集》，第二卷，第 114 页）。

产活动从物质世界中获取生活资料，人也通过实践从物质世界中发现美、改造美，从而获得美的享受。这就可以看出，人在物质生活上和精神生活上同自然有不可分割的联系。文艺描写人就不能不描写他周围的世界，也不能不描写自然美和改造过的自然美（这种美虽具有社会性，但也具有自然美的属性）。马克思说，文艺创作就是用艺术的方式掌握世界①。很显然，马克思所指的世界既包括社会，也包括自然，当然也就包括自然美和改造过的自然美在内。

我们在这里首先叙述了自然美和艺术美的关系，是因为这个问题是艺术美的研究中的难点。如果和自然美相比，那么社会美在艺术中的地位则更为重要，它是艺术内容的中心和焦点。这是由艺术的主要社会功能——认识作用和教育作用所决定的。马克思曾称赞狄更斯和萨克雷"在自己的卓越的、描写生动的书籍中向世界揭示的政治和社会的真理，比一切职业政客、政论家和道德家加在一起所揭示的还要多"②。这就是说，艺术美必须通过生动的形象，创造出一幅幅真实动人的人生图画，表现丰富的社会内容，揭示出政治和社会的真理，从而使读者认识社会生活的本质和规律并激起读者爱憎分明的审美情感。文艺作品的形象有美、丑之别，而在真实的描写中歌颂美、贬斥丑则是作家的崇高职责。所以马克思和恩格斯都强调艺术作品："用伦勃朗的强烈色彩把革命派的领导人""栩栩如生地描绘出来"③，用现实主义的方法表现社会美，以发挥文艺作品教育人，鼓舞人的社会作用。马克思之所以赞扬西里西亚纺织工人的歌曲《血腥的审判》，就因为它是"勇敢的战斗的呼声"，就因为"无产阶级在这支歌中一下子就毫不含糊地、尖锐地、直截了当地、威风凛凛地厉声宣布，它反对私有制社会"④。就因为它表现了"意识到无产阶级的本质"的工人阶级的美的形象，并无情地揭露了资本家"这些杀人不眨眼的魔王"的丑恶本质。所以艺术的意义不仅在于它直接表现了社会美，而且还在于它批判了

---

① 马克思：《政治经济学批判》导言，《马克思恩格斯选集》，第二卷，第104页。
② 马克思：《英国资产阶级》，《马克思恩格斯全集》，第10卷，第686页。
③ 马克思、恩格斯：《"新莱茵报·政治经济评论"第四期上发表的书评》，《马克思恩格斯全集》，第7卷，第313页。
④ 马克思：《评"普鲁士人"的"普鲁士国王和社会改革"一文》，《马克思恩格斯全集》第1卷，第483页。

丑恶的社会现象，使读者能够识别美、丑，掌握真理，有利于改造社会。由此可见，艺术的基本内容是社会生活，艺术中美的形象是生活中的社会美的集中反映。这就更明显地可以看出艺术美来源于客观存在了。

综上所述，无论是自然美、社会美本身，还是艺术美的源泉，都不是休谟、克罗齐所谓的主观趣味和主观直觉，也不是柏拉图、黑格尔所谓的"理念"，而是体现着"美的规律"的自然的和社会的客观存在，因此它们具有着客观性。

# 美学的研究途径<sup>*</sup>

美学就是阐明各种性质的美及其发展规律的社会科学，但是怎样研究这些美学问题呢？这就需要我们解决美学的研究途径问题。

## 一

毛泽东同志曾多次指出，要学习马克思列宁主义和学习社会，要理论和实际相联系，要学会把马克思列宁主义的理论应用于中国的具体的环境。这是对一切革命干部、革命人民和一切科学工作者、文艺工作者的要求，自然也是对美学工作者的要求。美学研究和其他科学研究一样，都应该"详细地占有材料，在马克思列宁主义一般原理的指导下，从这些材料中引出正确的结论。"（《毛泽东选集》一卷本，第801—802页）因此，学习马克思列宁主义和了解客观现实是美学研究中两条最根本的途径，而两者的紧密结合则是美学研究获得正确结论的根本保证。辩证唯物论和历史唯物论是最科学的世界观。以辩证唯物主义的哲学原理来研究美学范畴中的种种问题，才能建立彻底的唯物主义美学体系，才不会让唯心主义歪曲马克思主义美学中的基本原理，才能让人们正确地认识美并发挥美的巨大作。纵观美学史，很明显地可以看出不同世界观的美学家对美、美感及其相互间的关系必然有不同的解释，因而形成不同的美学观点或派别。这些

---

派别虽然多种多样，但基本上只有两大阵营。一种是唯心主义美学阵营，他们的基本观点认为美感、审美意识是第一性的，而美则是以美感、审美意识或理念、绝对精神为转移的，如柏拉图、康德、黑格尔、克罗齐等人即是这种主张；一种是唯物主义美学阵营，他们的基本观点认为美是第一性的、客观的，而美感、审美意识则是第二性的，是美的反映，如赫拉克利特、德谟克利特、柏克、狄德罗、莱辛、车尔尼雪夫斯基即是这种主张。这些唯物主义美学家，曾经为反对唯心主义美学作过不断的斗争，正确地指出美存在于客观世界之中，但在对生活美和艺术美的关系等问题上的看法仍然具有旧唯物主义形而上学的局限性。只有在马克思主义产生之后，有了辩证唯物主义和历史唯物主义，才有可能彻底驳倒唯心主义美学，建立真正科学的美学体系。因此，马列主义原理，是美学研究须臾不可离开的东西。马列主义理论是自然法则、社会法则的高度概括，是自然科学和社会科学知识的结晶，因此，美学工作、文艺工作都必须以马列主义哲学为指南。只有掌握马列主义原理，才能对美学现象做出既唯物又辩证的解释，才能认清各种唯心主义美学的实质，才能抵制实用主义、存在主义等五花八门的西方现代资产阶级哲学和美学的侵袭，从而使美学研究沿着正确的方向前进。

## 二

学习、掌握马列主义绝不只是背诵马、恩、列、斯著作中的若干词句，更不是不看美学的对象而对理论生搬硬套，而应该是运用马列主义的立场、观点、方法去解决实际中的美学问题。

美存在于朝气蓬勃的人民生活之中，人民生活是美的源泉，文艺作品是现实美的反映。所以，我们要想了解人民生活的美之所在，就"必须到群众中去，到唯一的最广大最丰富的源泉中去。"（《毛泽东选集》一卷本，第 862 页）只有这样才能在生活和斗争中亲自"观察、体验、研究、分析一切人、一切阶级、一切群众、一切生动的生活形式和斗争形式"（同上），才能具体认识人民群众在生活中所表现出来的各种优美品质和各种美的形态，也才能根据现实的美创造出艺术的美。赵树理在《小二黑结婚》中之所以能够创造出小芹、小二黑这两个反对封建势力、争取婚姻自由的典型形象，并不是单凭主观的美感去臆造，而是在实际生活中发现美，而后根据岳冬至和智英祥这两个真实的美的人物和其他生活美的素材进行艺术概括的结果。周立波在谈创作经验时说："生活里的美，要写出来，首先要能看出和感觉出来。为要这样，就得充分熟悉现实里的人和事。"正因为他亲身参加了东北的土地改革运动，天天和农民在一起，所以才深深地了解他们在"性格、心理、行动和语言方面的美，才能在《暴风骤雨》中把郭全海、赵玉林、白玉山、赵大嫂子、白大嫂子等人物形象写得栩栩如生"。艺术美来源于现实美。我们要创造美的艺术形象，就必须首先到火热的人民生活中去寻找美的人物和事物。部队文艺工作者李存葆同志深有感触地说："美的本身必须是真，失去了真，也就失去了美。虚假永远无聊乏味，令人生厌。而写出了真，也就有了丰富多彩的人物。"正因为他亲自到云南前线了解"自卫还击战"中的英雄人物和事迹，所以才从绿色的军衣里看到了高尚而多彩的心灵，才真实地、具体地写出了英雄战士们有血有肉的、各具风姿的壮美形象。

在当前的文艺作品中，有许多人物形象散发着美的光辉，这些形象都不是作家头脑中固有的，而是从美的源泉中发掘素材，然后加工而成的。譬如张贤亮的《灵与肉》"透过许灵均的命运和内心的揭示，写出了蕴蓄在我们民族之中的那么强大的心灵美、性格美和境界美"，这种美就是"植根于普通劳动者之中，根植于我们民族最深处的质朴品格"，它如"日之光，光之华，处处闪耀着异彩，缭绕着诗意的气息。这些，没有巨大的感受、真切的体察、深刻的思考，是断然不可能达到的"。一句话，作品中的美正是作者生活经历的结晶。再如叶文玲的《心香》中的亚女、小元的美也是从生活中发掘出来的。作者说："我写亚女才貌出众的美，是因为我的家乡确有许多像她那样姣好而聪敏的少女；我写亚女异于常人的哑，是因为冰清玉洁的她，不用言语便能教人洞悉她透亮如水晶的心灵和品质。"这些事实充分说明，要想认识美、了解美就必须像这些作者们那样"在生活的土壤中更深地挖掘，更细地寻觅"，从而找到"生活矿层里"的珍宝。

从以上的分析可知，凡是美的艺术作品都和现实生活有着密切关系。

不论作品中的美是优美形象还是壮美形象，是悲剧形象还是喜剧形象或幽默形象，等等，归根结蒂都是来自客观的现实生活。因此，到"唯一的最广大最丰富的源泉中去"是文艺家在艺术中真实反映美的根本保证。毛泽东同志指出："一切革命的文学家艺术家只有联系群众、表现群众，把自己当作群众的忠实代言人，他的工作才有意义"。（《毛泽东选集》一卷本，第865页）周恩来同志指出："好作品的产生，可以是偶然得之，但是这种偶然得之是建筑在长期生活和修养基础之上的，这也是偶然性和必然性的辩证的统一。"（《党和国家领导人论文艺》第26页）邓小平同志也指出："人民是文艺工作者的母亲。一切进步文艺工作者的艺术生命，就在于他们同人民之间的血肉联系。忘记、忽略或是割断这种联系，艺术生命就会枯竭。"（《邓小平文选》第183页）这就充分说明了艺术家认识美就必须到人民群众的生活实践中去，只有这样才能使文艺作品"不致成为脱离群众、脱离实际、毫无内容、毫无生气的空中楼阁"。才能集中地表现美，并以美的形象"提高我们的生活，使我们的生活更美，思想情操更崇高"。

参加人民的生活实践，到现实中找美不仅对艺术创作有着决定性意义，而且对于艺术批评也是非常必要的。因为马克思主义的文艺批评"不是从观念出发，而是从客观实践出发"。只有在社会实践中才能做到调查研究，才能了解劳动人民的内心世界，才能看到生活中丰富多彩的美，才能对反映生活美的艺术作品作出具体的正确的分析和评价，也才能成为作家的良师益友，成为观众在艺术欣赏中的领航员。冯牧同志评论《高山下的花环》的文章之所以中肯、准确、令人信服，能使读者更深刻地理解作品内容，就是因为他熟悉作品中所描绘的云南边防部队艰苦卓绝的战斗生活的缘故。经验证明：凡是深入了群众生活的文艺批评家才能对艺术美做出科学的评价，也才能具体指明作品成败的根本原因。许多作家、剧作家愿意接近侯金镜同志，喜欢把创作提纲拿出来，倾听他对创作的意见，这除了他学识渊博，善于思索以外，也是因为他有丰富的生活经验。侯金镜同志"经过长期战火的锻炼"，"长期作群众工作和部队文化工作，十分熟悉农村和部队，这成为他从事文艺评论工作的极好的条件"。他的文章总是"坚持生活是创作的唯一源泉的观点"，并"善于把思想、生活与艺术三者揉合起来加以分析和评论",既能使读者通过艺术美认识生活美,又能指导作家的艺术创作。由此可见,不仅艺术家进行创作,需要生活实践,评论家也需要生活实践,也需要在人民生活中进行观察、体验、研究、分析。因为艺术美是生活美的反映,不深入到人民生活中去认识劳动人民的美,就很难鉴别具体的艺术作品是否正确地反映了人民的生活和优美品质,也就很难抵制脱离人民生活而提倡"表现自我"、"表现主观"、"表现潜意识"或鼓吹"为艺术而艺术"的各种现代资产阶级文艺流派及其变种的污染。

参加人民的生活实践是艺术家、评论家认识美的根本途径,也是美学家研究美的根本途径。因为在生活中我们所认识到的不仅仅是几个抽象的美学概念,而是具体的活生生的丰富的美的形象,只有生活中这种具体的丰富的美的形象才是我们进行美学上的理论思维的客观依据,才能使我们对美的本质、美的种类、美的形态等等做出科学的有着质的规定性的概括,也才能进而指导艺术美的创造和群众的美育工作。美学科学和文学艺术尽管有着不同的思维方式,但美却是它们所共同认识的对象。如果美学家不深入人民生活,不像毛泽东同志所说的那样观察、体验、研究、分析现实中的美,而是脱离现实,只是仅仅由观念到观念地进行悬空的"抽象思维",那么这样的美学研究便会成为无源之水、无本之木,不但不能说明美的本质,不能解决艺术创作、艺术欣赏和美育的实际问题,反而会走向唯心主义的道路。

毛泽东同志指出:"辩证唯物论的认识论把实践提到第一的地位,认为人的认识一点也不能离开实践,排斥一切否认实践重要性、使认识离开实践的错误理论。""无论何人要认识什么事物,除了同那个事物接触,即生活于(实践于)那个事物的环境中,是没有法子解决的。……要直接地认识某种或某些事物,便只有亲身参加于变革现实、变革某种或某些事物的实践的斗争中,……也只有在亲身参加变革现实的实践斗争中,才能暴露那种或那些事物的本质而理解它们。""实践的观点是辩证唯物论的认识论之第一和基本的观点。"(《毛泽东选集》一卷本,第 273、275—276、273 页)毋庸置疑,实践是检验真理的标准,自然也是检验美学的标准。参加社会实践、接触客观现实是美学研究的唯物主义途径。这条途径对于发现自然美、了解社会美、创造艺术美，对于正确理解美和美感的关系等问题都具有非常重要的意义。存在决定意识，现实美是美学家进行科学的抽象思维的客观基础，因此，美学家必须参加社会实践，到现实中去找美。

总之，学习马克思主义和在实践中了解现实美是美学研究的两条密切联系的根本途径。我们要克服脱离人民生活、脱离客观现实的不良倾向，做到理论联系实际，从而使美学得到健康的发展。

中 编

**艺 术 篇**

# 批判"反形象思维"论的锐利武器[*]

## ——学习《毛主席给陈毅同志谈诗的一封信》的体会

江青伙同林彪、陈伯达之流炮制了反动透顶的"文艺黑线专政"论，妄图全盘否定"文化大革命"以前十七年革命文艺工作者和文艺批评工作者在毛主席革命文艺路线指引下所取得的不可低估的成绩，以便推行他们的修正主义文艺黑线，为他们复辟资本主义大造反革命舆论。"反形象思维"论就是"文艺黑线专政"论的一个主要"根据"。他们把形象思维说成是"反马克思主义的认识论"，企图以此证明我们的文艺理论批评界，研究形象思维问题，就是宣传"反动理论"，就是"黑线专政"。然而，假的就是假的，伪装应当剥去，我们必须剥去他们马列主义的外衣，揭露"反形象思维"论的反动本质。

毛主席给陈毅同志谈诗的一封信，是我们批判"反形象思维"论的锐利武器。毛主席明确地指出，"诗要用形象思维"。这不仅说明了诗歌创作的特点，而且也是对整个文学艺术的思维方式的科学概括。艺术家要创作感人肺腑的作品是离不开形象思维的。我们伟大领袖毛主席的不朽诗篇就是运用形象思维概括现实的第一流作品。譬如《送瘟神》二首描绘了新旧社会两种不同的画面，并以巧妙的构思用神话中的牛郎把两种生活图景联系起来，构成了诗的完整的意境，充分地反映了我国社会翻天覆地的巨大变化，既深刻地揭露了旧社会的黑暗，又热情地赞颂了社会主义时代大发

[*] 原文刊载于《河北师大学报》1978 年第 1 期。——编者注

展现实。这篇脍炙人口的作品用非常动人的形象充分发挥了革命文艺的教育作用。这是毛主席运用形象思维进行创作的结果。《送瘟神》二首不同于毛主席的政论《中国革命和中国共产党》。前者是通过人民悲惨生活的具体图景无情地鞭挞了人剥削人、人压迫人的旧制度；后者则是通过分析大量历史事实精辟地论述了中国半封建、半殖民地社会的主要特点，有力地说明了旧社会的黑暗和腐朽。《送瘟神》二首也不同于毛主席的另一篇政论《介绍一个合作社》。一则是把新时代的许多具体形象集中起来，经过高度的典型概括，创造了一个战天斗地的巨人形象，描绘了一幅"社会主义新时期"的壮丽图景；一则是用论证的方法充分说明了"社会主义新时期"人民群众高度的政治觉悟和冲天干劲，并给我们指出了继续前进的方向。由此可见，艺术不同于科学。科学是用抽象思维的方法反映现实，通过推理揭示客观规律；艺术则有自己的特征，艺术家在思维过程中由形象所伴随，当艺术家在达到对现实的本质认识时，也不全然抛弃感性的东西，而是对生活中的形象有所扬弃又有所选择，有所综合又有所加工和改造，有所提炼又有所思象，使之成为体现客观事物的本质的完整的艺术形象。这就是说，艺术所使用的是形象思维。这就是科学与艺术的区别所在。"四人帮"的"反形象思维"论否定两种思维的区别，反对艺术用生动具体的形象反映生活的本质和规律，实际上也就取消了艺术的特征，取消了革命文艺以形象教育人民、感染人民、鼓舞人民的战斗作用。

马克思主义认为，无论在客观世界，还是在人类思维中，都存在着共性与个性的辩证法。不仅形象思维和抽象思维各有自己的特征，就是单以形象思维而论，也是存在着差异的。我认为，概括说来，形象思维有两种，一种是浮想联翩式的，一种是情节规定性的。抒情诗、抒情散文、抒情歌曲、风景画等艺术的构思，一般属于前者；叙事诗、小说、戏剧、舞剧、连环画、情节性的绘画、叙书歌曲等艺术的构思，一般属于后者。艺术家由于一种事物、一种景物激发了他的浓烈的革命的思想感情，引起了他丰富的、有生活基础的各种联想和想象，于是就从激起了作家于诗情的事物、景物和联想到的各种生活形象中提炼主题，并围绕主题选择最富有典型特征的形象，以思想感情为线索把它们集中起来，构成一个诗意葱茏的艺术境界。这就是浮想联翩式的形象思维。毛主席《送瘟神》二首中的小序就充分说明了这种形象思维的特点。毛主席写道："读六月三十日人民日报，余江县消灭了血吸虫。浮想联翩，夜不能寐。微风拂煦，旭日临窗。遥望南天，欣然命笔。"这个小序生动地表达了毛主席当时激动的情怀。伟大领袖非常关怀人民、热爱人民，他看到余江县人民群众创造了奇迹，取得了根治血吸虫病的辉煌胜利，感到无比欢欣，因而产生了许多联想，经过通宵的艺术构思，怀着深厚的无产阶级感情创作了这一伟大诗篇。从读余江县的报道到遥望南天的美丽景色，生动地说明了主席浮想联翩的过程，"欣然命笔"充分说明了诗和一切抒情作品都必须饱和着作者强烈的革命思想感情。毛主席的诗词是我们运用浮想联翩式的形象思维创作抒情性的作品的典范。

浮想联翩式的形象思维和情节规定性的形象思维是不同的。前者是着重抒写由现实生活所激发的革命的思想感情，表达对腐朽、反动的事物和人物的强烈的仇恨，表达对新生事物和革命英雄人物的强烈的热爱，表达改造现实的革命态度和革命的理想，就是对于自然景物的描绘也不是只作为人物所处的场所进行环境描写，而是如高尔基所说"给大自然的自发现象与事物以人的性质、感觉、甚至是意图的能力"（《我怎样学习写作》），以便借景抒情、托物言志，表现革命的政治内容；后者则是叙事性的、戏剧性的，是在艺术思维中，构思人物和情节。人是一切社会关系的总和，艺术家要通过各种个性生动的典型人物及其相互间的矛盾、纠葛和斗争，揭示出人的阶级本质，揭示出社会生活的本质和规律，使文艺成为"团结人民、教育人民、打击敌人、消灭敌人的有力的武器"。马克思在批评拉萨尔的剧本《济金根》时，首先指出拉萨尔描写济金根时在立场和观点上的错误，同时也指出剧本把人物"描写得太抽象了"，"在性格的描写方面看不到什么特出的东西"（马克思：《致斐·拉萨尔》）。这就是说艺术家首先要有正确的立场和观点，同时在艺术创作中必须对人物进行典型化，而不应该"席勒式地把个人变成时代精神的单纯的传声筒"（马克思：《致斐·拉萨尔》）。恩格斯也多次指出：个性不应当消融到原则里去（恩格斯：《致敏·考茨基》），应该创造"典型环境中的典型人物"（恩格斯：《致玛·哈克奈斯》）。这就要求我们在艺术构思中对人物进行概括化和个性化。鲁迅曾经说过，小说要"杂取种种人，合成一个"

（《〈出关〉的"关"》）。这就是说，艺术中的人物是在构思中对生活形象进行"缀合"的结果。然而，它却不是生活素材的照搬和乱凑，而是"静观默察，烂熟于心，然后凝神结想"（《〈出关〉的"关"》）的结果，是在构思中对素材进行取舍、改造和合理的想象的结果，是在概括化的同时进行个性化的结果。这概括化与个性化的过程也就是形象思维的过程。这样创造出的人物虽不是生活中的某一个人，但却是更带普遍性的典型形象。这种典型形象既概括了某一阶级的共性，同时又是具体的、活生生的、性格鲜明的逼真的形象。这种形象不同于抒情诗的形象。抒情诗主要是创造出诗的意境，表现典型环境中的典型感受。抒情诗人的想象不受情节甚至时间和空间的限制，因而作品的诗行经常具有跳跃性，它是以感情来贯穿各种形象的。小说则必须塑造出人物鲜明的性格，而人物的思想性格又必须是在矛盾的冲突中得到展现。高尔基说，情节是"各种不同性格、典型的成长和构成的历史"（《和青年作家谈话》，见《论写作》）。毛主席更指出：

　　文艺要"把其中的矛盾和斗争典型化"。这就明确告诉我们：在人物的典型化的过程中，不能离开情节的典型化和集中化。典型性格必然为典型环境所决定，也必然在"人物之间的联系、矛盾、同情、反感和一般的相互关系"（高尔基：《和青年作家谈话》）中得到表演。因此，作家要创造典型性格，必须把人物的典型化和情节的典型化辩证地结合起来，并且遵循情节的发展线索进行反复构思。这种构思就是情节规定性的形象思维。譬如鲁迅在《祝福》中描写了祥林嫂的悲惨遭遇，揭露了封建礼教的吃人，说明了旧制度是人肉的筵席。但是这种描写绝不象毛主席《送瘟神》二首那样驰骋诗人的联想和想象，然后概括地描写出旧社会千村万户人民的悲惨生活，而是塑造了祥林嫂善良、勤劳、朴实的性格，描写了她在封建礼教的枷锁之中的心理状态，并且使她的性格在两次死去丈夫的遭遇中，尤其是在与鲁四老爷的冲突中逐步得到了展现。鲁迅说过："所写的事迹，大抵有一点见过或听到过的缘由，但决不全用这事实，只是采取一端，加以改造，或生发开去，到足以几乎完全发表我的意思为止。"（《我怎么做起小说来》）这"生发开去"就是在情节的发生、发展中展现人物性格。鲁迅的小说充分说明了情节性作品在形象思维上的特点。

艺术作品的创作、构思并不像自然科学的定理，它是多种多样的。情节规定性的形象思维和浮想联翩式的形象思维之间，并没有不可逾越的鸿沟，相反，却常常是交错使用的，不过是在一定作家的思维中有主有从而已。这也是形成艺术风格、艺术体裁的多样性的一个原因。“四人帮”否定形象思维，自然也就否定了形象思维的多样性。这就很明显地可以看出“四人帮”用“反形象思维”论反对“百花齐放”的方针、疯狂扼杀丰富多彩的革命文艺的狰狞面目了。

必须看到，形象思维和抽象思维虽有不同的特征，但是却存在着共同规律。它们的共同规律即是，都存在着由感性认识上升为理性认识的飞跃，都存在着认识过程中的两个阶段，即存在到思想和由思想到存在这两个阶段，都必须在实践、认识多次反复的过程中进行。要想获得现实的正确认识，都必须以马列主义世界观作指导。形象思维同抽象思维一样，完全符合马克思主义的认识论。毛主席说：“要用形象思维方法，反映阶级斗争与生产斗争。”这就充分说明，革命作家的形象思维完全能够正确地反映现实生活。在十七年，有些人由于旧的社会意识的存在，对形象思维发表过一些错误意见，但大多数革命的文艺理论工作者和艺术教育工作者，都对形象思维作了正确或比较正确的论述，从来没有否认它由感性认识向理性认识的飞跃，从来没有否认它在认识过程中的两个阶段，从来没有否认它与实践的辩证关系，更反对把它和马列主义世界观割裂开来。由此可见，革命的文艺工作者在“文化大革命”以前对形象思维的研究，是有显著成绩的。但是“四人帮”却把许多关于形象思维的正确论述和一些错误意见混为一谈，尤其是和美学界早已批判过的错误观点混为一谈，并在十七年的文艺论著中寻章摘句，把关于形象思维的正确论述歪曲为艺术的创作过程只是由形象到形象，艺术只表现一堆形象，不在形象里体现任何内容和思想。似乎革命的文艺理论工作者所宣传的形象思维和克罗齐的“艺术直觉”一模一样，脱离社会实践，不要理性认识。“四人帮”就是采取这种混淆是非和栽赃的卑鄙手段，对我们十七年革命的理论批评工作进行诬蔑。他们明明知道毛主席肯定形象思维，并对形象思维作了科学的概括，可是却肆无忌惮地对科学的、革命的形象思维论大加讨伐。这更是对伟大领袖毛主席的恶毒攻击。这就充分暴露了他们反革命的狼子野心。我们要认真学习毛主席给陈毅同志的信，掌握毛泽东思想的千钧棒，彻底砸碎"反形象思维"论这个精神枷锁，坚决推倒"文艺黑线专政"论，为宣传马列主义的美学理论，为繁荣社会主义文艺事业作出更大的贡献！

# 创作方法漫谈*

## 一

无论何种形式的艺术创作都是一定的社会生活在艺术家头脑中的反映的产物。艺术家反映生活总要遵循一定的原则。这种反映社会生活的基本原则就是文艺的创作方法。

在"四人帮"独霸文坛的时期，他们把风格、流派、创作方法和表现手法等艺术概念搅得一塌糊涂，其目的就是为了反对革命的文艺科学，以便宣传他们的"三突出"等谬论，为他们推行反革命的政治纲领、复辟资本主义服务。在他们的毒害下，许多文学青年不知道什么是创作方法，认为艺术的表现手法和人物描写的方法就是创作方法；有的竟把所谓的"三突出"和"多侧面"当做文艺创作的金科玉律，说这就是"创作方法"。当"四人帮"被钉在历史的耻辱柱上，"三突出"等谬论被扫进历史的垃圾堆以后，有些人就觉得文艺创作无所"遵循"，文艺没有"创作方法"了，至于文艺发展的历史更是一片"空白"，古今中外的作家根本无"创作方法"可言。这就足见"四人帮"在文艺上的愚民政策危害之大，有些文学青年受害之深了。为了响应华主席"兴起社会主义文化建设的高潮"的伟大号召，使文化艺术为工农兵服务，我们必须用"批判地继承"的原则研究文艺史上的各种创作方法，必须认真学习毛主席所提出的革命现实

* 原文刊载于《河北师大学报》1978 年第 2 期。——编者注

主义和革命浪漫主义相结合的创作方法，必须批判"四人帮"在创作方法上所散布的种种谬论。这样才能发展革命的文艺科学，才能使我们的文艺创作和文艺批评为完成新时期的总任务做出贡献。

必须明确，古往今来的创作方法都不是表现手法，不是对比、照应、陪衬等等，也不是人物描写的具体方法，如肖象描写、对话描写、心理描写等等，尽管表现手法和人物描写方法在艺术创作中是必要的，但是它们都必须遵循文艺创作的某种基本原则，亦即文艺的某种创作方法，而文艺的创作方法又都受着世界观的制约。从历代劳动人民和进步作家的作品看，文艺的创作方法主要有两类：一是着重描写现实，一是着重表达理想。写现实的就叫做现实主义，写理想的就叫做浪漫主义。在中外的文艺史上，创作方法虽然多种多样，但居于主流的就是这两种。高尔基说："从既定的现实的总体中抽出它的基本意义而且用形象体现出来——这样我们就有了现实主义。但是，如果从既定的现实中所抽出的意义上面再加上……所愿望的、所可能的东西，这样来补充形象，那么我们就有了浪漫主义，这种浪漫主义……是十分有益的，因为它帮助激起对于现实的革命态度，实际地改变世界的态度。"由此可见，无论现实主义，还是浪漫主义，在文艺创作中都是不可缺少的。它们对于历史地、具体地、真实地反映社会生活的本质和人民的理想起着重要的作用。为了深入理解两种创作方法的涵义，澄清"四人帮"在创作方法问题上所造成的混乱，有必要从古代劳动人民的创作方法谈起。

## 二

现实主义和浪漫主义的创作方法在古代劳动人民的文艺创作中早就存在着。在原始社会里，劳动人民用石器、铜器、铁器向大自然进行着英勇的斗争；在阶级社会里，劳动人民除了向大自然斗争外，更向统治阶级进行着无情的搏斗，奴隶起义和历代的农民起义就是最好的证明。生产斗争和阶级斗争的现实以及人民的愿望反映到文艺上来，就形成了现实主义和浪漫主义的创作方法。现实主义，就是在文艺创作中集中地表现劳动人民对自然、对剥削阶级进行英勇斗争的现实生活。如原始社会的民谣："断竹，续竹，飞土，逐宍。"就真实地反映了当时人民向暴戾的自然界进行斗争的现实生活。劳动人民是创造历史的动力，他们不仅看到现在，而且还要认识未来。他们为征服大自然、为摆脱旧制度产生了各种各样的愿望和理想，这种理想表现在文艺创作中，就叫做浪漫主义。如女娲炼五彩石以补苍天的故事（见《淮南子·览冥训》）和后羿挽弓射九日的故事（见《淮南子·本经训》）就是表达古代劳动人民改造自然的美好理想的魅人的神话。马克思曾经指出："任何神话都是用想象和借助想象以征服自然力，支配自然力，把自然力加以形象化。"（《〈政治经济学批判〉导言》）这就充分说明古代神话具有着丰富的想象力，它是浪漫主义的源头，是鼓舞人民改造大自然的有力武器。从原始社会进入奴隶社会，劳动人民处于被压迫、被剥削的境地。他们与奴隶主阶级的斗争一天也没有停止过。文艺是他们的斗争工具之一。他们不仅描写当时阶级斗争的现实，揭露奴隶主阶级的反动本质，而且还描写没有压迫、没有剥削的理想社会。这种对于理想社会的表现，就是古代劳动人民朴素的浪漫主义的创作方法。如《诗经·硕鼠》中的"适彼乐土"就表达了被压迫人民的理想，这是浪漫主义的具体体现。

古代劳动人民的现实主义和浪漫主义创作方法虽然没有完整的体系，但它们是朴素的、积极的、可贵的。用这些创作方法创作的文艺作品是当时劳动人民的生活、思想和感情的真实写照。这两种创作方法在历代的民间文艺中形成了优秀传统，对历代进步的艺术家都有着深远的影响。我们应该批判"四人帮"的民族虚无主义，有分析地继承这一文艺遗产，达到"古为今用"的目的。

## 三

文学有时代性和阶级性。随着社会的变化和发展，随着阶级斗争的复杂化，随着各种哲学派别的斗争，文艺的创作方法也比原始社会、奴隶社会复杂起来。但是，不管创作方法如何复杂，我们只要用马克思主义的阶级斗争学说一分析，就会明白，它们都是为一定的阶级服务的。为了剔除其封建性的、资本主义的糟粕，继承其民主性的精华，为了深入理解无产阶级的创作方法，我们不能割断历史，相反却应该分析研究它们产生的历史根源和基本特征。

现实主义的创作方法在封建社会、资本主义社会里一直存在着。到了十九世纪，就出现了批判的现实主义。十九世纪，欧洲许多资本主义国家的社会矛盾达到尖锐化，资产阶级剥削、压迫人民的本质已经充分暴露。一些比较进步的资产阶级作家看到了资本主义的反动性，因此，他们通过文艺创作，批判资本主义社会的黑暗。这就是批判的现实主义。当时，俄国资本主义发展较晚，所以俄国作家大量的揭露和批判的是农奴制的反动性，同时也暴露了资产阶级压迫、剥削人民的狰狞面目。批判现实主义作家主张面向现实，以真实的描绘揭露旧制度的不合理，他们同情被压迫的阶级和阶层，也比较真实地描写了劳动人民的悲惨生活，但是由于他们世界观的局限，看不到历史的发展方向。因此，他们解决社会矛盾的方法就只能是宣传改良主义等等。这就是批判现实主义的创作方法的基本特征。例如十九世纪俄罗斯的托尔斯泰就是典型的批判现实主义作家。他在长篇小说《复活》中通过女主人公玛丝洛娃的无辜受审，细致地描写了沙皇俄国法官们"虚伪无聊，贪赃枉法，搞阴谋，向上爬，草菅人命"的罪恶事实，揭露了官场的丑态，说明了法庭是维护贵族地主和资产阶级的反动利益的机关；同时，作者还描写了沙皇统治下农民一贫如洗、四处讨饭、贫病交加的痛苦生活。所有这些真实的描绘，对于我们具体了解俄国沙皇制度的腐朽，和地主、资产阶级的反动本质是有着认识价值的。但是托尔斯泰的世界观是矛盾的。在他的世界观中有进步的一面，也有腐朽的一面。他看不到社会的发展前途，他想解除人民的痛苦，但他不主张推翻沙皇的反动统治，而是提倡"勿用暴力抗恶"，提倡资产阶级人道主义，主张人与人之间要讲平等、博爱，只要人们都相信宗教的信条，邪恶的人、兽性的人就可以变成人性的人，就可以消除世界上的不平等现象，这就叫做人性的"复活"。小说《复活》中的另一主人公聂赫留朵夫由侮辱玛丝洛娃到无条件地"护送"被流放的玛丝洛娃到西伯利亚去，就是为了说明坏人完全可以变成好人，完全可以恢复人性。恢复人性的办法就是靠学习《圣经》，靠良心谴责，靠"道德的自我完善"。这种说教是反动的，因为它抽掉了人的阶级性，主张阶级调和。这种论调不但不能触动旧社会经济基础的一根毫毛，相反却会麻痹人民的革命斗志。因此，我们对待托尔斯泰的作品要一分为二，既不能全盘肯定，也不能全盘否定，而要做出科学的辩证的分析，这样才能达到"洋为中用"的目的。伟大导师列宁曾经指出，托尔斯泰"一方面，是一个天才的艺术家，不仅创作了无与伦比的俄国生活的图画，而且创作了世界文学中第一流的作品；另一方面，是一个发狂地笃信基督的地主。一方面，他对社会上的撒谎和虚伪作了非常有力的、直率的、真诚的抗议；另一方面，是一个'托尔斯泰主义者'，即是一个颓唐的、歇斯底里的可怜虫，所谓俄国的知识分子……。一方面，无情地批判了资本主义的剥削，揭露了政府的暴虐以及法庭和国家管理机关的滑稽剧，暴露了财富的增加和文明的成就同工人群众的穷困、野蛮和痛苦的加剧之间极其深刻的矛盾，另一方面，狂信地鼓吹'不用暴力抵抗邪恶'。一方面，是最清醒的现实主义，撕下了一切假面具；另一方面，鼓吹世界上最卑鄙龌龊的东西之一，即宗教，力求让有道德信念的僧侣代替有官职的僧侣，这就是说，培养一种最精巧的因而是特别恶劣的僧侣主义"。① 列宁对托尔斯泰的评价是我们批判地继承文艺遗产的典范。对待欧洲批判现实主义的作家和画家（如巴尔扎克、果戈里、涅克拉索夫、列宾等），我们都应该像革命导师那样进行辩证地分析。一方面要肯定他们的作品对于资本主义社会的揭露和批判，看到这些作品能使我们形象地认识旧社会的罪恶，能使我们更加痛恨旧社会，更加热爱新社会，并为保卫社会主义江山而奋斗；另一方面要批判他们在作品中所宣扬的人性论和宗教观点等反动思想；同时对他们在塑造性格等方面的现实主义艺术成就也应该批判地继承。

"四人帮"全盘否定十九世纪欧洲的批判现实主义文学，胡说这些作品"完全颠倒了""历史的真相"，胡说这些作家是"剥削阶级的辩护士、资本主义的吹鼓手"，这些作家"恨的、怕的是劳动人民和无产阶级"，对人民群众是"凶相毕露""多么刻毒"等等，不一而足。"四人帮"的全盘否定论完全歪曲了事实，纯粹是欺人之谈。他们企图把这些作品一笔抹杀，其目的就是为了砍断历史文化的长河，破坏无产阶级文化。列宁明确

---

① 《列甫·托尔斯泰是俄国革命的镜子》，《列宁选集》第二卷，第 370 页。

地指出："只有确切地了解人类全部发展过程所创造的文化，只有对这种文化加以改造，才能建设无产阶级的文化，没有这样的认识，我们就不能完成这项任务。无产阶级文化并不是从天上掉下来的，也不是那些自命为无产阶级文化专家的人杜撰出来的，如果认为是这样，那完全是胡说。无产阶级文化应当是人类在资本主义社会、地主社会和官僚社会压迫下创造出来的全部知识合乎规律的发展。"①"四人帮"的全盘否定论就正是反对我们改造历史上的进步文化，建设无产阶级新文化，进而由他们这些自称文化专家的人杜撰出"三突出"等修正主义谬论，冒充无产阶级文化，以便为他们篡党夺权、复辟资本主义服务。"四人帮"全盘否定批判的现实主义文学，和我们的伟大导师大唱反调，把矛头直接对准马列主义毛泽东思想，真是猖狂至极。对于"四人帮"的全盘否定论，我们必须进行彻底批判。

十九世纪的欧洲不仅出现了批判的现实主义，而且也出现了积极的浪漫主义，这也是资本主义社会矛盾尖锐化的结果。英国的拜伦就是这种创作方法的代表。他处在十八世纪末，十九世纪初。当时英国的工业革命已经完成，资产阶级与贵族联合起来残酷剥削无产阶级和劳动人民。无产阶级过着非人的生活，因此工人们破坏机器，烧毁工厂，掀起了声势浩大的路德运动。代表贵族、资产阶级的英国政府对工人进行血腥镇压。拜伦受到工人运动的影响，写出了《路德分子之歌》等作品，歌颂了工人阶级英勇斗争的精神，宣传了争取自由解放的思想。拜伦的许多作品主要的是通过奇异的想象表达对黑暗社会的不满和英勇反抗的精神。他塑造的形象是超出尘世的巨人，用这种巨人的形象表达他想挣脱旧社会的羁绊的热烈的情绪和美妙的社会理想。如他在抒情诗《普罗米修士》中所描写的就是这种顽强战斗的超人的英雄，表达了他把"死亡变成胜利"的光明的理想。带着无比的热情，描写叛逆旧社会的英雄，用绮丽的想象表达社会理想，这就是拜伦、雪莱等积极浪漫主义作家的基本特征。这种创作方法有可以肯定的一面，那就是他们对旧社会的仇恨和与旧社会毫不妥协的精神。他们的作品不是逃避现实，而是如恩格斯所说"满腔热情地辛辣地讽刺现实

---

① 《青年团的任务》，《列宁选集》第四卷，第 348 页。

社会"①，并鼓动人民振奋精神、英勇反抗、走向光明。然而这种创作方法也有应该批判的一面，因为他们的思想没有超出资产阶级民主思想，他们所塑造的理想人物只能是忧郁、孤独、痛苦、寂寞的资产阶级个人主义者，而不可能有明确的社会理想。我们必须对这些作品从思想内容到塑造浪漫主义形象上的艺术成就做一分为二的分析。这样既可消除毒素，又可批判地继承积极浪漫主义作品的一切好的东西。"四人帮"宣称，对历史上的文化遗产"必须彻底批判和与之彻底决裂"，否定一切积极浪漫主义作家和作品。这是他们反对"批判地继承"的原则的铁证。我们必须善于识破他们的阴谋，深入地批判他们否定一切文化遗产的言论和罪行，从而在马克思主义文艺理论的指引下，繁荣和发展社会主义新文艺。

# 四

毛主席教导我们：不要怕有毒素的东西，毒草可以做肥料，可以做反面教材。因此，对于历史上进步的创作方法，我们要研究，对于历史上落后的甚至反动的创作方法，我们也要研究。这样才能有比较、有鉴别，从而提高马列主义文艺理论水平。"四人帮"禁止对于文艺史的研究，把大量图书封存起来，这是他们"形而上学猖獗"的表现。

在历史上不仅出现过批判的现实主义和积极的浪漫主义，而且还出现过消极的浪漫主义和自然主义等创作方法。弄清它们的特征和本质也是革命的文艺学的任务之一。

消极的浪漫主义，这种创作方法虽然也是着重表达理想，但是这些作家的理想不是社会的未来，相反却是回首过去。这些作品表达的是剥削阶级末落、低沉的思想感情，对于社会现实没有一点积极意义，只不过企图让人们流出一把辛酸泪而已。如五代十国时期的南唐国主李煜在金陵过着小朝廷的生活，当他被宋朝俘虏以后，就写了许多感叹自己身世、怀恋过去花天酒地的生活的作品。《子夜歌》是他的代表作之一："人生愁恨何能免，销魂独我情何限。故国梦重归，觉来双泪垂。高楼谁与上，长记秋晴

---

① 《马克思恩格斯全集》第二卷，第 528 页，人民出版社 1957 年版。

望。往事已成空，还如一梦中。"这样的作品表达的是无限的愁和恨，是对剥削阶级往事的回忆，是对他们的故国的梦想。因此，这种浪漫主义是消极的，它是没落的剥削阶级的审美观在文学上的体现。这种创作方法在十八世纪末、十九世纪初的欧洲更是不乏其例。如俄国的茹科夫斯基就是这样的诗人。茹科夫斯基和李煜虽然处于不同的时代、不同的国度，但是他们的出身、经历是相仿的。茹科夫斯基出身地主，当过宫廷教师。当时正是法国资产阶级大革命的时代，法国资产阶级于 1789 年推翻君主政体，1792 年建立了法兰西共和国。法国的革命影响到俄国，引起俄国地主阶级的内部分化，出现了 1825 年的十二月党人起义。站在沙皇政府立场上的茹科夫斯基处在这样动荡的年代，自然就形成了冷漠、忧郁的性格，恐惧革命的心理。他的作品具有感伤的情调和宗教气息。他的作品《论诗人及其现代意义》充满着感伤主义的幻想，企图让人民堕入梦境，以便巩固沙皇统治。由此可见，反映没落阶级企图倒退的幻想，表达"怀旧"的感情，表现垂死阶级的哀鸣，为腐朽的旧制度、旧生活大唱挽歌，美化已经灭亡或将要灭亡的社会制度，宣传悲观主义、神秘主义就是消极浪漫主义创作方法的基本特征。这种创作方法是反动的，它是剥削阶级妄想让历史开倒车的思想情绪在文学上的反映，对人民有着极大的腐蚀作用，因此我们应该对它进行彻底批判。

关于反动的创作方法，在文艺史上还出现过自然主义。自然主义者着重描写现实中的个别现象和琐碎的细节，对事物做流水账式的摹写，追求事物的外在真实。这种创作方法反对艺术的概括，不能反映生活的本质。因此，自然主义是资产阶级文艺中反现实主义的创作方法。

自然主义作为一个文学流派是在十九世纪后半叶形成的，以法国的左拉为代表。左拉要求作家必须具有冷静的头脑，对现实作"忠实"的"纯客观"的写照，主张艺术家应该是"单纯的事实记录者"，反对艺术家对所描写的事物作政治的、道德的评价。这种"纯客观"的主张实际上是取消了文艺的阶级性，功利性，成为以后的帝国主义作家用"纯客观"来掩盖其反动的政治倾向的理论根据。左拉还主张用生物学的观点描写人，认为人在本性上是一个动物，受着遗传学规律的控制，产生了各种生理要求，如饮食、男女、喝酒、谋杀的欲望等等，提倡作家应该描写这种动物性的人。这种主张否定了人的阶级本质，否定了社会的阶级斗争。在帝国主义时代，自然主义成为现代资产阶级麻痹人民斗志的思想工具。

应该看到，左拉虽然提出了自然主义的理论，但是他的小说创作如《卢贡家族的家运》等并没有完全遵循自然主义的创作方法，而是在不同程度上脱离了原先的预想，在民主共和的进步思想指导下反映了当时法国资产阶级对劳动人民的压榨和剥削，表达了作者对劳动人民的同情。因此对左拉的作品也不能全盘否定——但是作为一种创作方法，左拉的理论是反动的，其流派也是反动的，尤其这种创作方法为现代资产阶级所发挥、所使用，成为反动社会势力的思想工具，这就更应当对它展开彻底批判。

我们只有深入研究历史上不同的创作方法，才能在比较中认清它们的实质，才有助于评价历代作家、作品的思想和艺术特征，才能更好地贯彻"批判地继承"的原则，才能更深入地理解革命现实主义和革命浪漫主义相结合的创作方法。

# 五

革命的现实主义和革命的浪漫主义相结合的创作方法是伟大领袖毛主席提出来的，这是对马列主义文艺理论的伟大发展。这是历史上最先进的阶级——无产阶级的创作方法。这种创作方法是无产阶级的求实精神和革命热情在文艺上的反映。我们的时代是英雄辈出的时代。在这个伟大的时代里，劳动人民在三大革命运动中斗志昂扬、意气风发，创造了惊人的奇迹，推动着历史的发展。要表现无产阶级和劳动人民的英雄形象和崇高理想就不能采用过去的创作方法，而必须采用崭新的创作方法。无产阶级写现实不是像自然主义那样机械地照搬所有的生活，而是要形象地概括地反映革命的现实生活，也不是像批判现实主义那样看不到历史的前景，而是在革命的发展中描写朝气蓬勃的现实生活。这就需要我们"除细节的真实外，还要真实地再现典型环境中的典型人物"（恩格斯：《致玛·哈克奈斯》），通过塑造工农兵的典型形象，表现革命的英雄主义和彻底革命精神以及无产阶级的一切优秀品质，反映生活的本质和主流，让人民认识历史的发展规律，从而在三大革命运动中更好地改造世界。这种描写革命的现实生活的基本原则就是革命现实主义的创作方法。如《创业》通过集中和概括的方法，塑造了周梃杉坚毅、豪爽的性格，表现了他一往无前的革命精神，热情歌颂了我国工人阶级自力更生、艰苦创业的崇高品质。作者为了表现周梃杉的英雄性格，对他所处的两个不同时代进行了典型的描写，使我们看到他的英雄性格是在与帝修反的斗争中形成的，是在党的教育和毛泽东思想的哺育下形成的。他是有血有肉的活生生的而又带普遍性的人物形象，是我国工人阶级革命斗争生活的集中反映。《创业》通过周梃杉、华程、秦发愤等典型环境中的典型性格深刻地体现了我们的时代精神。这是运用革命现实主义的创作方法进行文艺创作的结果。应该注意的是，《创业》的创作方法不单是革命的现实主义，而是革命现实主义和革命浪漫主义的密切结合。无产阶级的宇宙观最先进，这种宇宙观不仅是唯物，而且是辩证的。无产阶级在这种宇宙观的指导下要实现最终目的，达到美好的共产主义社会。因此，我们的文艺作品就不能只写现实不写理想。《创业》就是在无产阶级宇宙观的指导下，写出了周梃杉的革命理想。在周梃杉身上体现着中国工人阶级的不断革命精神，体现着无比的革命热情，体现着无产阶级的豪情壮志。他想的是一拳头砸出一口井，拿下大油田，让原油咕嘟咕嘟往外冒，淹死敌人！他说："一个国家要有民气，一个队伍要有士气，一个人要有志气，有了这三股气，封锁怕什么？扔原子弹怕什么？我们顶天立地的站着！"这种气吞山河的气概和夺取油田胜利的理想正是运用革命浪漫主义创作方法进行创作的结果。革命的浪漫主义和一般的浪漫主义或积极的浪漫主义有着本质的不同，它写的不是乌托邦的幻想，不是虚无缥缈的世界，而是建立在唯物主义基础之上的可以实现的伟大理想。所以"两结合"的创作方法并不是两者机械地相加，而是在典型化的过程中，有机地、真实地体现出英雄人物的社会主义、共产主义的远大理想。话剧《丹心谱》写出了"四人帮"横行时期两个阶级、两条路线的激烈斗争，写出了"黑云压城城欲摧"的特殊环境，在这个环境下凸现了工人阶级、革命知识分子等各种人物的鲜明性格。方凌轩的"忠厚正直、光明磊落、坚贞不屈"，丁文中的"刚直不阿、幽默风趣、疾恶如仇"，赵国柱的"憨厚持重、心直口快"……都描写得淋漓尽致，表现了他们为捍卫毛主席的革命路线，对"四人帮"及其爪牙所作的不屈不挠的斗争，表现了他们对毛主席、周总理的一片丹心。这正是我国广大人民革命的思想品质的集中反映，是革命现实主义创作方法的正确运用。然而，作者并不单纯描写现实，而是以无限的热情抒写了革命理想，表达了人民的共同心愿。作品中的正面主人公都相信"野火烧不尽，春风吹又生"，他们深知侏儒推不倒泰山，他们相信漫天的冰雪就会溶化，东风送暖、百花吐艳的世界仍会到来，他们相信，周总理根据毛主席的指示在四届人大提出的四个现代化的宏伟目标一定会实现。正是因为他们具有着这种远大的理想和革命的信心，所以才不怕鬼、不信邪，英勇斗争，取得了一个又一个的胜利，并预示了革命的美好前景。这是革命浪漫主义创作方法的正确运用。这一作品从情节和人物性格的发展中自然而然地表达了革命的豪情和理想，达到了革命现实主义和革命浪漫主义的有机结合。另外像短篇小说《班主任》，歌剧《洪湖赤卫队》、《江姐》，京剧《红灯照》在塑造典型环境中的典型性格，在人物的刻画中自然地体现出革命浪漫主义精神方面，都有着显著的成就，很值得我们学习。应该指出，革命的浪漫主义并不一定只是剧中人抒发感情和理想，也可以在作品中创造革命的理想世界。只要是作品的描写自然地由革命的现实世界进入革命的理想世界，自然地描写理想世界中的具体人物，令人可信，合情合理，符合历史发展的必然性，那么我们就可以大胆地创造革命浪漫主义的理想境界。既然历史上积极浪漫主义作家都能用奇妙的想象表达理想，那么我们就更应该驰骋想象的翅膀，描绘出共产主义的美好远景。而要创造这方面的成功作品，就更应该在两者的有机结合上下功夫。

我们在各种形式的艺术创作中，运用革命浪漫主义和革命现实主义创作方法，都应该使两者密切地结合起来。只有这样，我们的现实主义才能预示革命的发展方向，才能避免自然主义，革命浪漫主义才有现实基础，而不是空想。毛主席的诗词就是两者有机结合的典范。譬如在《重上井冈山》一词里，我们的伟大导师一方面生动地描绘了今日井冈山生机勃勃的景象，通过对自然景物的描写歌颂了崭新的社会主义制度和劳动人民改天换地的革命精神。"到处莺歌燕舞，更有潺潺流水，高路入云端。"这是对革命的现实生活的典型概括，表现了社会主义新生活的本质。同时，作者在这个基础上又用饱蘸浓烈感情的笔墨写出了革命理想。通过"可上九天揽月，可下五洋捉鳖"，"世无难事，只要肯登攀"等诗句，表现了马列主义者在国际国内复杂的阶级斗争中敢于斗争、敢于胜利的英雄气魄和大无畏精神，抒写了无产阶级革命家广阔的胸襟和共产主义的凌云壮志。就这样，全词既写现实，又写理想，既写景又抒情，抚今思昔，展望未来，浮想联翩，尽情挥洒，把理想和现实连成一个有机的整体，创造了无产阶级的诗的意境，使革命现实主义和革命浪漫主义达到了有机的统一，充分发挥了革命文艺的教育作用和鼓舞作用。为了达到两者有机的结合，我们必须认真学习马列主义毛泽东文艺思想和毛主席的光辉诗篇。

从美学上讲，自然主义、消极浪漫主义的作品是对美、丑的本质的掩盖、歪曲，是对美、丑的关系的颠倒；批判的现实主义虽然能够暴露和批判丑，但看不到美的力量和美的发展；积极的浪漫主义虽然能够表达对美的事物的向往，但大多是乌托邦式的空想；而革命的"两结合"则是当代先进的创作方法，它不仅能够深刻地反映和热情地歌颂现实中的美，通过典型的形象揭示美丑的真正本质，而且能够正确地预示美的发展、美的未来。所以，我们要掌握"两结合"的创作方法，从而正确地集中地表现现实美和革命的理想美，创造无产阶级的艺术美。

任何文艺创作都是由一定的哲学思想做指导的。世界观和创作方法是一致的。革命现实主义和革命浪漫主义相结合的创作方法是和无产阶级的世界观相一致的。它的哲学基础就是辩证唯物主义。辩证唯物主义认为，进行革命斗争，既要坚持革命发展阶段论，又要坚持不断革命论。所以反映到文艺上，就要既写革命的现实，又写社会主义、共产主义的理想。只有这样，才能使作品具有"较大的思想深度和意识到的历史内容"（恩格斯：《致斐·拉萨尔》）。毛主席诗词之所以具有高度的思想性和艺术性，成为运用"两结合"创作方法的典范，就是因为作者是伟大的马列主义者，能够高瞻远瞩、极深刻地洞察世界的原故。因此，我们要继承毛主席的遗志，在华主席的英明领导下，努力学习马克思主义、列宁主义、毛泽东思想，深入工农兵的生活，彻底改造世界观，树立无产阶级的世界观。只有这样，才能真正掌握革命现实主义和革命浪漫主义相结合的创作方法。

"四人帮"鼓吹"三突出""多侧面"是什么"创作方法"，这完全是无耻的编造。他们的谬论并不是什么创作方法。他们脱离人物的典型环境，在人物关系上做游戏，把群众当做阿斗，用群众来"陪衬""突出"他们这些资产阶级野心家、阴谋家。这种用"陪衬"的手法"突出"的所谓"高大"形象，正是他们英雄创造历史的唯心主义观点的大暴露。他们要求对人物的塑造要"全"，即所谓"多侧面"，实际上是从头到脚为他们贴金，为他们涂脂抹粉。他们捏造出的"高、大、全"的形象并不是什么英雄，而是赵昕、江涛等反革命人物，是他们自己的化身。这就充分说明"三突出""多侧面"等谬论完全是为他们树碑立传的修正主义黑货，是他们篡党夺权的舆论准备。他们把作家随内容和风格可以灵活运用的艺术表现手法如"反衬""陪衬""烘托"等等组成三字经，造成束缚作家手脚的资产阶级艺术模式，这就进一步暴露了他们的形而上学观点和反对"双百"方针的反革命目的。他们故意把创作方法和表现手法混淆起来，用那些以艺术手法胡乱组成的"三突出""三陪衬"等冒充"两结合"的创作方法，妄图用"三突出"代替"两结合"。这就更充分地暴露了他们疯狂反对毛主席提出的革命现实主义和革命浪漫主义相结合的创作方法、疯狂反对毛泽东文艺思想的罪恶目的。我们要认真学习马列主义哲学，深入地系统地批判"四人帮"反动的世界观和"三突出""多侧面"等谬论，还无产阶级的创作方法、还马克思主义文艺理论以本来面貌，从而用"两结合"的创作方法创作出无产阶级的百花灿烂的革命新文艺！

# 一部别具一格的有价值的美学论著<sup>*</sup>

## ——读《罗丹艺术论》随感

　　我一口气读完了人民美术出版社最近出版的《罗丹艺术论》。它是一部别具一格的美术理论书。罗丹思想的记述者——葛赛尔的散文诗式的语言确实对读者具有一定的吸引力。他细腻地描绘了罗丹所处的艺术化了的自然环境、住所和罗丹制作雕塑作品时的情态。他不仅较系统地表述了罗丹的思想，而且也使我们逼真地看到了罗丹的性格与爱好。罗丹善于思索和不停顿地工作，他具有炽烈的艺术感情和创作热情。这对于我们具体了解罗丹的艺术观点和造诣有很大帮助。葛赛尔对于罗丹以及其他艺术家的作品的描述也有助于我们理解罗丹的艺术思想。因为他是随着罗丹的艺术创作、艺术欣赏和对话来描述、分析、评价有关作品的。这样的书是生动的、形象的，它不是单纯地干巴巴地记录罗丹的语言。因此，这本书不仅对美学、美术史的研究，美术教学具有一定的价值，而且对于如何将理论文章写得生动活泼也是有启示的。毛主席经常教导我们，要用"满腔的热情，生动的笔调"写文章，也经常批评我们的许多同志"在写文章的时候，十分爱好党八股，不生动，不形象，使人看了头痛。"（《毛泽东论文艺》第 90~91 页）这就明确地告诉我们，理论文章虽然用的是逻辑思维，但也应注意语言的形象性，这样才能达到更好的宣传效果。我们的文艺评

　　* 原文刊载于《河北师大学报》1978 年第 3 期。——编者注

论要做到思想深刻，语言形象、生动，首先要学习马克思主义和学习社会，在写作上要学习革命导师的文风和人民群众新鲜活泼的语言，同时，有分析地学习像《罗丹艺术论》这样富有文学色彩的美学论著的文笔也是有益的。

读者欢迎《罗丹艺术论》不仅在于它的文采，主要的还在于它的一些可取的思想。罗丹继承了古代艺术的现实主义传统，主张艺术家要忠实于自然，要"深深理解自然的内部"，要在客观现实中"能够发现出美来"。这对于我们今天面向现实，深入革命的现实生活，从生活中汲取原料和矿藏，然后对生活美进行加工提炼是颇有裨益的。罗丹的一些作品，思想比较深刻，他善于从人物的性格特征上寻找适当的线条、动势和艺术手法，把人物的"内在精神""内在感情"鲜明地表现出来。如作者在亨利·罗歇福尔的塑象中着重刻画了对象的竖立着眉头的坚毅的前额，并让他的头略向前伸，显得这幅好斗的前额特别突出，有力地表现了这位共和派人物的斗争精神。作者还细致地刻划了他的仇恨的眼睛和"因讥笑而弯着的嘴"，这样就把这位以政论尖锐抨击并号召推翻第二帝国的精干的新闻作家和讽刺剧作家的性格明确地披露出来了，形象地表现了罗歇福尔在一定时期的战斗精神和进步思想。这不是只求形似而貌合神离的简单摹写，而是强调最能体现一定的"心理状态的各种线条"，从而深刻揭示人物内心世界的神气活现的艺术结晶。再如，在维克多·雨果的塑象中，作者大胆地利用夸张的手法，通过像愤怒的雄狮一样"舞之蹈之"的非凡动作和聚精会神地思索的面部表情紧密配合，揭示了雨果象火山爆发一样的激动心情，充分表现了这位伟大作家的积极浪漫主义精神。罗丹不像拙劣的雕塑家那样在塑象时让雨果"整坐了三十八次"，而是细心地观察这位伟大的诗人和作家，把他的形象深深地印在记忆中，然后以恰当的适宜的形式和艺术手法给以传神写照。由此可见，罗丹并不满足于表面的真实，而是经过慎密地构思，从而体现现实的本质或现实本质的某些方面，用罗丹自己的话说就是要表现事物的"内在真实"。因此《罗丹艺术论》对于我们在创作革命文艺作品时，克服自然主义，从而灵活地运用各种技巧和各种艺术表现方法，以形传神，也是有借鉴作用的。

罗丹认为，在生活中看来丑的事物，在艺术中能变成美。这话也说明了当时现实主义的一个基本特征，即通过真实的描绘批判吃人的旧制度。因为罗丹处于法国黑暗的资本主义社会，他认识到，有许多看来丑的形象，正是资本主义制度造成的，正是蒙受旧社会残酷蹂躏的结果。像罗丹的《老娼妇》所描写的老迈、干瘪的身躯不正是对资本主义社会的揭露吗？在这一点上他和维克多·雨果的思想是一致的。雨果《巴黎圣母院》中的喀西莫多，其外形，的确是奇丑的，但是他的内心世界却是美的。他与教会里那些看来道貌岸然而实际上内心极为丑恶的显赫人物——弗罗洛之流形成了鲜明的对比。他真诚地保护美丽的、受迫害的吉普赛舞蹈女郎——爱斯美拉尔达，并最后和她一同死去。这就形象地表现了被压迫者的精神美，无情地揭露了宗教的虚伪性和封建统治者的罪恶。这充分地显示了现实主义艺术在当时的批判力量。罗丹的美丑观念正如该书后记所说："表示了他对资本主义社会被损害与被侮辱者的同情。"因此，罗丹的这一思想对于我们进一步理解和研究批判的现实主义的实质是有帮助的。

罗丹的美丑观念还说明了这样一个事实：有些看来丑的事物，其内容却是非常的美，有些看来冠冕堂皇的东西，实际上却是"金玉其外，败絮其中"，其内容却是异常的丑。在社会主义的时代里，劳动人民的美像出土的珍珠一样发出了绚丽多彩的光辉，但是丑恶的人物（如"四人帮"及其爪牙）却常以各种漂亮的言词和伪装出现。因此，我们创作艺术作品就决不能像"四人帮"那样把人物脸谱化、刻板化、雷同化——凡是英雄人物都要站高台指方向，凡是反面人物都是贼眉鼠眼——而应该根据实际生活创造出各种各样的人物形象，深刻地揭示他们的内心世界，从而真实地、生动地反映极为丰富的社会生活及其发展规律。由于世界观的局限，罗丹还没有也不可能掌握内容与形式、共性与个性的辩证法，但是他初步看到了美、丑在表现形式上的多样性，这对于我们在文艺创作中使人物形象和题材多样化具有一定的积极意义。

罗丹对菲狄亚斯和米盖朗基罗有一定的研究。他阐明了两个时代艺术风格的不同。古代希腊的雕塑艺术，形象优美、文雅、娴静，文艺复兴时期的一些造型艺术（尤其是米盖朗基罗的雕塑）在形象上则是遒劲的、雄壮。罗丹还通过用泥巴多次打草稿，反复体会，终于找到了两种不同风格在人体动态和构图上的区别。这不仅对于研究古希腊和文艺复兴时期的艺术作品有参考价值，而且也说明了，要发展艺术事业就必须按艺术规律办事，也必须探讨风格、流派与构图法。毛主席曾多次指出革命文艺要发展多种风格，对于发展艺术流派，也做了肯定。毛主席说：革命派要做，流派也要有（转引自李世济的文章：《在毛主席关怀下成长》，《人民戏剧》77 年第 9 期）。但是"四人帮"却反对毛主席的指示，反对百花齐放的文艺方针，不准谈风格、流派、艺术的构思、构图和技巧，充分暴露了他们扼杀革命文艺的反革命嘴脸。我们应该从表现革命的现实生活出发，探讨艺术的风格、艺术的表现形式诸问题，同时，为了这个目的，也应该从罗丹等人对古代艺术风格、艺术特点的总结中获得有益的启发。

应该指出，罗丹虽然发现了米盖朗基罗"所塑造的每个囚徒，都是表现人类的灵魂，想冲破自己的躯壳，以期获得无限的自由"，但并未全部理解文艺复兴时期艺术大师们的人文主义思想及其反封建的重大意义。同样，他在研究菲狄亚斯等雕刻家时也未能深刻理解希腊艺术所反映的民主意识。因而他虽然发现了两个时代艺术风格和构图的一些特点，但没有找到这些风格形成的原因。必须明确，古希腊时代（譬如雅典全盛时期）的艺术风格并不是凭空产生的，而是由当时的经济、政治制度和社会生活所决定的。在希腊城邦中，工商奴隶主与自由民向氏族贵族进行过多次曲折而激烈的斗争，"先后经由梭伦和克利斯梯尼奠定的奴隶主民主制度，成为雅典政治生活中最鲜明的特点。在所有希腊奴隶制城邦中，雅典发展了当时最民主的政治秩序。"（吴于廑：《古代的希腊和罗马》第 63 页）希腊的文化生活也是民主的，"最显著的是有广泛自由公民群众参与的祀神庆典和戏剧活动"以及体育活动（同上书第 67～68 页）。当时民主派的领袖伯里克利曾经说："我们没有忘记使疲敝了的精神获得舒息。我们的生活方式是优雅的。我们日常在这些方面所感到的欢乐，帮助我们排遣了忧郁。"他又曾说："我们是爱美的人。"（转引自上书第 76～77 页）由此可见，希腊艺术优雅的风格正是希腊公民的民主生活和民主自由的精神的形象地体现。古希腊雕塑中的神并不是超凡轶俗的偶像，而是热爱自由、感情丰富、体格健康的雅典人的形象。因而它是民主的进取的城邦生活的具体反映。同样，米盖朗基罗的风格和艺术特点也是由当时的社会生活所决定的，亦即由内容所决定的。在文艺复兴时期，人本主义者代表当时新兴资产阶级的利益，提倡人权，反对神权，提倡人的地位和尊严，反对封建统治，主张建立进步的共和政体，因而在米盖朗基罗的作品中才具有摆脱封建罗网，主张个性自由的思想，才塑造了在封建桎梏下而挣扎的奴隶的形象，才塑造了为保卫共和政体而英勇奋斗的爱国主义英雄，才具有那种强有力的雄浑的艺术风格。恩格斯在称赞文艺复兴时说："这是一次人类从来没有经历过的最伟大的、进步的变革"，"中世纪的幽灵消逝了；意大利出现了前所未见的艺术繁荣"（《自然辩证法》，人民出版社1971年版，第6~7页）。由此可见，米盖朗基罗等巨人的风格独具的现实主义艺术成果是和他们所生活着的进步的、变革着的历史时代分不开的。因此，我们要正确理解两个时代不同艺术风格所形成的原因，就必须运用马克思主义的基础和上层建筑、内容和形式的辩证原理，历史唯物主义地对古希腊和文艺复兴进行认真的研究。只有这样，我们在借鉴古代艺术时，才能既从原作及罗丹对它们的论述中受到启示，又不至囿于希腊雕刻的"四个相反的面"和米盖朗基罗雕塑的"支柱形"；只有这样，我们在探讨艺术形式和构图法时，才能从内容、从革命的现实生活出发，而不至走上形式主义的道路。

还应该看到，罗丹只是部分地说明了古希腊和文艺复兴的时代风格，而没有说明这多些时代的艺术家们不同的个人风格。希腊艺术在伯罗奔尼撒战争前后风格的不同，自不必说，就是在这一战争之前的米隆、菲狄亚斯和波利克列特的风格也是各异的。米隆的《掷铁饼者》，栩栩如生地描绘了运动家在铁饼出手之前的瞬间姿态，形象健美而又富有运动感；菲狄亚斯的《雅典娜神象》则庄重、华美；而波利克列特的《持矛者象》《系带者象》《亚马逊女战士象》的形象则坚实有力。至于文艺复兴时期的三位艺术巨匠达·芬奇、米盖朗基罗、拉斐尔的风格互异则几乎是美术界人所共知的。罗丹对上述风格的研究只注意了其共性（这是必要的），而没有说明其个性，这是此书的一个缺陷。我们必须运用马列主义的立场、观点、方法细致地深入地考察古代艺术家的社会环境、个人经历和创作实践。这样才能把握他们的作品的思想特点和艺术特色，才能使之成为我们今天创作文艺作品时发展多种风格的借镜。

还必须明确，古希腊城邦的民主制是有一定范围的。城邦中第四等级的公民在民主生活上受到很大的限制，而占人口大多数的奴隶则不仅没有公民权，而且受着奴隶主的极端残暴的压迫和剥削，他们没有任何人身保护，在酷刑下进行着极为繁重的劳动。因此，希腊城邦的制度对工商奴隶主等公民上层人物是充分民主的，而对广大奴隶却是血腥的专政。罗丹说："希腊人所理解的美是'智慧'，梦想的'秩序'，所以仅仅服务于那些有学识的人。这种美轻视贫苦的灵魂，对于受损害者的良好愿望毫不动情……。这种美对于不具高深思想的人，是残酷的。它鼓动亚里斯多德做了奴隶制度的辩护者。它只求形式的完善，而不懂得一个受辱者的表情也是崇高的。它把不中意的孩子残忍地投进深渊。"罗丹能看到这一点，是难能可贵的。他看到了当时的一些社会矛盾——而要深刻地分析历史上的社会现象和文艺现象，我们就必须运用马列主义的阶级斗争学说这个显微镜，这样才能真正做到吸取古代艺术中民主性的精华，剔除其剥削阶级的糟粕。

罗丹不仅探讨了艺术风格问题，而且还论述了绘画、雕塑与文学、戏剧的区别与联系。罗丹从文学、戏剧与造型艺术的比较中较明确地说明了绘画、雕塑并不是机械的照相，它应该在纵观事物运动之后，提炼出富有艺术表现力的动作来塑造形象，来表现事物的来龙去脉，因而造型艺术同样能生动地表现情节、深刻地表达思想。罗丹说："如果绘画和雕塑能使人物活动起来，那末谁也不能禁止它们更向前推进一步。""有时，当它们在同一张或同一组群象里表现着几个连续的场面的时候，绘画和雕塑能做到和戏剧艺术相等的地步。"这些论述对于我们创作革命美术作品时增强戏剧性也不能说没有启发作用。

如果我们把这些论述和王朝闻运用辩证唯物主义观点写的《新艺术创作论》等著作结合起来阅读，那么就更会看到美术与文学、戏剧的区别与联系，就更能看到各自在描绘形象时的长处与局限性，从而获得对各种艺术门类的辩证唯物主义的理解，以便发挥本门艺术的特长，并通过间接描写，启发读者的联想，克服其局限性，创造出形象丰满而又内容深刻的作品。王朝闻同志在他的美学著作中曾经多次分析罗丹的作品如《巴尔扎克》《加莱义民》《思》《夏凡》等，以说明艺术的创作规律，也有分析地引用过罗丹的话，这就说明无产阶级文化并不是从天上掉下来的，而是一方面从革命的社会实践和文化艺术实践中总结而来的，一方面是从前人的实践经验中批判地继承而来的。革命的实践是无产阶级文化艺术的土壤，但我们并不反对用秸杆还田的方法养我们文化艺术的花朵。正如鲁迅所说，旧文化的采取"恰如吃用牛羊，弃去蹄毛，留其精华，以滋养及发达新的生体，决不因此就'类乎'牛羊的"（《论旧形式的采用》）。毛主席更明确地指出："我们必须继承一切优秀的文学艺术遗产，批判地吸收其中一切有益的东西，作为我们从此时此地的人民生活中的文学艺术原料创造作品时候的借鉴。"（《在延安文艺座谈会上的讲话》）所以《罗丹艺术论》的出版有助于我们批判地继承前人的艺术经验，发展革命的美学理论，同时也是对"四人帮"全盘否定欧洲艺术理论的罪恶行径的有力批判。

罗丹的世界观是矛盾的，他的思想是有局限性的，有些思想则是反动的。本书的出版说明和后记已经对罗丹的思想作了具体的分析。本书后记结合罗丹的时代背景剖析了他的思想的复杂性，具体地说明了"在罗丹身上，现实主义倾向和悲观主义、神秘主义的唯心主义思想不断进行着斗争"，明确地指出了当时颓废思潮对罗丹的影响，明确地指出了现代资产阶级哲学对罗丹的严重影响，还明确地指出了罗丹"艺术即宗教"说的反动性……，并对这些反动的艺术观及其哲学基础——不可知论——进行了、深刻地批判。由于本书的出版说明和后记对罗丹进行了一分为二的评价，并对他消极、反动的思想做了深入地批判，所以能够帮助读者分清精、糟，正确地对待这份文化遗产。

总之，《罗丹艺术论》是一部别具一格的有价值的美学论著。我们只要用马列主义观点对这类书进行分析，只要根据革命的社会实践和艺术实践对其中的内容决定弃取，那么就会有益于发展无产阶级文化，使文化艺术为工农兵服务，为四个现代化服务。

# 赵州大石桥的艺术[*]

　　赵州大石桥本名安济桥，位于河北省赵县城南，是隋朝石工李春设计的。建造的时间约在公元 600 年至 610 年之间。全桥长 50.82 米，宽 9 米，跨径 37.37 米，拱的弧矢 7.23 米。桥的结构不仅有高度的科学性，而且艺术价值也很高。桥的跨度大，弧形平，特别是"敞肩拱"（即在大拱的两肩上各建两个小拱）是我国古代劳动人民的伟大创造。"敞肩拱"减轻了石桥的压力，"敞肩拱"增加了泄洪量……"敞肩拱"有实用价值；"敞肩拱"打破了弧形线条的单调，使石桥的结构显得空灵、美观，"敞肩拱"还体现了对称的美——"敞肩拱"有美学价值。大拱、小拱的边缘都有两、三条平行的"起线"（凸起的阳纹），并有等距离的腰铁，对石桥起着装饰作用。大拱、小拱又由桥旁二十一块栏板连成的长线和横贯洨河两岸的桥沿统一着，既富有变化，又有和谐的美。桥沿上刻有等距离的花形"帽石"，桥两旁各竖有等距离的栏杆望柱 22 根，使石桥的建筑富有节奏感。总观全局，艺术结构完美，形象雄伟壮丽，犹如长虹横贯天际。望之，令人赞叹不已！

　　大桥飞架南北，两排栏板分列东西。栏板的浮雕，艺术卓越。各排栏板中间五块，均雕龙兽。其正中一块，均在两侧刻有饕餮，毛发分披，卷曲如云，眼珠夺眶，鼻孔张开，口露獠牙，做吞噬状，气势凶猛，生动地描绘了恶兽的形象。各排其余四块，外侧大都雕一巨龙，鳞片层层，形象逼真；内侧大都是双龙交缠相戏，情态生动。西排栏板中，从中北数第二块，外侧刻有二龙戏珠，内侧刻有双龙夺兽。龙身成横"S"形，龙首杨起，有从高空越下复又翻上之感。龙头相对，曲身摆尾，有飞动而磅礴的气势。构图富有变化，气韵非常生动！东排栏板中，从中北数第二块，外侧刻有二龙戏莲，一龙抓含苞待放的莲花，一龙抓宝珠，互夺互逗，细节真实，情节生动，突出"戏"字，耐人寻味。

同板内侧刻有"蛟龙戏水"，美学价值最高，可谓全桥图案之首。龙身不画鳞片，然习法细腻，有园润之感，足分三爪，线条刚劲有力，蛟身轮廓，尽用曲线，富有动感，表现了蛟龙凶猛而灵活的特性。蛟头是全幅的中心，雕法极工，口微张，巨牙微露，龙睛成椭园形，眼珠光滑，似能转动，双龙对视，极为传神，突出地表现了蛟龙闲暇戏水的情态。蛟龙颈上，鬃毛一簇，末端尖俏，腮旁龙须一撮，末梢回卷，龙角曲而有致，尽用白描手法绘制，唯龙耳内壁刻有叶脉状弧线，故不呆板，富有图案美，这一切都衬托得蛟龙更加威风凛凛。特别是海水的表现，艺术手法，高妙异常。水面无一线条，但却给人以荡漾之感，其因盖出于龙身不全绘出，腰部未画，成为空白，后足间断之处，也成空白，龙尾亦然，其余三足根本不画。但毫无龙身断裂之感，反而感到蛟龙是在湛水之中恣意游荡，局部被水掩盖。艺人用了虚实相间的手法，逼真地表现了双龙忽而深入海底，忽而窜出海面的生动情景。虚者，空白也；实者，画出之龙身也。虚实隐显，两相对照，互为衬托，空白处不仅不空，反而成了表现海水的必要手段。同时，空白处石面随蛟龙之动态，或鼓出，或低洼，就更表现了海水波涛汹涌的状态。全幅构图，与"双龙夺兽"无异，唯龙足伸出浮雕画面以外，构思奇特，造成了蛟龙在水中肆意飞腾的联想。

赵州石桥的栏板浮雕，风格统一。各排其余栏板不刻龙兽，均刻斗子卷叶，成二方连续图案，显得内容既不驳杂，形象又很和谐，既突出了栏杆中心部分——龙兽浮雕，又使整个石桥建筑风格浑然一体，给人印象完整而深刻。

这样丰富多彩的巨大建筑，具有着不朽的艺术价值，是我国美术史上光辉的一页。

我国劳动人民远在一千三百年前，就在桥梁建筑艺术上创造了如此伟大的杰作，实为惊人。它充分地体现了劳动人民的智慧，有力地证明着：
"人民，只有人民，才是创造世界历史的动力。"我们要批判"四人帮"的
民族虚无主义，珍视这份宝贵的科学遗产和艺术遗产，根据"古为今用"
的原则，从今天革命实践的需要出发，学习它的建筑原理，批判地继承它
的造型艺术的表现方法，从而发展社会主义的科学事业和艺术事业，使文
化艺术为新时期的总任务服务，为四个现代化服务。

# 试谈艺术形式美的特性<sup>*</sup>

　　无论在客观现实中还是在艺术作品中，形式美和内容美都是辩证的统一。没有无内容的形式，也没有无形式的内容。内容决定形式，形式是内容的外在表现。形式美和内容美是一对联系极为密切的对立统一的美学范畴。我们强调揭示美的内容、美的本质，但是形式美的探讨在美学中也是必要的。我们在现实美和艺术美的鉴赏中只有通过形式美才能把握内容美。马克思早在 1844 年就指出："只有凭着从对象上展开的人的本质的丰富性，才部分地第一次产生着人的主观的感受的丰富性：欣赏音乐的耳朵，感到形式美的眼睛——简单地说，能够从事人的享受和把自己作为人的本质力量来肯定的各种感觉。因为不仅五官的感觉，而且所谓精神的感觉，实践的感觉（意志、爱情等等）……都只凭着相应的对象的存在，凭着人化了的自然，才能产生。"① 这就明确地告诉我们，我们的祖先在劳动实践中产生并逐步提高了认识能力、审美能力和各种感觉能力。在实践的基础上，人们一方面用抽象思考进一步认识和掌握世界，一方面还带着深厚的感情用"音乐的耳朵""形式美的眼睛"来欣赏"人化的自然（即劳动产品）"的美的形象，进而认识"人的本质力量"（劳动改造世界的伟大力量，亦即美的内容），从中受到鼓舞。"音乐的耳朵""形式美的眼睛"等等，充分说明，审美认识和一般认识是不尽相同的。审美认识是对

---

*　　原文刊载于《河北大学学报》1981 年第 1 期。——编者注
①　《马克思恩格斯论艺术》（一），第 204～205 页。

内容和形式相统一着的具体事物的欣赏和把握。它是我们艺术的掌握世界的方式，是我们欣赏现实的和艺术的形式美并通过形式了解内容的必要条件。

无论是美的欣赏还是艺术美的创造，都离不开审美的认识和形式美的感觉，更离不开形式美本身。因此，只要是从内容和形式的辩证关系出发，而不是为形式而形式，那么，我们就不应该拒绝或者轻视形式美的研究。

关于美的本质、美的内容（或叫做内容美）以及艺术美的实质、内容，在"文化大革命"前已经展开过热烈的讨论，笔者也发表了自己的意见。我认为美是客观存在，它是客观事物的新的先进的积极的上升的矛盾方面，亦即美是代表先进社会力量的人物、事物等等①；而艺术美的内容则是通过典型形象对客观现实中新的革命的积极的矛盾方面的集中反映。艺术美比现实美更高、更集中、更带普遍性，因为它是艺术家对现实美进行加工、提炼和艺术概括的结果②。这大都是就内容美而言的，然而艺术美的形象是内容美和形式美的统一。艺术美在形式上有什么特点？它与现实的形式美有什么区别？又有什么联系？对于这些问题，在过去也进行过讨论，但没有充分展开。本文试图从以下几个方面谈谈自己的看法。

艺术的形式美和现实的形式美有着非常密切的联系。现实的形式美是客观实在，是体现着美的内容的具体事物的形状、动态、色彩、声音等等。由于现实生活中美的事物的多样性和丰富性，所以它们的表现形式是无限丰富、无限生动的，是随着美的事物的变化而变化的。艺术的形式美则是艺术家通过一定的物质媒介（语言、音响、线条等等）和艺术技巧再现现实美的结果，它是现实中包含着一定内容的形式美在艺术中的反映，因而它的第一个特点就是逼真性。同时，文艺创作包括着作家的艺术匠心、创作才能，体现着一定的思想倾向和审美理想。所以艺术的形式美又具有着以下三个特点，即鲜明性、装饰性和韵律性。这就是它与现实的形式美的区别。

---

① 见拙文《论美的实质和马克思主义美学中的辩证原理》，《光明日报》1960 年 11 月 4 日。

② 见拙文《艺术美的实质及其它》，《新建设》1960 年 12 月号。

所谓逼真性就是指艺术的形式美必须符合生活中的真实形象，必须把现实生活的具体面貌活灵活现地表现在艺术作品之中。因为艺术和科学有着不同的掌握现实的方式。艺术虽然和科学一样是客观现实的本质规律的反映，但是它不像科学那样一般是单纯运用逻辑思维从客观世界的复杂现象中加以判断、分析、综合然后抽出事物的本质属性加以抽象的概括，不是"把直观和表象变成概念的这个改制过程的产物"①，而是在艺术思维中从感性认识阶段到理性认识阶段始终以形象所伴随，在艺术表现上始终以事物生动的可以看得见、听得见、摸得着的感性形式呈现在观众眼前。只有这样，艺术才能借具体的形象作用于人的感官，激发起人的审美情绪，发挥出艺术形象的美感教育作用。为此，艺术家就必须围绕着一定的主题，通过细节描写，表现出现实生活中已有的或应有的具体形象，使艺术形象的形式具有质感、量感和真实感，亦即使艺术形象的形式对现实美达到"逼真"和"肖似"，从而使艺术产生一种魅惑力，以完成艺术感染读者、教育读者的社会使命。正因为如此，达·芬奇在描绘蒙娜丽莎的微笑时才"深入地研究了隐藏在皮肤下面的脸部肌肉的活动及其随着人物心情的不同而发生变化与反应的过程"，从而创造出了文艺复兴时期一种妇女的典型；正因为如此，委拉斯贵兹在创作《纺纱女》时才利用光与影的对比关系，巧妙地表现了纺纱女工那健壮美丽的动作和身段，让人们从真实的形象感受中体会到了劳动人民的美；正因为如此，阿勒惠支在《磨镰刀》中才细致地描绘了老妇人"那脉管凸起，紧握镰刀的双手"，"那眯着充满仇恨的双眼"，那"紧贴着镰刀好像在颤动的脸"，从而显示了农民革命者"不可动摇的战斗决心"和"不可缓和的战斗情绪"②；也正因为如此，高尔基在《母亲》一书的开始才详细地描写了尼洛夫娜"宽阔的、蛋形的、已经刻满了皱纹而好像有点浮肿的脸"和"阴暗不安而带着哀愁的眼睛"，甚至还描写了右眉上面的伤痕和两耳的位置，从而充分地表现了沙皇俄国黑暗社会对妇女的残酷压迫；而鲁迅为了人物形象的真实感，所以不给阿Q戴瓜皮小帽，而只能给他戴上一顶"黑色的，半圆形的……帽

① 马克思：《政治经济学批判导言》，见《政治经济学批判》第151页，人民出版社1959年版。
② 王朝闻：《新艺术论集》第158页，人民文学出版社1958年版。

边翻起一寸多"的毡帽，以表现阿Q所处的时代和环境。[①] 无论是蒙娜丽莎微笑的面庞，无论是纺纱女工健美的姿态，无论是老妇人脉管凸起的双手，无论是尼洛夫娜眉上的伤痕，更无论是阿Q的破毡帽，它们都是逼真的、直观的，它们充分地保持着现实生活的具体面貌，因而读者如见其人，如闻其声，身临其境，从思想情绪上得到了潜移默化的感染和教育，这就是艺术的美学力量。而艺术之所以具有这种巨大的美学力量，除了其装饰性和韵律性（后面详谈）以外，其根本原因就在于它以具体的描写，生动地反映了有着内容规定性的现实美的形象。如果作家从概念出发进行创作，而不描写血肉生动的具体形象，那么就无法让读者透过艺术美的形式来认识现实美，因而这种"艺术"也就成了公式化的模型，就失去了感染人的美学力量和鼓舞作用。由此可见，不论何种形式的艺术形式美都必须以现实美为基础，都必须具备真实感，就是我国古典戏曲里的"四功"、"五法"及其它一切虚拟动作都不是为虚而虚，而是以虚代实，是表现现实美的一种手段，是使舞台艺术形象具备逼真性的必要方法。我国戏曲舞台上虽然没有布景（或布景很少），演员的表演具有很大的象征性，"但当演员挥起马鞭，做出上马、下马、牵马、系马以及种种骑马的动作时，就使人产生一种人在马上的真实感"。而当表现行船时，演员只用一只船桨就要表现出"整只船的部位和活动。如抛锚、解缆以及船行进中的风浪波涛。配合这只船桨，也要有许多表演技术，如……《秋江》中艄翁和陈妙常都有表演行船的许多舞蹈、动作，使人好像感觉到人在船上一样。"[②] 梅兰芳先生曾举例说，有一次川剧剧团在北京演《秋江》，他曾请一位亲戚——老太太去看戏，回来后，他问她："《秋江》好不好？"她说："很好，就是看了有点头晕，因为我有晕船的毛病，我看出了神，仿佛自己也坐在船上了，不知不觉地头晕起来。"[③] 一套虚拟的表演动作，竟然能使观众看得出神，以至头晕起来，如果它没有高度的真实性，那是不会产生这种艺术效果的。看过张君秋在《回荆州》里扮演孙尚香的人都为他的唱腔和舞蹈动作叫好。他手扶两面车旗在台上跑圆场，那行云流水般的台步，

---

①　鲁迅：《寄〈戏〉周刊编者信》，《且介亭杂文》，人民文学出版社1973年版，第121页。

②　梅兰芳：《中国京剧的表演艺术》，《梅兰芳文集》，中国戏剧出版社1962年版，第27页。

③　同上书，第30页。

那随剧情而呈现俯、仰、挺、侧等等变化的身段，如同凤辇真地行驶在蜿蜒曲折、高低不平的道路上一般，把观众带入了广阔无际的生活环境里。这就充分说明，舞台上的表演也具有着很强的真实性。在戏曲中，无论起霸、开山、坐帐、走边、趟马，也无论是武打动作都是从生活中提炼出来的优美形式，而绝不是凭空臆造的。《三岔口》里任堂惠和刘利华在满台灯光下表演夜间的格斗，似乎于理不合，然而由于演员准确地掌握了黑夜搏斗的动作规律，所以表演起来就生动逼真、合情合理。你看，他们时而暗暗窥察，时而东摸西撞，时而腾挪翻跌，时而激烈交锋。这些精彩的表演不仅制造了伸手不见五指的夜间气氛，而且也真实地揭示了双方为保护爱国良将焦赞而相互警惕、相互提防的心理动态。由此可见，中国戏曲的虚拟动作绝不是虚假的表演，而是象征性和逼真性的统一。这些洗练的表演动作，一方面要表现出人物的真实，一方面要表现出景物的真实，真可谓一箭双雕。我们应当深入体会它在塑造形象上的特殊作用。只有这样才能创造出逼真的艺术境界；而观众也才能通过这种戏曲形式美的欣赏理解其所表现的真实内容。

总之，一切形式的艺术都必须具备逼真性。大至舞台艺术，小至面人、泥塑，一人、一物、一草、一木、翎毛、花卉等等的描写和刻画都离不开对社会美与自然美的"乱真"和"肖似"。这就是艺术形式美的一大特征。离开逼真性，求华求美都是徒劳无益的。我们的艺术家要想达到艺术形式美的逼真性，就必须深入生活，观察社会美和自然美的各种形象，从而运用本门艺术的描写手段把现实美的形象真实地、典型地再现出来。

艺术形式美的第二个特征是鲜明性。艺术以感性形式反映现实美，但并不是有闻必录。艺术的典型形象是经过作家头脑加工后的产物。这个头脑加工是为了反映现实美的本质真实。作家经过形象思维把那些非本质的现象舍去，而把那些体现生活本质和主流的形象集中起来，加以有机的综合和典型化，使之体现出鲜明的主题思想。因此在用形式美表现形象时就必然考虑到强调什么，删削什么，什么是主，什么是宾，用什么样的艺术语言、艺术手段和结构形式最能使美的本质表现出来。所以，艺术形式美应该是内容美的最鲜明的体现。譬如，文艺复兴时期的意大利雕刻家米盖朗基罗的《大卫》为了塑造一个反对封建专制、保卫共和政体的典型人物，把大卫表现为"一个年轻的巨人，气魄极为雄伟"。作者为了加强"形象的壮伟感"，打破了人体的正常比例，把大卫粗壮的手臂略微放大，鲜明地表现了他那无穷无尽的力量。作者还着重刻画了大卫密切注视前方的眼神，明显地表现了他的坚强意志和无畏精神。由于作者根据人物性格和主题需要作了详略不同的描写，因而创造了"一个准备坚决为正义事业而奋斗的战士的形象"。这种不拘于"形似"而"以形写神"的表现方法并不是对形象的歪曲，而正好是艺术形式美的鲜明性的要求。再如法国雕刻家罗丹的作品《思》塑造了一个非常年轻、神秀、面目非常俊美的女性形象。但是作者并不刻画她的全身，也不刻画她的颈项，而是着重刻画她的头部。这是为了强调她的沉思的眼睛和善于思考的微微宽阔的头额，表现她的理想，用当时文艺批评家葛赛尔的话说，就是为了表现"不具形的'思想'在静止的'物质'中花一般的吐放出来"①。尤其她的头部下面留下一大块没有加工的粗糙的大理石，好像这块大理石就是夹着她的颈项的枷锁一样，使她不能自由。这样就巧妙地表现了她的理想无法实现，"她丝毫没有办法摆脱现实的沉重束缚"②。一副沉思的俊美的面孔，一块粗糙的大理石，乍一看来，似无联系，但是有经验的艺术家在这里把它们联结在一起，而删去了少女的颈项和身躯，就非常鲜明地体现了人物的精神美和她所处的应该诅咒的社会环境。可见，比喻、夸张、省略等等表现手法都不可信马由缰，随意乱用，而必须以内容为转移。所谓"无斧凿痕""天衣无缝"，就是说艺术家运用艺术语汇、表现方法、艺术构思，能够最鲜明地表现美的内容。即使是色彩的调配也不仅是"随类赋彩"，而且还要"匠心独运"，使内容美得到最明显的显现。哈孜艾买提的油画《罪恶的审判》③，描绘了旧社会一位贫苦的维吾尔族少女被剥削阶级霸占的悲惨场面。剥削者凶狠的表情，狗腿子那阿谀的丑态，打手们那劫持少女的动作和帮凶嘴脸，少女那挣扎的情势，群众中或愤懑或愤怒的表情都描绘得淋漓尽致。全幅画面是冷调子，充满了阴森的气氛，这种色调的运用正适

<hr>

① 罗丹口述、葛赛尔记：《罗丹艺术论》第88页，人民美术出版社1978年版。
② 同上书，第88页。
③ 《罪恶的审判》系纪念《讲话》发表35周年美展作品，原载《美术》1965年第1期。

合表现当时的典型环境。尤其值得注意的是在冷调子之中，作者有意给少女涂上了玫瑰红的颜色，这种颜色起到了强调的作用，对比的作用，突出了少女的美丽形象，因而也就更有力地鞭挞了黑暗的旧社会。这"万绿丛中一点红"的颜色，实际上起着"画龙点睛"的作用。这正是充分注意了艺术形式美的鲜明性的结果。不管是美术、音乐，还是文学、戏剧、电影，它们的每一个场面，每一个镜头都不是对生活的机械翻版，而应该是体现丰富的社会内容的鲜明形式。电影《列宁在一九一八》中斯大林亲临战场的镜头给观众留下了深刻的印象。影片中描写了顿河战场上红军紧张战斗的场面：大炮轰鸣、战马嘶叫、人声鼎沸，顿河草原上充满着火药味。就在这样激烈的战斗中，一辆汽车远远开来，接着从敌方传来一声炮响，随之尘土盖住了汽车，汽车从弹坑旁驶出，车上耸立着人民委员斯大林。这时电影以特写镜头描绘了斯大林的形象：他的帽沿、肩头一片尘土，但表情严肃、沉着、镇定。这一特写深刻地表现了人民领袖临危不惧、英明果断、指挥若定的崇高精神和革命胆略。这就充分说明，电影的镜头虽然可以自由转换，但也不是随意地漫无边际地描写现实生活，而是编剧、导演、演员、摄影互相配合创造出典型形象，通过不同的电影手法，拍出不用形式的镜头，并把各个镜头有机地联结起来，使银幕成为生活美的聚光镜，鲜明地表现出人物的思想感情和事件的社会内容。电影、戏剧等综合艺术的物质媒介是多方面的，它们都应该与内容融洽无间，即使是布景、道具也不应游离于内容之外。京剧《红灯照》的结尾，"天幕上烈焰飞腾，火光冲天"，这火光的形象并不是多余的，而是有其象征意义的。它配合着人物的行动非常鲜明地表现了"神州燃起熊熊火，烧出一个新人间"的深刻思想。为了更加深刻地揭示美的本质，为了更加突出地表现革命的政治内容，我们必须在艺术形式美的鲜明性上费一番匠心。

艺术是有倾向性的。"艺术家描写现实，须首先认识现实，即所谓'外师造化，中得心源'或石涛所谓借'万物'而'陶泳乎我也'。这'中得心源'与'陶泳乎我'都说明了艺术形象的丰富性。一方面它再现了美的现实，一方面它又是艺术认识的结果，在艺术形象里充分地饱含着艺术家的思想、情感和审美理想……艺术美的实质即在于它是主客观的统一，'美'和'我'的统一"①。艺术在反映现实的同时，必然能见出"我"的存在。也就是说，艺术反映生活，既概括着生活中的形象，同时也流露着作家对生活的主观评价，无产阶级艺术家则要对生活做出马列主义的评价，宣传社会主义思想。这就是文学艺术的思想性或倾向性。这种倾向性是文艺的宣传功能所决定了的，但是它决不是标语口号，也不是空发议论，而应当体现在感人肺腑的艺术形象之中。这种艺术形象是客观美和作家对美的主观评价（包括美的理想）的统一。恩格斯指出："我认为倾向应当从场面和情节中自然而然地流露出来，而不应当特别把它指点出来"②。他还说，理想的戏剧应该是"较大的思想深度和意识到的历史内容，同莎士比亚的情节的生动性和丰富性的完美的融合"③。由此可见，在艺术作品中，无论是生活美的本质还是作家的思想倾向，都需要由情节、场面等形式因素鲜明地体现出来。话剧《丹心谱》中方凌轩、郑松年以及党委书记李光为了研究防治冠心病的"03新药"与"四人帮"作斗争的一系列情节、场面和闪光的语言都是震撼人心的。它们深刻地揭示了剧中人对"四人帮"的无比仇恨，对毛主席、周总理的一片丹心，表现了他们全心全意为人民服务的精神，集中地反映了我国广大人民革命的思想品质，这是对客观美的表现，同时作品通过这些壮美的场面和语言也形象地表示了作者的立场，抒发了作者"野火烧不尽，春风吹又生""待到东风送暖，又会百花吐艳"的革命理想，这是对作家的思想倾向的有力表现。同样，前面所提到的美术作品如《罪恶的审判》中的表情、动势、色调和构图也不只是为了集中表现客观现实中的美与丑，而且也鲜明地体现着作者的爱憎感情。由此可见，优秀的艺术作品应该是真实性、鲜明性和倾向性的统一。具体作品中客观美的本质和作家革命的思想倾向都是艺术美的内容。我们前面所提到的"主题思想"即包含着这两方面的内容。为了发挥艺术的战斗作用，我们必须在"意匠经营"之中寻求艺术形式美的鲜明性，从而把两者都明确地表现出来。

---

① 拙文《"无法而法"——读石涛〈画语录〉随感》，《河北美术》1963年第7、8期合刊号。

② 恩格斯：《致敏·考茨基》，《马克思恩格斯选集》第4卷，第454页，人民出版社1972年版。

③ 恩格斯：《致斐·拉萨尔》，同上书第4卷，第343页。

在社会生活中，有的形象，内容和形式融为一体，有的则是两者的对立或不完全统一，情况是多种多样的。斯大林指出："没有形式的内容是不可能的，但是问题在于这种或那种形式因为落后于自己的内容，始终不能完全适合于这个内容，于是新的内容往往'不得不'暂时包藏在旧的形式中，因而引起它们之间的冲突。"① 斯大林阐明的这一关于内容和形式的辩证原理完全适用于美学。社会生活中的各种事物由于处于运动和变化之中，因而其内容和形式就不可能处于绝对平衡的状态。内容和形式总是由对立到统一，又由统一产生新的对立，这样曲折不断地发展着、变化着。现实生活中的各种形象，有的处在内容和形式的斗争阶段，有的处于两者统一阶段，所以生活中的形象是复杂的，而艺术家的任务就是要把生活中内容和形式的对立变为艺术中两者的统一。我们要表现某一内容，就必须消除客观现象中内容和形式的对立，就必须找到适合某一内容的鲜明形式。因此，在内容和形式的对立统一中追求艺术形式美的鲜明性是创作过程中的一条规律。我们要研究这条规律，以便使我们的文学艺术达到"革命的政治内容和尽可能完美的艺术形式的统一"②。

总之，为了通过有限的形象集中地、典型地表现无限的社会生活，为了充分地表现客观美与作家的思想倾向，为了把内容与形式的对立变为两者的统一，都需要我们在艺术形式美的鲜明性上下功夫。

艺术形式美的第三个特征就是装饰性。生活美的形象具有着纯客观的色彩，艺术美的形象不仅具有鲜明性，而且还在客观形象的基础上涂上了作家的主观色彩，亦即作家根据审美的性质，美化了现实的形式，这就是艺术形式美的装饰性。这是艺术家对现实的形式美进行改造，熔炼和升华的结果。因此，作家所创造的"艺术境界"不同于客观的"现实世界"，它的形式比现实美更强烈，更理想。我们喜欢自然景物，也喜欢山水诗、风景画。人们对于风景画的欣赏并不像车尔尼雪夫斯基所说，仅仅是因为看不到原来的自然景物（比如大海），只好观看自然景物的复制品——而是因为风景画的内容比自然物更丰富，它的形式比自然物更具有美感。优美动人的风景画不徒是客观存在的风景在艺术中的反映，也不只是渗透了

① 斯大林：《无政府主义还是社会主义》，《斯大林全集》第 1 卷，第 353 页。
② 毛泽东：《在延安文艺座谈会上的讲话》。

画家的体会和感受，同时还是用色彩、线条对自然物的美化，它比真山真水更美丽，更奇异。这就是风景画的装饰性所在。湖光山色是美丽的，但是俄罗斯画家列维坦的风景画《湖》比真湖的景色更加诱人：天空霞光万道，彩云微微飘动，它们与湖水交相辉映，把湖岸的教堂、茅舍、房屋都照耀得非常艳丽，好像自然界在庆祝自己的节日一般。这样的境界既寄寓了作者的理想，同时也是对自然景物的加工和装饰，使人看了更加心旷神怡，受到鼓舞。同样，黄鹂是美丽的，玉兰也是美丽的，但于非闇所画的《黄鹂玉兰》却更富有感染力，因为于先生巧妙地运用了色彩。本来，黄鹂的黄色和玉兰的白色涂于白纸，很难鲜明，但是作者以蓝色作为底色，这样就衬托出了黄鹂鸟和玉兰花的生动形象，从而表现了"仓庚耀羽，玉树临风"的优美境界。如果只为求真，不为求美，那么这种底色的使用是没有道理的，因为天空从不会呈现这种均匀、鲜艳的蓝色。但是如果既要求真，又要求美，那么这蓝色不但不是赘疣，反而增加了作品的装饰性，因而就更能使读者赏心娱目。最近见到《河南画报》（1980 年第 1 期）上载有汤君超的一幅壁画设计——《凤凰之诞生》，反复欣赏，从中得到了很大的美的享受。壁画作者借古代传说中的鸟王"满五百岁，集香木自焚，复从死灰中更生，鲜美异常，不再死"的故事描绘了两只凤凰的娇姿美态，那修长的羽毛犹如彩带随风飘荡，那互相顾盼的纯真的眼睛似乎在体会从火中更生后的幸福，那初展的双翅使人联想到它们要腾空翱翔，那自由自在的百鸟正在围绕凤凰徐徐前进，那香木燃出的由白而红、由红而蓝的熊熊火焰在天空升腾，这些大多是生活中没有的形象构成了一个五彩缤纷的美好境界。这一美好境界是对新长征路上前进的人们的歌颂，也是作者在新时期的欢畅心情的抒发。很明显，全幅画面的装饰性是非常突出的，因此，它使人耳目为之一新，令人欢快，令人神往，产生了强烈的美感作用。绘画的形式应该如此，舞蹈、戏剧的形式也应该如此。《花儿与少年》中的蓝天、白云、阳光等自然景象和青年们穿的"单纯、富有特色、与节日情调紧密结合的服装"以及悠扬的曲调等等都不是对青海人民生活的简单复写，而是比生活美更高、更美，更富有装饰性。至于我国的传统戏曲在装饰美的创造上则又别具一格。首先，戏曲舞台上的化妆、服饰就不同于生活真实。本来"穆桂英已经五十三岁，但是她的脸上并没有

皱纹"。本来孙悟空是个猴王，他的外貌似应像个猴子，但是演员却为他
抅脸——开成桃形或心形的红色脸膛，并把脸上的皱纹加以变化，"眼圈、
鼻窝抅火翅纹，脑门抅寿纹，嘴角抅蝴蝶纹，两腮抅虎皮纹，眼角抅鱼尾
纹"①。既渲染了他活泼、刚毅的性格，同时又体现了我国脸谱艺术的装饰
美，让人感觉到孙悟空的确是一位美猴王。本来《荒山泪》里的张惠珠衣
服破烂，但是在舞台上，她的衣服却很整齐，只是在黑色的完美服装上加
几块杂色的补丁表示衣衫褴褛而已。本来王宝钏寒窑里的陈设破旧不堪，
但在舞台上却给她的桌椅罩上鲜艳的桌帏、椅帔，而且在上面绣以美丽的
团花图案，这都是为了满足观众更高的审美要求。至于演员的唱、做、
念、打就更有别于生活真实了。如"走边"是"表现某些人在黑夜之间偷
偷摸摸前去窥探某件事情，行刺某些贪官污吏的机密行为，表现起来，本
应当表示出轻手蹑脚，非常机智敏捷地向前急走"，但是"盖叫天先生在
这个动作里创造了极其丰富的身段，全很集中突出的表现了夜行人紧张敏
捷的姿态，'老鹰展翅''飞天十三响'等优美的姿式，使人清楚的看出人
物在夜间分荆寻路，以及检查行装等战斗前的准备工作"②。不但真实，而
且美观。再如马连良先生所谈到的舞台上"吃酒"的动作也是如此，他
说："舞台上的喝酒，不管是哪一类角色，什么服装，有没有音乐伴奏
（京剧术语叫'吹打牌子'），总是一只手拿酒杯，一只手遮杯掩嘴，决不
能像日常喝酒一样，随便拿起酒杯一喝，辣的呲牙咧嘴。等到需要表现饮
酒过量微有醉意，或是酩酊大醉的时候，那'醉步'、呕吐等各种各样的
动作，也都是非常好看的，并不跟真喝醉的那么丑态百出，让人看着讨
厌。"③ 有经验的艺术家总是使自己的表演做到既真且美。周信芳先生在谈
到《四进士》中宋士杰读状纸时说："状子是一张白纸，读的时候，要当
它是写满了字的真状来读。读到哪里移行，平时要琢磨好，把它大致固定
下来。这是为了避免拿了状子上下乱看，既不合理，又不美观。……读状
时，两手一上一下拿着状子，一面念，一面用手指移动状子，表示从上看
到下，移行，再从上看到下，越念越快，手指捻动状子也越来越快，状子

① 郑法祥口述：《谈悟空戏表演艺术》，上海文艺出版社 1963 年版第 89 页。
② 程砚秋：《戏曲表演艺术的基础——"四功五法"》，《戏曲研究》1958 年第 1 期。
③ 马连良：《舞台上的美与丑》，《新建设》1961 年 10 月号。

移到末尾，眼光看到末行，状子也正好读完。这其实也是舞蹈。又要有真实感，又要好看。"① 由此可见，戏曲的表演不但要有逼真性，而且还要使"口、手、眼、身、步"都达到"美"和"帅"的地步，从而获得装饰性的艺术效果。文学是语言艺术，它不同于造型艺术和表演艺术，但是文学也要通过自己直接间接的描写方法和修辞手段使得形象更美，更有装饰意味。例如描写庐山瀑布，李白就写下了这样奇妙的诗句："日照香炉生紫烟，遥看瀑布挂前川。飞流直下三千尺，疑是银河落九天。"如果说前两句逼真地描写了自然景物的话（自然也有加工），那么后两句则是在真实性的基础上通过夸张（"飞流直下三千尺"）和比喻（"疑是银河落九天"）等修辞手段创造了一个神异、美妙的艺术境界。这种境界的创造不是对自然的照相，而是高于自然而又赞美自然的诗歌形象，是具有文学形式美的形象。为了优美境界的创造，历代的文学家们都是用尽了匠心从而获得良好的艺术效果的。"月下飞天镜，云生结海楼"（李白），这天镜般的水中月影，这海市蜃楼般的云气使得长江的景象更加新奇美妙；"忽如一夜春风来，千树万树梨花开"（岑参），这花一般的世界把边塞的雪景比喻得更加好看；"停车坐爱枫林晚，霜叶红于二月花"（杜牧），这经霜的寒叶比春天的鲜花还要艳红，让人感到秋天的景色更加瑰丽；"重重叠叠上瑶台，几度呼童扫不开，刚被太阳收拾去，却教明月送将来"（苏轼），这变化多姿的花影不仅衬托了花的形象，而且它本身也是妙笔生花的结果。这些诗歌形象不仅溶铸了作者的思想感情，而且在形式上也为自然美增添了光彩，也就是说作家利用文学手段美化了形象，使人们在文学形象的欣赏中进入了更优美的境地。优秀的文学作品，不论是对景物，还是对人物的描写，都不是对现实的生硬模仿，而是比现实美的形象更加光彩夺目。《西游记》中的水帘洞、《红楼梦》中的大观园都比现实中的景物更美好，更佳妙，更引人入胜。《三国演义》对马超、赵云、周瑜的肖象描写比生活中的人物更加英俊，更加威风凛凛。所以文学不仅逼真地描写现实美，而且还要通过各种表现方法使文学形象和现实美相比具有着特殊的美的色彩。同时，文学的结构或雄伟或夺巧或缜密或疏朗……文学的语言或

---

① 《周信芳舞台艺术》，中国戏剧出版社 1961 年版第 14~15 页。

婉约或劲健或典雅或清新……这都是它与生活中的故事、生活中的言语不尽相同的地方，我认为这一切都是文学形式美的装饰性所在。

艺术形式美的装饰性是在逼真性、鲜明性的基础上，利用各种物质媒介和表现手法，对现实的形式所进行的合乎美的规律的变化，它或者是对形象的点缀，或者比现实美的形象更绚丽，或者更清淡，或者更摇曳多姿，或者更恬静清幽，总之是比现实的形式更美了。它适用于装饰艺术，但又不限于装饰艺术，它包含着色彩的艳丽，但又不限于色彩的艳丽，它是对现实美的各种形式的美化。诚然，"赋彩鲜丽，观者悦情"①，但是轻描淡写，也能使观者怡神。譬如，北国的山川是多娇的，我们可以渲染它在旭日下的红装，也可以渲染它在瑞雪掩映下的素裹，两种渲染都是为了获得艺术形式美的装饰性。"欲把西湖比西子，淡妆浓抹总相宜"，淡妆固然是一种装饰，浓抹也是一种装饰。评剧《花为媒》中张五可结婚时穿着大红的花帔是一种装饰，河北梆子《蝴蝶杯》中的胡凤莲为父戴孝，身着闪闪发光的素服，并且她的船桨上还系着结有彩球的白色彩绸，这也是一种装饰。所以装饰性在美学上的意义是比较广泛的，它的表现形式是多种多样的。如果要给这种美学上的装饰性下定义的话，那么我们可以说，它是非同寻常的美、非同凡响的美、别开生面的美、"一洗凡马"的美、妙趣横生的美。这种美也不是凭空臆造的，而是以现实美为依据的。宋代郭熙说："春山淡冶而如笑，夏山苍翠而如滴，秋山明净而如妆，冬山惨淡而如睡。"② 我们只能根据不同季节峰峦的特点如"淡冶""苍翠""明净""惨淡"等等来进行装饰，而不能随意敷染。我们在评论艺术作品的时候，常常喜欢用"惟妙惟肖"这个字眼，但我觉得有些人并未充分理解它的内涵。"惟妙惟肖"绝不只是"生动逼真"的意思，而且它还意味着传神的美以及技巧的美、结构的美、色彩的美、线条的美、修辞的美，等等。"惟肖"是就逼真性而言，"惟妙"则指的是鲜明性（即所谓"传神"）和装饰性。我们的艺术作品既应该达到"惟肖"，让观众感到真实可信，又应该追求"神似"并美化艺术的形象，使它达到"惟妙"的地步。"惟肖""神似"是装饰性的前提，而装饰性则要以"惟肖""神似"为转移。

① 姚最（陈）：《续画品录》。
② 郭熙（宋）：《林泉高致》。

这就是装饰性和逼真性、鲜明性的矛盾的统一，这就是"惟妙惟肖"之中的辩证法。掌握了这个辩证法，才能使作品既晓之以理而又动之以情，才能使观众在娱乐中得到教育，在美感中受到启发，从而使艺术在社会生活中真正起到它应有的作用。

艺术形式美的第四个特征就是韵律性。在艺术作品里，为了发挥美的愉悦性，让观众在心向神往的艺术欣赏中得到美感享受，除逼真地、鲜明地描写现实并增强其装饰性以外，我们还必须使艺术美的形式具备适合观众欣赏心理的节奏感或韵律感，所以形式美的韵律化也就自然地成了创作过程中的一个有机组成部分。艺术形式美的这种节奏感在音乐、舞蹈和诗歌中表现得最为明显。音乐中的每一乐段，舞蹈中的每一动作，诗歌中的每一诗行都有一定的节拍等等，让人念起来顺口，听起来悦耳，看起来悦目，这是不言而喻的。然而非但音乐、舞蹈、诗歌具有韵律性，就是一切形式的艺术作品也都有韵律性和节奏感，只是表现形式不同而已。我国古代的实用美术就是有力的证明。例如商周时代的器物上描画的禽兽虫鱼等生动活泼的艺术形象，就是自然美在形式上的韵律化。请看当时的"齍鼎"图案①：它表现了成对的小鸟伸长嘴巴，翘起长腿，奔向同一地点，似乎在争啄食物的生动情趣。这种艺术形象并不拘于自然美的原型，而是作者根据鼎形特点把小鸟的动态加以变化并饰以雷纹而构成的有规律的有视觉节奏的连续纹样。甚至为了均齐和对称，作者还大胆地在作品中让小鸟长长的尾巴与鸟身分离，填补了图案的空白，达到了器形、图案和具体形象的和谐、统一，增强了作品的节奏感。这种形式美的韵律化不仅是器物实用性的要求，也是工艺美术愉悦身心的美感性要求。这些韵律化的工艺美术形象比那些杂乱的照抄自然的工艺品更能满足人们的美感享受。这种节奏感和韵律感在建筑艺术中也是非常重要的，它是构成一座建筑物的艺术形象的重要因素。如隋朝建造的驰名中外的赵州大石桥（本名安济桥）就是如此：大桥飞架南北，两排栏板分列东西。桥两旁各有二十二根等距离的望柱与二十一块栏板间隔排列，这就像音乐一样自然地形成了"柱，板；柱，板；柱，板……"的2/4拍子。从图案来看：各排栏板，

① 见《商周彝器通考》下册，37页，附图53，容庚著，哈佛燕京学社民国三十年三月出版。

中间五块均雕龙兽。其正中一块，均在两侧刻有饕餮。各排其余四块，外侧大都雕一巨龙，内侧大都是双龙交缠相戏。这样就形成了以饕餮栏板为中心，巨龙栏板两两相对的排列方式，构成了对称的美。同时，各排其余栏板不刻龙兽，均刻斗子卷叶，成二方连续图案。这样既突出了栏杆中心部分——龙兽浮雕，又使整个石桥建筑浑然一体，构成了统一的"旋律"。总观栏杆的全局，不论是由南向北，还是由北向南，都是以斗子卷叶为起讫，以龙兽浮雕为高潮的美妙乐章。再加之桥沿上刻有等距离的花形帽石和大拱、小拱的边缘刻有两三条平行的起线，并有等距离的腰铁等等，这就与石桥栏杆构成了一曲节奏鲜明、气魄宏伟的交响乐。因此，我们说赵州石桥不仅有着实用价值，而且也有着高度的美学价值，它是一座雄伟壮丽、涤荡身心的艺术品。由于艺术形式美的这种韵律化能够在艺术中和谐地排列和组织现实中复杂多样的美，从而能够适合艺术观众的心理要求，所以它就在各种形式的艺术中成了不可缺少的要素。绘画构图中基本线条的协调一致，戏曲演员动作随着打击乐和弦乐器的舞蹈化，都是为了使多样的形象纳入一定的节奏里，从而达到和谐与完美。这就是我们平常所说的"多样的统一"，我认为这就是韵律化的基本原则。多样者，事物之复杂性也，统一者，变复杂为和谐也。所以不管是张飞、李逵抑或是鲁智深，虽然性格都威猛粗豪，但在舞台上其动作却都不能超越全剧的旋律和节奏。就是丑角的行动也不能和全剧的节奏游离。认清了这个道理，对于王传淞使娄阿鼠的动作舞蹈化、韵律化的表演也就不难理解了。

　　由于事物的运动和变化，它的形式就要或隐或显地呈现出节奏感和韵律感。山峦的起伏，河流的蜿蜒，大海的波涛，劳动的节奏等等就是有力的明证。艺术上的韵律化是从现实美中提炼出来而又比现实美更高更强烈的一种表现形式。所以艺术形式美的韵律化也不能脱离现实美，而必须以现实美为基础。

　　一般说来，装饰性是艺术家对具体形象的形式所进行的变化，而韵律性则不仅指节拍，从广义上说，它是从整体上对形象的有机组合或协调统一。各种形象只有装饰美而不协调，或者各形象之间只协调而没有装饰性，都不能更好的满足观众的审美要求。比如，在出色的肖象速写里，它的线条是富有变化的、美妙的，然而这许多线条也不是彼此孤立的、零乱的、绝对自由的，而是随对象的不同特点在有顺序、有节奏地排列着，因而是和谐娱人的。大型绘画的形象是众多的，这就更需要有节奏的组合。正因为如此，十七世纪荷兰画家林布兰才把他所要表现的真人真事通过有运动感和节奏感的构图绘成了有名的群像画《夜巡》，使多样的美达到了和谐统一。也正因为如此，十九世纪俄国巡回展览派画家列宾才把劳动人民智慧的化身——卡宁，和开始走向生活的少年，以及矮壮的水手依尔卡等美的人物和谐地组织在《伏尔加河的纤夫》里。如果孤立地欣赏这幅油画中的个别人物，当然能得到美感享受，但是我们如果从全幅画着眼，那么，各组人物共同拉纤的动作不是形成了自然的节拍吗？不是使我们好像听到了低沉的《船夫曲》吗？所以节奏如果不是脱离具体内容，如果不是线条和声音的游戏，那么它对观众欣赏心理的满足以及它在艺术形式美的创造上也是起着重要作用的。古希腊美学家毕达哥拉斯把"数"看成是审美现象的基础，固然有其片面性，但是他说"数"能"把不一致的东西调和起来"，是有助于我们理解形式美的韵律性和节奏感的。毕达哥拉斯的"数"虽是唯心的，但已经有了辩证的因素，即它说明了一事物对他事物的联系，说明了在形式美的问题上，纷乱形象的排列组合与有机和谐的审美作用。如果我们了解了"多样的统一"规律对创造艺术形式美的意义，那么在艺术实践中，就会自觉地运用形式美的韵律性，从而完美和谐地表现出说明同一主题的不同的生活形象。同时，也就会深入体会观众的欣赏心理，从而在创作中使艺术作品达到打动观众心弦的地步。总起来说，节奏有组织形象、统一形象的美学意义，而使多样的形象统一起来则是为了整个艺术作品的和谐，而和谐的最终目的也就是为了更充分地发挥艺术美的教育作用和美感作用。革命文艺的对象是人民群众，因此革命的文艺家要想使作品为人民所赏识、所接受，就必须了解人民大众的欣赏意识和审美情感。只有这样，在艺术形式美的创造上，才不会是为节奏而节奏，为韵律而韵律，才能创造出为中国老百姓所喜闻乐见的与革命内容相适应的动人心魄的韵律形式。

总之，艺术的形式美和现实的形式美既有联系又有区别。它具有着逼真性、鲜明性、装饰性和韵律性。逼真性是由人们艺术的掌握世界的特殊方式所决定的；鲜明性是艺术的主要社会动能（认识作用、教育作用）对艺术形式美所提出的必然要求；装饰性和韵律性是在实践的基础上艺术发展和人们的审美情感日趋丰富，并且两者相互影响的结果，它们是人们对形式美的规律的进一步发现，并进而对艺术提出的更高的感性要求。简言之，逼真性、鲜明性是艺术美的基本形式，而装饰性、韵律性则是进一步对这种基本形式所进行的审美化的加工。

艺术形式美的四个特性虽各有自己的特点，但彼此并不是孤立的，而是有密切联系的，它们都基于社会实践，它们都以现实美为依据，都是为内容美所决定并且是为内容美服务的。许多优秀的艺术作品都是把四者与美的内容完善地统一起来，构成"惟妙惟肖"、"形神兼备"、"独具匠心"、为群众"击节赞赏"的完美的艺术形象。这种艺术形象同时具有着巨大的教育作用、认识作用和强烈的美感作用，而前两种作用又是通过美感作用来实现的。

为了多方面地、充分地、有感染力地表现社会主义新生活的丰富内容，从而充分发挥艺术的教育作用和认识作用；为了满足广大人民群众的欣赏要求，并进而丰富群众的美感，培养人们高尚的审美情操，对群众进行美育，都需要我们结合内容认真研究艺术形式美的特性。本文从四个方面分析了艺术形式美的特性及其与内容的辩证关系，但由于水平所限，错误之处，在所难免，诚望大家批评和指教。

# 试论短篇小说的特点[*]

　　短篇小说的现实性，时代性最强，它能够比较及时地反映社会生活的变化，较为迅速地通过典型性格的塑造表现时代的脉搏、时代的精神，从而适时地发挥出文学的教育作用和认识作用。同时，因为短篇小说的规模较小，较长篇小说易于掌握，它是通往更为广阔地反映生活的卷帙浩繁的有着深远社会影响的长篇巨著的基础和桥梁，所以从写作训练的顺序上看，首先了解和掌握短篇小说的特征也是非常必要的。

　　那么，究竟短篇小说有哪些特点呢？或者说，什么是短篇小说呢？对这个看来简单的问题，文艺界却存在着分歧看法。有人把篇幅的长短作为划分小说种类的唯一标准，这是不全面的；有人说短篇是长篇的压缩，这就更不正确。我认为分类的标准应从两方面看：一是看小说反映生活面的广狭；二是看小说语言的容量。

## 一　从反映生活面的广狭看短篇小说的特征

　　生活是丰富多彩的，在广阔的生活大海里，短篇对之所把握、所表现的只是一个方面或几个方面，在反映生活的广度上它比长篇小说和中篇小说要窄。短篇小说是截取生活的一个横断面进行描写，从而反映社会生活的本质问题。所以法捷耶夫说："短篇小说的要求是给语言以狭的地盘，

　　*　原文刊载于《河北学刊》1982年第1期。——编者注

给思想以宽的地盘，因而他善于简短地清楚地表达一种思想，在一个插曲中表现一个巨大的事变，在某一个别人物中表现一个典型。"① 别林斯基也说：短篇小说"是人类命运无穷的长诗中的一个插曲"，是"从长篇小说中摘取出来的一章……有一些事件，一些境遇，不够拿来写戏剧、长篇小说，但却是深刻的，在一瞬间集中了那么多的生活"，短篇小说就"抓住它们，把它们容纳在自己狭隘的框子里……它把简短、迅速、轻快和深刻兼而有之……"它是从生活的大书里摘下来的几个篇页。"试把这些篇页订起来，这些篇页便会构成一部洋洋大观的书，一部巨幅的长篇小说，一篇错综复杂的长诗"②。由此可见，短篇小说所描写的是生活的片段，它和长篇相比，自然地就具备如下的特征：

首先，短篇小说的主题是单纯的，它不象长篇或中篇一般是多主题、多思想的作品，如以叶圣陶的短篇小说《校长》、《搭班子》和他的长篇小说《倪焕之》相比，就充分地证明了这个道理。《校长》中的叔雅，《搭班子》中的泽如、长篇《倪焕之》中的蒋冰如都是教育万能论者。他们都是高级小学的校长，而且都对教育抱着不切实际的幻想。他们觉得只要在学校培养出学生那种应付环境的能力，就可以改造社会、改造生活，然而现实对他们都做了残酷的回答，地方上腐朽势力的阻挠，新教育方法的无效，使得他们灰心丧气，有的最后还脱离教育事业而出任乡董。很明显，这三篇作品都体现着批判教育万能论的主题思想，但是《校长》《搭班子》两个短篇的主题止此而已，而长篇小说《倪焕之》的主题思想却不限于此。《倪焕之》不仅有着批判教育万能论的主题，而且也提出了知识分子的革命道路问题，妇女"独立自存"、个性解放的问题，并且《倪焕之》已经不限于写教育界而是跨出了教师生活的范围，真实地描绘了影响全国的"五卅"运动，体现了反帝爱国的思想。由此可见，短篇小说和长篇小说在主题思想上是不同的，长篇小说除了基本主题以外还有许多副主题，但是短篇小说却往往只有一个基本主题或一个基本思想，所以，我们在写短篇小说时就不能象长篇那样确定众多的主题，而应该是注意主题的单纯性，只有这样才能在短篇创作中使作品的主题思想突出、鲜明而又深刻。

————————————

① 法捷耶夫：《关于鲁迅》。

② 别林斯基：《论俄国中篇小说和果戈里的中篇小说》，《别林斯基选集》第一卷。

短篇小说的第二个特点，就是描写的人物要少，一般地只限于最有代表性的人物，而人物性格的刻画，也大多限于最能表现典型特征的精神品质的部分。一般说来，短篇小说是"从生活的片段的描写，使读者能够以此推及全体"①，所以它就"不能像某些长篇小说那样表现人物的祖孙几代或过多的事件和行动，不能'并驾齐驱'地展示一组组人物的活动"②。譬如《粮食的故事》这个短篇，作者主要描写了郝吉标在白匪的重重封锁下最后不惜牺牲自己的儿子而给山上的游击队送粮食的行动和心理动态，表现了苏区人民的革命精神，作品中的人物不多，但是对郝吉标的描写却很生动逼真，通过这一代表性人物的生活片段从而充分地表现了一个时代中国人民的革命斗争意志。再如鲁迅的《祝福》，表现了封建统治阶级对妇女的残酷压迫，揭露了封建礼教的吃人。所有这些主要是通过祥林嫂和鲁四老爷这两个人物来表现的。所以短篇小说，就不宜描写过多的人物，而应该是抓住现实中极富典型意义的生活片断、以少数代表性的人物为中心，生发开去，表现社会生活的本质。即使在描写代表性的人物时，也只是突出他的性格的某些方面，而不是全部描写。比如赵树理的《套不住的手》对主人公的描写就只限于热爱劳动、关心集体等等方面，而对于其他与这一主题无关的生活则没有涉及。再如刘真的《长长的流水》对李大姐的描写，虽然自抗日战争到社会主义建设时期，在小说中无不提到李大姐，但是作者所真正着力描写的还是她如何培养革命的后一代这一点。至于《祝福》那就更是突出性格的主要方面的典范了。《祝福》反映了祥林嫂一生的悲惨命运，但作者并不对祥林嫂一生的各个方面都作详细叙述。如，祥林嫂去鲁四老爷家以前的经历只是作了概括介绍，一带而过；第二次嫁人，丈夫和孩子死去这段生活也是通过卫老婆子转述的，没有正面展开。作者描绘的重点是放在祥林嫂第二次去鲁家做工时的一系列精神变化上。而作者之所以这样写，也是由作品的主题思想决定的。可见，短篇小说的这一特点和主题的单纯性是分不开的。总之，短篇小说由于所反映的生活面比长篇要窄，所以短篇就不是把人物放在更复杂的、多种多样的人物关系中来表现，而是以某一生活片断为中心，剪断多种人物关系的瓜

---

① 邵荃麟：《谈短篇小说》，见《关于艺术的技巧》，第52页，中国青年出版社，1959年。

② 吴调公：《文学分类的基本知识》，第101页，长江文艺出版社，1959年。

葛，从而通过几个代表性人物的细致刻画，以显示出人物性格的某些方面来突出主题思想。

短篇小说的第三个特点，就是注重情节的单线索发展，即魏金枝、吴调公所谓"以一个主要事件作为作品的主干"①。我们已经知道，短篇小说的任务是描写生活的一个横断面，集中笔墨描写有限的代表性人物，不像长篇那样人物众多，因而短篇小说的情节就不像长篇那样错综复杂，而是单纯、明了，并且常常是单线索发展。这只要把《杜十娘怒沉百宝箱》和《红楼梦》比较一下，就会明白这个问题。《杜十娘怒沉百宝箱》里的杜十娘和《红楼梦》里的尤三姐在行动上有很多相似的地方。比如，她们都有纯洁的心灵、丰富的情感、刚强的性格，她们都大胆地、公开地热爱着自己所要爱的人，而当她们的爱情理想一旦破灭，她们不是悲哀，而是以死来表示对当时腐朽的社会、腐朽的生活、腐朽的人物的痛恨和抨击。当杜十娘听到她所热恋着的李甲出卖自己的时候，就毅然决然投河自尽；当尤三姐听到她所景慕的人物柳湘莲拒绝婚约的时候，就拔剑刎颈而死。诚然，李甲不同于柳湘莲的性格，李甲是个负心汉，柳湘莲拒婚则是出于对尤三姐的不了解。但是，从这些事件的女主角来看，其情节不是极为相似吗？这说明了情节的生动性、完整性是长篇和短篇所共有的特征，但是短篇小说《杜十娘怒沉百宝箱》在情节线索上和《红楼梦》却有很大的不同。前者是通过"热恋""出院""自尽"等情节因素，以杜十娘和李甲的行动为主干，单线发展，直到结局；而《红楼梦》，除了有关于尤三姐的情节以外，还着重描写了贾宝玉、林黛玉、薛宝钗、王熙凤、平儿、惜春、探春、贾政、贾母等等各种人物的行动，而且这许许多多的人物关系又相互交织着，纠缠着，构成了复杂多样的情节，这就是长篇和短篇在情节表现上的不同之处。《杜十娘怒沉百宝箱》是单线发展，《红楼梦》是多线发展，这是由它们反映生活面的广狭不同而决定的。可以设想，在《杜十娘怒沉百宝箱》这个短篇里如果不以上述事件为主干而随意增加许多人物和情节，那么杜十娘的性格不但不能充分展开，反而会喧宾夺主、主次不分，再加上语言容量的限制，就会使得小说情节庞杂、性格模糊不清，

───────────

① 吴调公：《文学分类的基本知识》，第 103 页。

最终导致作品的失败。所以我们写短篇小说，就要考虑到使情节充分展开的具体特点，亦即要考虑到情节线索的单纯性和明瞭性，就是短篇中的插叙、补叙也都是为主要情节服务的，而不是游离于主要情节之外可有可无的东西。

短篇小说的第四个特点，就是场面比较集中。一提到场面，可能有人以为不太重要，只要把人物和故事情节描写好，小说自然就会生动。这种想法是不恰当的。场面是作品的组织单位。场面"把人物彼此之间的关系处理在某一时间和空间之内"①，如果人物所处的时间和空间安排不好，整个故事就失掉了连贯性，甚至不合情理。因此，无论长篇还是短篇，对于场面的选取和安排都是不能忽视的。但长篇和短篇对于场面的处理也有所不同，我认为前者注重场面之间的有机联系和艺术穿插；后者注重场面的省略、集中，以少胜多。比如鲁迅的短篇小说《药》，对"吃茶"这一场面的选取和对"夏瑜英勇反抗"这一场面的省略就是如此。在《药》中，由于"吃茶"这一场面的展现，使华老栓接触了康大叔，接触了驼背五少爷，也接触了形形色色的其他人物。而就在这些人物的交谈中，华老栓那愚昧、落后、善良、老实的性格，康大叔那凶残、狠毒的性格，驼背五少爷那庸俗的形象才得以凸现，而夏瑜的革命故事也是在"吃茶"这一场面中，通过这些人，特别是康大叔的话间接表现出来的。由此可见，在《药》中，没有"吃茶"这一生动场面的描写，没有茶客的交谈，当时人民的觉悟程度不但不能表现，而夏瑜的坚强、勇敢、不屈等性格更无从说起。为了主题思想的要求，鲁迅先生有目的地选取了"吃茶"这一场面，从而通过对它的有力描写，不仅生动地揭示了在场人物的内心世界，而且也表现了场外人物——夏瑜的革命精神。社会生活是纵横复杂的，不同的时间、地点和人物就会呈现出不同的场面，长篇小说的特点就在于它对于这些场面的描写有着广阔的天地，并能使各场面之间得到艺术的穿插，使之成为一个有机的艺术整体。譬如《水浒》中林冲同夫人庙会降香的场面和鲁智深相国寺练武的场面可谓同一时间，但却非同一空间的生活横断面。作者为了主题的需要，让林、鲁在相国寺结交，构成了新的人物关系

---

① 参看维诺格拉多夫：《新文学教程》，第85页，以群译，读书出版社，1935年。

和场面。这个新的场面不但联结了上述两个场面，而且也为"大闹野猪林"的场面设下了伏笔，使得复杂纷纭的场面形成了和谐的艺术整体。而短篇小说，由于语言容量的限制就不能把生活中诸场面过多地搬进作品，那样最能突现人物关系的生动场面将得不到生动而充分地描写。这就是鲁迅先生没有对夏瑜英勇反抗的具体场面进行直接描写而通过"吃茶"的场面表现夏瑜革命精神的根本原因。短篇小说场面的选取不是以多胜少，而是"以一当十"，通过有限场面的描写，以表现无限丰富的社会内容。如果说众多场面的艺术穿插是长篇小说结构的一个特色，那么生动场面的选取则是短篇小说结构的关键所在。忽视场面在短篇中"以一当十"的作用，忽略了场面在短篇中的省略和集中，就会损害人物的塑造和生活内容的表现。

从上述的分析可知，短篇小说并不是长篇的压缩和简化，而是现实生活本身提供给作家的生活仅够短篇的规模。短篇小说由于主题的单纯性，人物的代表性，情节的明瞭性和场面的集中性，所以它虽然篇幅短小，但仍能表现完整的情节和人物典型，对生活的横断面做出深刻的解剖。

## 二　从语言容量看短篇小说的特征

从反映生活面的广狭来看短篇小说，这是了解短篇小说的根本方法，但对它的语言容量也不能完全忽视。因为长篇小说的内容绝不是一两万字所能表达了的，而几十万言的著作，如果不是空洞无物的话，它所反映的生活内容也决不会是一个横断面。语言容量是形式的因素之一，根据内容和形式的辩证关系来看，小说的分类，语言容量，即篇幅的长短也应该考虑。一般地说，两万字以下都是短篇，两万字以上至十五万字左右是中篇，十五万字以上是长篇。当然，这只是一个大致的估计，不是什么生硬的公式，但语言简洁，篇幅短小却永远是短篇小说的一个形式特点。

# 艺术形式美漫谈[*]

　　要想了解艺术的形式美，就必须首先明确艺术的认识和科学认识的不同特点。虽然科学和艺术都是客观现实的反映，都是为了揭示世界的规律性和本质，但是它们认识、把握和反映现实的方式是不同的。科学的认识是逻辑的思维，是从客观世界的复杂现象中加以判断、分析、综合然后对事物的本质属性加以抽象的概括，正如马克思所说，"科学的正确方法"是"把直观和表象变成概念的这个改制过程的产物。头脑中当作思维整体出现的那个整体，是思维的头脑的产物，这个头脑，用它所专有的方式掌握世界，不同于在艺术上、宗教上、实践上掌握世界的方式。"[①] 由此可见，科学认识世界的方式虽然也由感性认识开始，但是当它上升为理性认识的时候，"直观和表象"在思维中就失去了地位，而以"概念"的思维形式达到了对现实和本质把握。因此，在科学论文中为了表达这种科学认识的成果，反映现实的本质和规律，用三段论法进行推理是很自然的事情了。但是"艺术上掌握世界的方式"就根本不同了。艺术的认识不是"把直观和表象变成概念"，而是"直观和表象"内在联系的发现过程和典型化过程。在艺术认识的感性阶段固然离不开直观和表象，就是在艺术认识的理性阶段也同样不能抛弃客观事物的感性形式，这种感性形式虽然有别

　　* 　原文刊载于《广西师范学院学报》1987 年第 1 期。——编者注
　　① 　马克思：《政治经济学批判导言》，见《政治经济学批判》，人民出版社 1959 年版，第150～151 页。

于感性阶段的"直观和表象",而是事物本质的体现,但是它终究不同于抽象的概念,而是以世界原来面貌的具体形式在思维中反映着世界的本质。可见,在艺术认识的任何阶段都以形象所伴随,艺术认识是形象思维,因此在艺术作品中表现这种认识,用具体的感性的"形式美"真实地再现现实生活中的形象也就是必然的了。中外的艺术史都充分地证明了这个道理。譬如,法国杰出的现实主义画家库尔贝的名画《筛麦的妇女》中所描绘的一位跪着筛麦的青年女子,动作协调、熟练,体态匀称、丰满而又健美,这种美正像车尔尼雪夫斯基所说是从事劳动的必然结果,是劳动人民生活内容的外部体现。在艺术认识的基础上,画家正是通过富有韵律感的动势和富有青春活力的色调等具体可感的形式美才真实地表现了劳动人民的这种生动形象和作者对劳动人民的同情。可见,形式美是表现艺术认识的主要方式。造型艺术如此,诗歌、小说也莫不过如此。我国宋代的伟大诗人陆游曾经写过这样的诗句:"莫笑农家腊酒浑,丰年留客足鸡豚。山重水复疑无路,柳暗花明又一村。箫鼓追随春社近,衣冠简朴古风存。从今若许闲乘月,拄杖无时夜叩门。"这虽然是抒情小品,但是它却鲜明地表现着既定形象的形式美的各个方面:山川景物的自然美,衣冠的朴素美。而"莫笑农家腊酒浑,丰年留客足鸡豚",则显然出自农家之口,充分地表现了劳动人民在语言风格上所特有的纯朴生动、爽朗的美。诗人正是通过对现实形象的种种形式美的描写来表现他对劳动人民的审美认识,反映劳动人民的真挚情感和优美品质的。由此可见,任何艺术作品在反映生活内容、揭示美的本质的时候是离不开形象的感性形式,总是离不开形式美,尽管艺术家所使用的描写手段不同,但是艺术家总是直接间接地在艺术中创造着这种美的可感性形式或直观形式,让艺术的观众在形式美的欣赏中理解形象的意义和审美的内容。因此,通过形式美表现现实生活是各种艺术的共同规律,艺术作品一旦离开了和它的内容相适应的形式美,那它就失去了艺术的感染力,所以毛泽东同志才对文艺提出了"内容和形式的统一,革命的政治内容和尽可能完美的艺术形式的统一"① 的具体要求。我们的文学家、艺术家要想使作品由生活的"真"达到艺术的"真",

① 毛泽东:《在延安文艺座谈会上的讲话》,《毛泽东选集》,第 871 页。

从而创造出第二性的然而却更富有美的感染力的鼓动性的艺术美，就必须根据艺术的内容使现实的形式美升华为艺术的形式美，就必须深刻了解艺术形式美的基本规律。那种忽视艺术形式美的基本规律，认为"政治即艺术"的教条主义理论对艺术家在正确世界观的指导下进行形象思维和艺术美的创造是有害无益的。

从以上分析可知，艺术有着与别种意识形态不相混同的形式美的规律。这一规律就一般社会意识形态而言是艺术的个性和特色，而在艺术领域里就各种姊妹艺术而言则是艺术的共同规律。认识这个共同规律有助于艺术美的创造，然而要想具体地指导各种艺术样式的创作实践，只了解艺术形式美的共同规律或一般规律是远远不够的，因为各种艺术有着不同的物质描写手段。这就有必要进一步探讨形式美的多面性和各种艺术描写现实的特殊性。我们知道，现实生活中各种形象都有自己的雄姿、美态，这是形式美的多样性——而同一事物又有其时间的、空间的种种存在形式，这就构成了形式美的多面性。譬如一只小鸟，它的美既在于体态灵活的造型美，也在于羽毛光彩的颜色美，还在于它婉转的鸣声的美，因此，我们说小鸟的形式美是具有多面性的。这种形式美的多面性很难在一种艺术样式中得到全面的直接表现。绘画与雕塑最能充分的表现造型美和颜色美，而在音响美的表现上则就有了局限性；反之，音乐艺术最能充分地表现音响美，而在造型美和颜色美的表现上也同样有着局限性。倘若细致分析木刻、雕塑、绘画的艺术语言，那么我们就可以看到，木刻长于黑白对比，绘画则长于线条的运用，而雕刻则最能把握事物动态的形体美。因此，我们说，各种艺术样式由于使用的物质描写手段不同，对于具有形式美的多面性的客观事物的直接描写只能是其形式美的一个或几个方面，至于其他方面就不能不用间接描写的方法来表现了。文学是语言的艺术，它的直接描写既不是造型美，也不是颜色美，更不是音响美，然而文学也有自己的长处，它能够运用语言的形式美直接表现人的思想情感和心理动态等精神美。因为语言是思维的物质外壳，是思想的直接现实，人类"思想可以达到的一切，语言也可以达到，因此，借助于语言可以表现运动和发展中的人的全部丰富的精神生活。"正因为如此，我国古典名著《红楼梦》中贾宝玉、林黛玉、薛宝钗等人物个性化的语言对人物心理淋漓尽致的描摹是任何造型艺术所难以达到的。然而《红楼梦》无论怎样细致描写大观园，它只能是以语言的间接描写在读者脑中唤起视觉形象，而不能像绘画那样给读者直接提供可视的图景；同样，《红楼梦》里十二官的演唱活动也只能是间接地在读者的思想里唤起听觉形象而不能像音乐那样给读者提供音响美的形式。这就是表现同一主题的不同形式作品，如毛泽东同志的《沁园春》，傅抱石、关山月为人民大会堂所作的大挂画以及音乐家的有关曲谱不能相互代替的根本原因。试看，毛泽东同志词中博大的胸襟、革命的热情和渗透于历史回响以及未来展望中的爱国主义情感的表现，是如此的深远，如此的动人，这是文学利用语言直接抒发内心情感的长处；而傅抱石、关山月的绘画对于红霞耀目、阳光普照下在祖国壮丽河山的描写虽不能直接抒发情感，却直接表现了毛泽东同志词中"红妆素裹，分外妖娆"的美的意境，用引人遐想的视觉形象激发着我们热爱祖国的自豪感。由此可见，"诗到底是诗，画到底是画，对于形象的把握，各有各的路径，各有各的表现方式。"[1] 这是由于艺术的物质描写手段各不相同的缘故。不同样式的艺术因为使用的物质描写手段——或声音或色彩或线条或语言或动作等只是现实的形式美的某一个方面或某一构成因素，所以它们反映现实都具有直接表现的范畴和间接表现的范畴。"诗言其志也，歌咏其声也，舞动其容也"[2]，从我国古代学者们的这些精辟言论里就可以看到：某种艺术语言之于此，是直接描写，之于彼，这就是间接描写，诗对于志，歌对于声，舞对于容的表现就充分地说明着这个道理。直接描写是其特长，间接描写是其局限性，我们只有认识了每种艺术直接描写的是什么，而间接描写的又是什么，才能充分发挥各种艺术的特长，从而创造出完整而生动的艺术形象。[3]

　　从艺术的直接描写与间接描写中，我们知道，艺术的间接描写虽然是该种艺术的局限性，然而间接描写绝不是不能描写，而只是对形式美的某

---

① 王朝闻：《美术的特殊性》，《新艺术创作论》，人民文学出版社1953年版，第121页。

② 《礼记·乐记篇》，见《十三经注疏附校勘记》第三十八卷。

③ 关于直接描写和间接描写理论，不仅见于《礼记》，而且也见于《尚书·尧典》："诗言志，歌永言，声依永，律和声。"它说明着现实美的丰富性、多样性和多面性，也说明着各种艺术样式的表现手段上的联系和区别。

一方面进行间接表现而已。例如首都人民英雄纪念碑的浮雕《胜利渡长江，解放全中国》① 对于司号员吹号鼓起的脸腮的生动描写不是让我们好像闻到了响亮的号音吗？对于船帆上弹洞的细致刻画不是让我们好像听到了掠过头顶的枪声？而那位持手枪的指挥员向前倾斜的动势，无限激动的表情和张圆的口形，不是又让我们好像亲自听到了他那富有鼓动性的战斗号令吗？就这样，雕塑家在作品中一方面直接描写了造型美，同时也用间接描写的方法表现了音响、语言等各方面的形式美，不但制造了战斗气氛，而且也生动地揭示了人物的内心世界，用造型艺术的手段和手法表现了典型环境中的典型性格。至于文学作品如前述"山重水复疑无路，柳暗花明又一村"的诗句则又是一幅间接表现色彩的美（"柳暗花明"）和空间动态美（"山重水复"）的风景画了。这就充分地说明了各种艺术对于现实的形式美的多面性的表现都不是无能为力的，一种艺术对于现实美的某些方面进行了有力的直接表现，而对于现实的形式美的其他方面的表现也并不放过——只不过是用间接的方法唤起读者的种种表象罢了。形式美的单一的方面在一般情况下很难构成美的完整形象，因为美既是时间的又是空间的客观存在。只有现实的形式美的多面性——造型的、颜色的、音响的、语言的等等方面——才能构成美的形象性。这种美的形象性就是艺术形象的基础，而艺术的形象性也就在于它对现实美的表现并不是单方面的，而是用它特有的"艺术语言"除了直接描写形式美的某些方面以外还要对形式美的其他方面进行间接地表现，这样它就利用读者的想象、联想结合直接描写表现了美的完整形象。可见，现实美的丰富性、多面性在各种艺术中都有着表现和反映的充分可能性。艺术家要发挥这种可能性，就应该深刻了解各种艺术的直接描写，从而发挥各种"艺术语言"的长处，而在其局限性的方面也就会恰当地利用读者的想象和"通感"而创造出完整的艺术形象，也就是说各种艺术都能"以其特有的完整形式再现出周围世界的图景"② 。所以，我们说，了解艺术的间接描写并不是强调各种艺术的局限性，也不是取消间接描写，而正是为了让不同艺术样式的文艺家掌

---

① 浮雕照片见《刘开渠雕塑集》，图版 4，人民美术出版社 1961 年版。

② 瓦尔坦诺夫：《论电影艺术特性问题》，见《论电影艺术的特性》第 18 页，念繁译，中国电影出版社出版。

握不同艺术的特殊创作规律，从而更为生动地创造艺术形象，反映出我们这一时代的美。

总之，表现事物的感性形式以体现事物的本质，这是各种艺术所固有的共同特征，但是这种一般规律不能凭空存在，它要通过既定的物质描写手段直接、间接地表现在各种样式的艺术作品之中。形式美的一般规律和特殊物质描写手段（艺术语言）在艺术作品中是辩证的统一。为了真实而生动地塑造艺术的完整形象，艺术家一方面要了解艺术形式美的普遍特征，同时也应该熟悉具体艺术手段（艺术语言）的物质性能。只有这样，才能在艺术认识的基础上，通过特殊的物质媒介，按照形式美的特点将思维中的典型形象或意象真正转化为第二性的现实，创造出完美的艺术境界，使我们的艺术作品达到真、善、美的高度统一，从而丰富我国广大人民群众的精神生活。

下　编

# 美　育　篇

# 生活美与审美教育[*]

## 一  生活美的客观性

在日常生活中，我们每个人都爱美、欣赏美，这就说明了人与动物的不同。动物只是为着生存的需要而具有本能的活动，而人则能够在生产劳动中除创造具有实用价值的产品以外，还要追求美，从人类的社会生活中发现美，以便得到美的享受。在广阔的社会生活中，什么是美，什么是丑呢？社会生活的美和艺术的美相比较又有什么特点？这是我们在研究生活美的时候首先遇到的问题。下面分两个方面谈谈这些问题。

先谈一下生活美的客观性，因为这是美育中的一个重要的哲学问题。所谓生活美，也就是社会美。因为生活是指人的生活，是指人的活动，最主要的是指人的实践活动，而人从其现实性来讲是社会关系的总和。所以生活美实际上就是社会美。要想认识社会美的本质，就必须首先研究人的本质。对于人的本质的正确理解，是研究社会美的关键。费尔巴哈把人理解为生物学的人，在他看来，人不同于一般的动物就在于人具有"理性、意志、爱"等共同性，这种共同性不受任何历史条件的制约，而是人生下来在内心中就具有的。费尔巴哈的新宗教、伦理学就是以这种抽象的人为出发点的，所以就不能发现历史的规律，终于由自然观上的唯物主义变成

---

[*]  原文见庞安福、田杰著：《青年美育概论》第一章，吉林人民出版社，1988年8月版。——编者注

了历史观上的唯心主义。马克思早在 1845 年春天写的《关于费尔巴哈的提纲》就对这种唯心史观作了非常深刻的批判。他指出，费尔巴哈"撇开历史的进程，孤立地观察宗教感情，并假定出一种抽象的——孤立的——人类个体"；所以他只能把人的本质理解为'类'，理解为一种内在的、无声的、把许多个人纯粹自然地联系起来的共同性"，"费尔巴哈没有看到，'宗教感情'本身是社会的产物，而他所分析的抽象的个人，实际上是属于一定的社会形式的"①这就充分说明，研究人的本质不能用生物学的观点对人和动物进行简单的"类"的区别，更不能用宗教来解释，而必须结合历史的进程。必须明确，区别于动物的人的思想、感情、意志、愿望等等都不是凭空产生的，而是社会的产物。费尔巴哈不去追究产生人的思想感情的社会原因，反而把两性爱、友谊及存在于"人心中"的"宗教感情"看作是调整人与人之间的关系的手段，把所谓人生下来就有的追求幸福的意向看成是道德的基础，这就颠倒了社会存在和社会意识的关系。费尔巴哈的人"不是由娘胎里生出来的：他像由蛹变成蝴蝶一样，是从一神教的身上飞出来的。所以这个人不是生活在现实的、历史上发展了的及历史上规定了的世界里面"②。什么是"历史上规定了的世界"呢？那就是一定历史阶段的社会生产力的发展水平、一定社会的基本矛盾。这些基本矛盾就是生产方式内部的矛盾运动、基础和上层建筑的辩证关系。正因为马克思通过大量的历史资料和经济事实进行深入地研究，发现了这些基本矛盾，所以使我们才能够正确理解人的本质。马克思指出："人们在自己生活的社会生产中发生一定的、必然的、不以他们的意志为转移的关系，即同他们的物质生产力的一定发展阶段相适合的生产关系。这些生产关系的总和构成社会的经济结构，即有法律的和政治的上层建筑竖立其上并有一定的社会意识形式与之相适应的现实基础。"③马克思的这一伟大发现彻底揭示了历史运动的规律。无论何种社会形态都是由经济基础和上层建筑组成的，它们概括了社会上人与人之间的基本关系，即经济关系、政治关系和思想关系。经济关系决定政治关系和思想关系，同时政治关系和思想关

---

① 《马克思恩格斯选集》第一卷，第 18 页。
② 恩格斯：《费尔巴哈与德国古典哲学的终结》，人民出版社，1961 年版，第 26 页。
③ 《马克思恩格斯选集》第二卷，第 82 页。

系又对经济关系发生反作用。这样就使我们看到"物质生活的生产方式制约着整个社会生活、政治生活和精神生活的过程。不是人们的意识决定人们的存在，相反，是人们的社会存在决定人们的意识。社会的物质生产力发展到一定阶段，便同它们一直在其中活动的现存生产关系或财产关系（这只是生产关系的法律用语）发生矛盾。于是这些关系便由生产力的发展形式变成生产力的桎梏，那时社会革命的时代就到来了。随着经济基础的变更，全部庞大的上层建筑也或慢或快地发生变革。……我们判断一个人不能以他对自己的看法为依据，同样，我们判断这样一个变革时代也不能以它的意识为根据，相反，这个意识必须从物质生活的矛盾中，从社会生产力和生产关系之间的现存冲突中去解释"。① 这不仅说明了生产力和生产关系的矛盾运动是社会发展的决定力量及经济基础和上层建筑的性质决定着整个社会形态的特征，而且也说明了人类的一切社会生活都是受着物质资料生产方式的制约的。人的思想、感情、意愿等等完全可以在一定社会的生产方式中找到解释，人的性格的形成完全能够在一定社会的经济基础及与之相适应的上层建筑的不同性质中找到依据。所以人不是脱离社会存在的悬空的感情动物，而正如马克思在《关于费尔巴哈的提纲》中所说："在其现实性上，它是一切社会关系的总和。"② 这样我们就不会为单个人的思想动机所迷惑，而是把人的思想、感情、性格放在具体的生产关系、政治关系和思想关系中去理解。恩格斯对马克思的《关于费尔巴哈的提纲》作了高度的评价，说它是"包含新世界观的天才萌芽的第一个文件"，其原因就是在于马克思创立了辩证唯物主义和历史唯物主义的哲学，科学地说明了人的现实性和社会性，深刻批判了旧唯物主义哲学家们对人的本质的错误解释。

马克思的关于人的本质的规定是我们探讨社会美的理论基础。什么样的人是美的呢？这就要看他在具体的物质生活资料的生产方式中的地位和作用，看他在历史的活动中所要破坏和维护的是什么样的经济基础，看他是不是先进的政治力量，看他的思想感情和愿望是否符合历史的发展方向。马克思在给斐迪南·拉萨尔的信中非常鲜明地体现了这种历史唯物主

---

① 《马克思恩格斯选集》第二卷，第 82~83 页。
② 《马克思恩格斯选集》第一卷，第 18 页。

义的美学思想。德国机会主义者拉萨尔 1858 年至 1859 年写的历史剧《济
金根》描写了德国十六世纪初以济金根为首的一次骑士起义及其失败的过
程。作品中的主人公济金根是作者所崇拜和歌颂的人物，因而被描写成
"言语和行动同样伟大"的"德意志最后一个英雄"，而剧中的农民形象则
遭到了歪曲。马克思看了这个剧本以后严肃地指出了剧本的错误观点。马
克思说："济金根（而胡登多少和他一样）覆灭并不是由于他们狡诈，他
的覆灭是因为他作为骑士和作为垂死阶级的代表起来反对现存制度，或者
说得更确切些，反对现存制度的新形式。如果从济金根上除去那些属于个
人和他的特殊的教养、天生的才能等等的东西，那么剩下来的就只是一个
葛兹·冯·伯利欣根了……在济金根同诸侯作斗争时（他反对皇帝，只是
由于皇帝从骑士的皇帝变成诸侯的皇帝），他实际上只不过是个唐·吉诃
德，虽然是被历史认可了的唐·吉诃德。他以骑士纷争的形式发动叛乱，
这只是说，他是按骑士的方式发动叛乱的。如果他以另外的方式发动叛
乱，他就必须在一开始发动的时候就直接诉诸城市和农民，就是说，正好
是诉诸那些本身的发展就等于否定骑士制度的阶级"，"因此，如果，你不
想把这种冲突简单地化为《葛兹·冯·伯利欣根》中所描述的冲突——而
你也没有打算这样做——那末济金根和胡登就必然要覆灭，因为他们自以
为是革命者（对于葛兹就不能这样说），而且他们完全像一八三〇年的有
教养的波兰贵族一样，一方面使自己变成当代思想的传播者，另一方面又
在实际上代表着反动阶级的利益。革命中的这些贵族代表——在他们的统
一和自由的口号后面一直还隐藏着旧日的帝国和强权的梦想——不应当像
在你的剧本中那样占据全部注意力，农民和城市革命分子的代表（特别是
农民的代表倒是应当构成十分重要的积极的背景"①。马克思的这段话说明
了以下的美学问题：第一，认识社会美的本质、内容必须用历史唯物主义
观点对社会现象和历史现象进行科学的分析。拉萨尔主张剥削阶级的个别
领袖人物决定历史的命运，充分暴露了他们的历史唯心主义观点和机会主
义立场，因而他把济金根当作美的人物来描写，把他吹捧为"民族的代言
人"，并把农民运动说成是"彻头彻尾的反动"；而马克思则历史地、具体

---

① 《马克思恩格斯选集》第四卷，第 339~340 页。

地分析了济金根所生活的土壤，分析了他的经济地位和政治地位，因而正确地指出济金根是"垂死阶级地代表"，他的思想里隐藏着"旧日的帝国和强权的梦想"，因而他"按骑士的方式发动叛乱"的行动并不是革命的行动，这个开历史倒车的人物只不过是一个唐·吉诃德式的小丑，是和葛兹·冯·伯利欣根一样的"可怜的人物"。这不正是马克思用历史唯物主义观点从美学上对济金根的否定吗？马克思主义认为，广大劳动人民是物质生产的直接参加者，是变革生产关系的决定力量，是创造世界历史的动力，因而他们的革命运动是伟大的，他们的形象才是应当赞美的，所以马克思才向拉萨尔尖锐地指出，济金根"不应当在你的剧本中那样占去全部注意力，农民和城市革命分子的代表（特别是农民的代表）倒应当构成十分重要的积极的背景"。这不正是马克思从美学上对劳动人民的肯定吗？文学艺术是社会生活的反映，从马克思对历史上和剧本中人物分析，很明显地使我们看到社会生活中的美与丑、人的美与丑是由社会存在决定的，有力地证明着社会美是符合社会发展趋向，促进社会前进的人物，而决不是相反。这种社会美并不是从天上掉下来的，也不是欣赏者头脑中固有的，而是在具体的社会关系中形成的，它的社会性并不是主观的臆造，而是社会生活中的客观现实。第二，马克思的这段话还充分说明美不是抽象的概念，它具有形象性，美是内容美和形式美的统一。在生活中社会美的本质体现在具体人的极为丰富的内在心理和外在行为以及外在形态上，亦即体现在真实的可感的个性生动的形象之中。这样，社会美就不仅具有功利性（自然美也有功利性，但都是间接的），而且具有美感作用，因而既能教育人，又能以他本身具体的形象和感情激发人的情绪，使人得到感染，鼓舞人前进。正因为如此，马克思才在同一封信中指出，反映生活的艺术作品的形象应该"更加莎士比亚化"而不应该"席勒式地把个人变成时代精神的单纯的传声筒"。[①] 总之，从马克思对人的本质及对具体的艺术作品的论述中，我们可以明显地看到社会美是社会功利性和形象性的统一，内容和形式的统一。它具有社会性，但它的社会性并不以欣赏者的主观意识为转移，而是决定于一定的社会存在及与之相关的各种客观的社会

———————————

① 《马克思恩格斯选集》第四卷，第340页。

关系。这就是社会美的客观性。我们广大青年只有了解了社会美的客观性、现实性，才能树立起参与意识，才能在社会实践和社会调查中广泛地接触生活中的人和事，才能从生活中美的人物身上吸取滋养，净化自己的灵魂，丰富精神生活，使生活美发挥出它的美育作用。

## 二　社会生活中美、丑的矛盾性

社会生活是复杂纷纭的，是充满矛盾的，因此，研究社会美的本质，既应该看到社会美的客观性，又应看到社会生活中美、丑的矛盾性。因为马克思列宁主义美学不同于自然主义的美学，它既不是孤立地、静止地、互不联系地看待客观世界，也不是像车尔尼雪夫斯基那样把生活中的一切事物都看成是美的。虽然社会生活中的美与丑同是客观存在，但它们却是对立的、互相排斥的、互相转化的。因此，我们必须用马克思主义的方法论来分析社会生活中的形象（主要是人物形象），这样才能掌握社会美的本质。

列宁指出："可以把辩证法简要地规定为对立面的统一的学说。"① 斯大林也指出："决不能认为生活是一种不变的和凝固的东西，它永远不会停止在一个水平上，它是处在永恒的运动中……因此，生活中总是有新东西和旧东西，生长着的东西和死亡着的东西……"② 这些话虽然不是谈论美学问题，但却是我们探索美的指导思想。既然现实中存在着矛盾，那么存在于现实中的美、丑就不能例外。在社会生活中，无论现实的矛盾，还是历史的矛盾，矛盾的此一方面是美的，而矛盾的彼一方面则是丑的。秦末的农民起义英雄陈胜、吴广与残酷压迫人民的秦二世是对立的、矛盾的，他们的形象很明显地具有着美、丑的区别。宋代的民族英雄岳飞与卖国贼秦桧也存在着尖锐的矛盾，他们的形象也是泾渭分明的——一个是爱国主义的典型，为历代人民所传颂；一个是遗臭万年的民族败类，为人民所唾弃。从当代的现实生活来看，功高天下而大公无私的周恩来同志对企图篡党夺权的"四人帮"进行过各种形式的斗争，他们的形象更有着根本

① 《列宁选集》第二卷，第608页。
② 《斯大林全集》第一卷，第274页。

的区别。前者是一位巨人，他的崇高精神和光辉形象永远活在人民心中，而后者则是不齿于人类的跳梁小丑。由此可见，美丑始终是处于矛盾的状态中。我们应该从美丑矛盾的观点去分析社会生活中的人物，这是探索美的钥匙。例如生活中张志新这位英雄人物的形象是崇高的、美的，因为她不怕鬼、不怕魅，坚持马克思列宁主义，坚持革命真理，在敌人面前毫不动摇，毫不惧色，她的忠骨虽然毁灭，但革命浩气却万古长存。她的美的品质和形象是在揭露"四人帮"的反革命本质的英勇斗争中充分显现的；而"四人帮"及其爪牙的丑恶形象和反动本质也是在他们对张志新等无产阶级英雄人物的残酷迫害的过程中充分暴露出来的。整个"十年浩劫"时期广大人民群众与"四人帮"所展开的你死我活的斗争，充分说明了美丑是相比较而存在，相斗争而发展的。话剧《丹心谱》《于无声处》，电影《戴手铐的旅客》，电视剧《永不凋谢的红花》，短篇小说《神圣的使命》，长篇小说《许茂和他的女儿们》等作品之所以振奋人心，就在于它们典型地反映了社会生活中的尖锐矛盾，从美丑的对立中深刻地批判了"四人帮"祸国殃民的丑恶本质，热情地赞美了革命人民、革命干部为挽救社会主义祖国的危亡而不屈不挠地进行斗争的崇高精神和胜利信心。这其中的美丑对立是何等的鲜明！

万恶的"四人帮"终于被人民送上了历史的审判台。现在我们正阔步于新的长征路上。在新时期的社会生活中是不是就不存在矛盾呢？回答是否定的。党的十一届三中全会公报指出："实现四个现代化，要求大幅度地提高生产力，也就必然要求多方面地改变同生产力发展不适应的生产关系和上层建筑，改变一切不适应的管理方式、活动方式和思想方式，因而是一场广泛、深刻的革命。"这就充分说明实现四个现代化不是一蹴而就的。新时期的社会生活也是充满矛盾的。在当前生活的激流中，那些为了社会主义事业而锐意改革、努力奋斗、努力拼搏的人物的形象是最美的。他们的所作所为符合历史的发展方向，他们的成就推动着历史的进步，他们是在斗争中前进的，他们的活动体现着时代的风貌，他们在改造社会、改造自然的实践活动中所呈现的壮美形象给人以鼓舞和美的感动。他们的形象既能提高我们的思想境界，又能使我们开阔视野，深刻认识发展着的社会主义新生活以及建设四化的重大意义，促进我们在改革的浪潮中奋勇前进。而那些反映当代社会生活的文艺作品之所以美，也就在于它们在矛盾中表现和歌颂了这些最新最美的形象，批判了那些腐朽丑恶的人物。由此可见，"真的、善的、美的东西总是在同假的、恶的、丑的东西相比较而存在，相斗争而发展的"①，美丑不仅是客观的，而且是矛盾的。在日常生活美的分析中，我们必须掌握美丑矛盾性的原理。只有这样，才能看到生活的复杂性，才能在日常生活的对立统一中分辨美、丑，才能达到效法美、批判丑的美育效果。

# 三 社会生活美的本质

我们已经知道，美丑具有矛盾性，那么矛盾的哪一方面是美的呢？什么样的人物才是美的呢？从发展的观点来看，属于社会的生活中新的、先进的、积极的矛盾方面的人物或事物就是美的，因为它预示着社会的发展方向，体现着客观真理和历史的必然性，具有教育作用并能从情绪、情感上鼓舞我们前进。反之，属于社会生活中旧的、腐朽的、衰亡的矛盾方面的人物或事物则是历史发展的阻力，是美好生活的对立面，因而是丑的。这就是我们对"社会美的本质"的哲学概括。我们看一个人物形象的美与丑，首先就要具体分析他所处的历史环境，分析他在一定社会关系中的地位，看他是属于当时社会矛盾的哪一个方面，然后才能从内容到形式对他的形象进行全面的审美评价。当欧洲进入文艺复兴运动的时候，意大利等国的人文主义战士们积极反对中世纪的禁欲主义和宗教观，他们代表了新兴资产阶级的利益和要求，属于当时社会生活的新的先进的矛盾方面，因而他们的形象是美的。恩格斯评价文艺复兴运动时指出："这是一次人类从来没有经历过的最伟大的、进步的改革，是一个需要巨人而且产生了巨人——在思维能力、热情和性格方面，在多才多艺和学识渊博方面的巨人的时代。"那时的英雄的特征是："他们几乎都处在时代运动中，在实际斗争中生活着和活动着，站在这一方面或那一方面进行斗争，一些人用舌和笔，一些人用剑，一些人则两者并用。因此就有了使他们成为完人的那种

---

① 毛泽东：《关于正确处理人民内部矛盾的问题》。

性格上的完整和坚强。"① 这就充分说明了文艺复兴的代表人物在思想、感情和性格方面的美的特质，而当时的封建阶级代表人物是进步运动的阻力，他们的思想、感情是反动的，属于社会生活的旧的矛盾方面，所以恩格斯把这些人物称做"中世纪的幽灵"②，指出了他们的丑恶本质。随着资本主义的发展和演变，资产阶级就由新的矛盾方面逐步成为旧的矛盾方面，因而也就成了丑恶的人物。这就是美丑转化的辩证法。恩格斯在《英国工人阶级状况》中曾经说："我从来没有看到过一个阶级像资产阶级那样堕落，那样自私自利到不可救药的地步，那样腐朽，那样无力再前进一步……在资产阶级看来，世界上没有一样东西不是为了金钱而存在的，连他们本身也不例外，因为他们活着就是为了赚钱，除了快快发财，他们不知道还有别的幸福，除了金钱的损失，也不知道还有别的痛苦"，"在这种贪得无厌和利欲熏心的情况下，人的心灵的任何活动都不可能是清白的"。③ 这段话就深刻地揭露了资产阶级的丑恶灵魂。在和资产阶级的斗争中，当时已登上历史舞台的无产阶级则成为社会矛盾的新的矛盾方面，他们是旧世界的破坏者，未来世界的建设者，是社会发展的根本动力，因而他们的各种英雄性格和形象就具有全新的美，所以恩格斯说，工人阶级在斗争中"显出自己最动人、最高贵、最合乎人情的特性"④，"显示出自己性格的最值得尊敬的一面"⑤，并且要求作家在文艺作品中"歌颂倔强的，叱咤风云的和革命的无产者"⑥。由此可见，任何历史时期，凡是属于新的先进的矛盾方面的形象才是美的。社会生活中的新与旧、前进与倒退、新生与腐朽是从本质上区别社会的美与丑的根本标准。

在社会主义的社会里，仍然有新事物和旧事物的斗争，仍然存在着美丑的矛盾，而目前所提倡的社会主义精神文明建设活动就正是扶植新事物、鞭挞旧事物，褒扬真善美，贬斥假恶丑的重要措施。无论是心灵美、语言美、还是行为美，都是就社会上的人而言的，因而都是社会美。我们

---

① 《马克思恩格斯选集》第三卷，第 445～446 页。
② 《马克思恩格斯选集》第三卷，第 445 页。
③ 《马克思恩格斯全集》第二卷，第 564 页。
④ 《马克思恩格斯全集》第二卷，第 501 页。
⑤ 《马克思恩格斯全集》第二卷，第 513 页。
⑥ 《马克思恩格斯全集》第四卷，第 224 页。

看一个人的心灵、语言、行为是不是美，首先要看其是否属于社会生活中新的先进的积极的矛盾方面。譬如雷锋、栾茀、罗健夫、蒋筑英、张海迪等同志对党对人民都有一颗忠诚的心，都具有着共产主义道德情操，这种内心世界自然是新的、先进的，而不是自私的、落后的，因而我们说他们的心灵是美的；他们所说的都是新时代同志式的语言，和气、文雅、谦逊，而不是愚昧的、落后于时代的粗话和脏话，因而我们说他们的语言是美的；他们为党为人民为社会主义做了许多好事，他们的行为对社会的发展是积极的，而不像打砸抢者或流氓团伙那样破坏社会秩序，因而他们的行为是美的。总之，心灵美、语言美、行为美都是属于社会生活中的新的矛盾方面，这就是它们的共同点，而其中心灵美、行为美则具有决定性意义。它们都存在于客观的具体的人物身上，是表里如一的生动的有个性的美的形象。我们青年要想鉴别生活中的美与丑，一方面要弄清什么是社会主义精神文明，同时也应该从哲学上理解社会美的本质，只有这样才能从具体的社会关系中深刻认识心灵美、语言美、行为美的意义和作用；才能掌握美的根本标准，建立起正确的审美观念，从而提高美学修养，以便美化环境和美化我们自身。

# 四 怎样美化生活

我们前面所讲社会美的客观性、生活中美丑的矛盾性、社会美的本质，都是为了达到美化生活这一目的。但是要真正做到生活的美化，除了了解上述理论问题以外，还应该明确如下的几个具体问题。

美化生活主要包括人自身的美化和环境的美化。

人自身的美化大致包括心灵美的陶冶，行为美的培养和仪表的修饰等等；环境的美化则包括街道环境的美化、家庭环境的美化等等。

我们先谈人自身的美化。

在人自身的美化中，首先要注意陶冶心灵美。在人的语言、行为、仪表等美的范畴中，心灵美是最基本的，它是美的内容。语言美、行为美等都决定于美的心灵，所以它们是心灵美的表现形式，要想达到"四美"的要求，首先要具有美的心灵。所谓心灵美主要指的是作为精神文明的思想道德内容，包括理想、情操、信念、风尚等等。

我们要想陶冶美的心灵，就必须学习马列主义，树立无产阶级的世界观，必须具备共产主义的道德和思想感情，必须在实践中锻炼自己的意志和性格，使自己成为一个大公无私、先人后己、革命意志坚强、毫无低级趣味的纯粹的高尚的人。正是从这个根本意义上说，白求恩、张思德、雷锋、栾弗才是心灵美的模范。栾弗同志从台湾回归大陆，把毕生的心血全部献给社会主义的教育事业和科学事业，直至生命的最后一息吃力地叮嘱同志们说："我的遗体……交中华医学会……让医务人员作科学研究……这是我对国家的最后……一点心意。"这是多么崇高的心灵啊！他的生命是有限的，然而他的心胸却是无限广阔的。在他的精神世界里没有个人得失，有的却是社会主义祖国的伟大事业和共产主义的远大理想。他这种伟大的献身精神和热爱祖国、热爱人民、热爱党的火热心情就是典型的心灵美。正由于他具有这种美的心灵，所以才埋头苦干做出了许许多多有利于国家、有利于人民的动人事迹。我们常说：无私才能无畏。栾弗的一生正说明了无私的心灵决定无畏的行动。我们要为社会主义做出贡献，首先就必须把自己的精神世界陶冶成无限崇高、无限美好的心灵。

为了陶冶美的心灵，我们既要象雷锋、栾弗同志那样坚持学习马列主义、毛泽东思想，同时还要继承我国历史上先进思想家和人民群众的勤奋、勇敢、诚实、善良、正直等优秀品质。这既是属于道德的善，也是属于心灵的美。如果把一切古人都打倒，那么我们讲心灵美也是一句空话。难道"学而不厌，诲人不倦"① 的精神，不应该学习吗？难道"先天下之忧而忧，后天下之乐而乐"② 的思想，不应该继承吗？难道"兼听则明"（魏征语，见《资治通鉴》）的作风，不应该效法吗？我们的回答是肯定的。毛泽东同志经常引用古人的话，就充分说明，我们应该发扬中华民族的优良传统。我国是世界上四大文明古国之一，有几千年的历史。我们应该学习中国古代的历史、中国古代的文学，并用马列主义观点对之加以分析，从而正确地吸收和学习我们祖先的文化思想和高尚的道德品质，以丰富我们的精神世界。

---

① 《论语·述而》。
② 范仲淹：《岳阳楼记》。

　　"四人帮"拒绝接受一切古代的思想文化遗产，其目的就是为了砍断历史文化思想的长河，破坏社会主义精神文明的建设。列宁明确地指出："只有确切地了解人类全面发展过程所创造的文化，只有对这种文化加以改造，才能建设无产阶级的文化，没有这样的认识，我们就不能完成这项任务，无产阶级文化并不是从天上掉下来的，也不是那些自命为无产阶级文化专家的人杜撰出来的，如果认为是这样，那完全是胡说。"① 这就充分说明，为了发展社会主义文化，为了丰富我们的思想境界，批判地继承古代精神文明是很必要的。

　　只有在内心里具有了社会主义、共产主义的思想、道德和情操，才能做出有益于人民的事，才能用美好的心灵感染别人，才能达到安定团结，才能促进四化建设。这就是精神文明和物质文明的辩证关系。从中我们就可以看到培养心灵美有多么重要的意义。

　　心灵美既包括思想道德内容，也包括人的智慧——即各种科学文化知识等等。如果一个人愚昧无知，那么它的心灵怎么会美呢？古希腊许多哲学家都把知识的渊博作为一种美德。德谟克利特就曾经说过："身体的美，若不能与聪明才智相结合，是某种动物性的东西。"② 他还说："身体的有力和美是青年的好处，至于智慧的美则是老年所特有的财产。"③ 这就充分说明，智慧的美也是心灵美的内容。在今天，我们要想达到心灵美的要求，不仅要树立共产主义的人生观、克服野蛮行为，而且还要克服愚昧的现象，学好自己的专业知识，增长自己的智慧，以精深的文化知识和科学知识的本领为"四化"服务。"书山有路勤为径，学海无涯苦作舟"，只要我们刻苦学习，就能够达到智慧的美。栾弗同志在他短短的一生中以惊人的毅力先后自学了多种外语，讲授了十三门课程，翻译了十五个语种的外文书籍、文献资料和科技影片，以他的丰富知识和才能为社会主义服务。这就是我们追求智慧美的榜样。

　　心灵美主要包括思想道德内容，但它又比道德更丰富多彩。道德观念是一定阶级的伦理学家和群众对人们的道德品质进行概括的结果，反过来

---

① 《列宁选集》第四卷，第348页。
② 《古希腊罗马哲学》，第111页。
③ 《古希腊罗马哲学》，第124页。

又是调整人们之间以及个人和社会之间的关系的行为标准。它以善和恶、正义和非正义、公正和偏私、诚实和虚伪等道德概念来评价人们的各种行为和调整人们之间的关系。而心灵的美则是不仅指一个人的道德品质和智慧，同时也包括着与道德融为一体的优美的内心感情。古代的"心灵"一词原本就不仅指思想，而且也包括喜、怒、哀、乐、爱、恶等感情在内。"诗者，所以导达心灵，歌咏情志者也。"① 这就充分说明心灵是"情"与"志"的结合。高尚的思想和道德以及由此而产生的美的感情就构成了心灵的美。雷锋说，要"助人为乐"。这"助人"即共产主义的道德，这"为乐"就是无产阶级的美的感情，两者同时存在于雷锋的内心里，因而就展示了雷锋的心灵美。由此可见，心灵美虽然和道德在本质上是相同的，但是却又大于道德的内容。它是就具体人的整个内心面貌而言的。全面说来，心灵美指的是高贵的道德品质和美好的感情、高尚的趣味结合在一起的具体的精神境界。雷锋写道："对待同志要像春天般的温暖，对待工作要象夏天一样火热，对待个人主义要象秋风扫落叶一样，对待敌人要象冬天一样残酷无情。"这段话就集中地反映了雷锋感情的丰富，趣味的高尚，说明了心灵美的丰富内容。我们说栾茀对党有一颗"赤子心"，就是说他的心灵对党对人民象火一样热，象水晶一样透明，象无瑕美玉一样洁白。从中我们可以看到心灵与道德的异同关系。心灵总是包括感情、趣味在内的。即使是栾茀的求知精神也总是渗透着蓬勃向上的强烈感情，感情的产生基于思想认识，而当美的感情产生之后，又能鼓舞人把思想认识、道德理想付诸实践。因此，陶冶美的心灵，不仅要学习马列主义理论，学习共产主义战士的思想和道德品质，而且要再在此基础上来一个感情上的根本变化，培养起无产阶级的美的感情。

在陶冶心灵美的过程中，艺术"以情动人"的作用不可忽视的。社会主义的艺术作品，一方面表现了先进人物的优秀品质和美的感情，同时也体现了作者革命的感情态度，所以正确地指导青少年的课外阅读，用优秀的文艺作品来滋养青少年的心灵，培养和造就一代社会主义新人，是我们教育工作者义不容辞的责任。

---

① 《隋书·经籍志》。

心灵美不是抽象的，它总是存在于具体的人物形象之中，总是和具体人物的语言、行为、仪表密不可分，总是和美的形式辩证地统一着。古人说："言为心声"，"听其言、观其行，知其人"。这就说明了心灵与言行的密切关系。因此陶冶美的心灵，还应该和语言美、行为美的实践结合起来。如果有了美的心灵，没有美的语言，那么美的心灵便不可能传达，因而心灵美也就失去了感染别人、影响别人、教育别人的途径；如果有了美的语言，没有美的行为，那就证明你的心灵美仍然是假的，不仅无益于社会，反而有损于社会。美是内容美和形式美的统一，所以我们不仅要具有美好的心灵，而且还要表现在语言和行为上，这样才能做到"言行一致"，达到"尽善尽美"，实现"四美"的要求，从而发挥出心灵美团结人民、教育人民、克服落后、消除愚昧，以高度的精神文明促进"四化"的巨大作用。

美化人自身不仅要陶冶美的心灵，而且还要表现在行为上。如果说心灵美是精神之花，那么行为美则是实践之果。行为美和语言美相比，更具有直接现实性的品格。固然，语言是心灵的门户，但"口是心非"或"纸上谈兵"者也不乏其例——而行为美则真实地具体地表现在行动上，来不得半点虚假，即使是"巧伪人"，一时能够蒙蔽群众，但久而久之，也会被雪亮的眼睛所看穿，所谓"路遥知马力，日久见人心"，就是这个意思。行为美既受心灵美的支配，同时又是检验心灵美、语言美的试金石。如果我们每个同志、每个青少年在陶冶心灵美、学习语言美的同时，都注意行为美的锻炼，那么就会好人好事层出不穷，就会形成"言行一致""心口如一""真善美相统一"的社会风气，我们的社会主义祖国就会呈现出一派文明景象，就会促进四个现代化建设，这就足见行为美的重要了。

顾名思义，所谓"行为"，指的就是人的所作所为、人的社会活动，那什么样的作为、活动才是美的呢？全国总工会等九单位《关于开展文明礼貌活动的倡议书》中指出："'行为美'，就是要做一个有益于人民有益于社会的人，做到'勤劳、友爱、守纪'，不损害集体利益，不破坏公物，不危害社会秩序。"

行为美，首先表现在勤劳上。历史唯物主义告诉我们："人类的生产活动是最基本的实践活动，是决定其它一切活动的东西。"① 劳动能够改造世界，劳动"是整个人类生活的第一个基本条件"。② 在原始社会里，我们的祖先为了全氏族、全部落的生活而进行的劳动就是行为美的开端，而今天的劳动则是行为美的发展。固然，在资本主义社会里，劳动不是自愿的，而是一种被迫的强制劳动。"劳动为富人生产了珍品，却为劳动者生产了赤贫。劳动创造了宫殿，却为劳动者创造了贫民窟。"③ 这是阶级压迫、阶级剥削的结果。在我们国家里，由于人民的当家做主，劳动就不再是替地主、资本家卖命，而是为集体、为社会增加财富，为建设社会主义大厦而增砖添瓦。新社会的劳动，是共同创造美的生活的伟大实践，因而是光荣的。只要一个人心里想着大家，想着社会主义事业，具有大公无私的精神，那么，他就必然自觉地为建设社会主义而忘我劳动，所以热爱劳动的行为是心灵美的表现。解放初期，工人、农民劳动热情无比高涨，因为他们经受过旧社会的苦难，因而在推翻三座大山之后，深深懂得"只有社会主义才能救中国"的伟大真理。今天有些少年不热爱劳动，有些青年就业后不热爱本职工作，怕脏怕累，而醉心于吃喝玩乐，这正说明他们不懂得劳动的真正意义。这些同志应当学习中国人民在党领导下进行革命斗争的历史，懂得社会主义来之不易，树立正确的劳动观点，认识劳动对于建设社会主义的伟大意义，从而发扬工人、农民热爱劳动的优良传统。

我们说勤劳的行为是美的，不仅因为它是心灵美的反映，而且还因为它能够增长人的智慧，能够使人的才能充分地显现出来。人类的智慧、人类的发明创造、人类的文明，从根本上说，都应归功于长期的劳动实践。所以，劳动永远是增长知识和才干、发展"智慧的美"的根本条件。热爱劳动不仅体现着一个人对智慧的追求，而且，经常的劳动实践也必然闪烁着智慧的光芒。可见，劳动不仅是改造世界的手段，而且也是智慧美的源泉、智慧美的体现，因而是美的行为。我们教育工作者要想让青少年聪明起来、开发智力、培养能力，就应该把教学活动和相应的生产实践活动结合起来。

---

① 《毛泽东选集》，第 271 页。
② 《马克思恩格斯选集》第三卷，第 508 页。
③ 马克思：《1844 年经济学哲学手稿》，第 46 页。

劳动也能培养人的审美感情。马克思曾经指出："人也按照美的规律来塑造物体。"[①] 这就是说，人们改造自然、制造产品不仅是为了满足物质需要，同时也是为了满足审美的需要。人们植树，固然首先是出于实用性，但与此俱来的也就有审美的要求。因此，在植树的劳动中，不仅要设法提高成活率，而且使小树成行排列，形成自然的节奏。人们修筑堤坝不仅要求坚固，而且要求石块砌得整齐美观，使人看了精神爽快。至于器皿的制造，就更要求器形和图案的美了。无花的茶杯虽然能够用来饮茶，但陶瓷工人还要在上面精心绘制花卉鸟兽、人物等等。这就说明，劳动产品是实用价值和审美价值的统一。劳动能够改造自然，也能发现美的规律（仅就客观事物的形式美而言，就存在着均衡、对称、变化、和谐、多样、统一等规律）；劳动能够创造价值，也能够创造美；劳动是美感的源泉，而在劳动过程中也必然洋溢着劳动者的审美感情。培养和丰富青少年正常的审美感情、审美趣味，不仅要通过文学、美术、音乐等课堂教学来进行，而且应该和劳动结合起来。

劳动不仅创造了美的产品，而且也创造了人类本身的外形美（或者叫人体美）。不同阶级对人体美有不同的看法。在劳动人民看来，人体的美就是身体的匀称、协调、健壮、四肢灵活等等。这种美是健康的美，真正的美，它和所谓"弱不禁风的美""病态的美"（实际上是丑）有着根本对立的性质。这种健康美的形成和发展是和劳动分不开的。劳动使得我们的祖先由遍体长毛的猿变成了手脚分工、具有各种灵巧的人；劳动更使得今天的工人、农民体魄健美、英姿勃勃。当然，劳动创造人类本身的美，还必须有一个前提，即社会的公有制。在私有制度下，人的美不但不能发展，反而会受到摧残。由此可见，新社会的劳动和美密不可分：劳动促进了人的健康美，而人的健康美又有益于生产劳动。了解、宣传"劳动创造美"的这一层意义，将有助于青少年克服资产阶级的审美观点，养成勤劳的习惯，从而使年轻一代的体魄在美好的劳动实践中得到健康的成长。

行为美也表现在一切有益于人民、有益于国家的社会活动上。在这些社会活动中，"友爱""守纪"是行为美的主要表现。因为对同志、对人民

---

① 马克思：《1844 年经济学哲学手稿》，第 51 页。

的友爱行为是先进的社会制度的必然要求，它体现着社会主义、共产主义的心灵美。雷锋为人民、为集体做了无数好事，就是因为他一心向着党、向着社会主义。他把为人民服务的每一个活动都当作最大的幸福和愉快，无论是冒雨送疲劳的母子回家，还是帮助老太太上火车；无论是给少先队做义务辅导员，还是把钱寄给灾区；更无论是抢救建筑工地上的水泥……都生动地体现了雷锋全心全意为人民服务、为社会主义服务的一颗赤胆红心，同时也体现了社会主义制度下人与人之间的新关系，因此，我们说这些行为是最美的。

行为美是具体实践，它直接影响着人们的物质生活和精神生活。我们只有从具体事情上做起，才能增强阶级友爱，才能克服"言不由衷""心口不一"的虚假作风，才能为社会做出真正的贡献，也才能以自己美的行为影响别人的心灵和行动，使我们的社会主义祖国开遍行为美的鲜花，达到高度的精神文明。目前，学雷锋活动正以"为您服务"的"青年服务队""社会服务队"的新形式出现在许多大中城市。如上海涌现出六千多支青年服务队，他们在做好本职工作的基础上，走向社会、走向街头做好事、送温暖，为群众修理各种日用品，为群众的生活需要做各种服务工作。这种比较普遍的友爱行动构成了行为美的群象。他们这种行为正是不计报酬、关心他人的心灵美的体现。我们每一位同志都应该像服务队那样，学雷锋见行动，把心灵美、语言美体现在美的行为上。而以身作则、言传身教，培养青少年的行为美，并配合青年团、少年队开展"服务队"的活动，则又是我们每个教育工作者的崇高职责。

行为美也包括遵守纪律。新社会的纪律要求人们在集体生活中遵守党纪国法、遵守社会秩序、执行命令、履行自己的职责。遵守纪律是搞好革命事业的保证，是忠于人民、忠于党、胸怀全局、大公无私、以革命为己任的优美品质的表现，因而是美的行为。战争年代，我们的军队处处执行"三大纪律、八项注意"，因而才取得了革命的胜利；建国后，由于各种法律的制定、贯彻和实施，才保证了社会秩序的稳定，促进了社会主义建设。但在十年内乱时期，林彪、"四人帮"鼓吹"怀疑一切，打倒一切"，使得无政府主义思潮泛滥成灾，党纪国法遭到公然践踏，公民的人身安全失去保障，整个社会出现混乱状态，给全国人民带来了一场巨大的灾难。

回顾历史，总结经验教训，我们应当进行纪律教育，使每个人尤其是青少年知道民主和集中、自由和纪律的辩证关系，认清守纪律对于巩固和加强人民民主专政、实现四个现代化的重要意义，从而奉公守法，在行为上体现出高度的精神文明。

美、丑总是相比较而存在、相斗争而发展的。好人好事是美的行为，而坏人坏事则是丑的行为。因此，行为美不仅表现在阶级友爱的行动和守纪上，而且也表现在对阶级敌人、坏人坏事、违法乱纪、不正之风的斗争上。董存瑞舍身炸碉堡是为了彻底打垮国民党反动派，最后解放全中国；黄继光舍身堵枪眼，是为了打败侵略者，保卫世界和平。他们以鲜血和生命与敌人进行战斗的壮举，为革命事业做出了重大贡献，体现了共产主义、国际主义的崇高精神，所以他们的行为闪耀着最美的光辉。张志新不惜生命对"四人帮"这伙丑类进行了不屈不挠的斗争，表现了她始终不渝坚持马列主义真理的革命情操，因而她的行为是可歌可泣的、美的。女共产党员袁金娣为了维护社会治安勇斗杀人犯，最后壮烈牺牲的动人事迹①，体现了她热爱人民、关心人民的高尚心灵，所以她的行为是我们学习的榜样。我们要做到行为美，不仅要奉公守法，而且必须敢于坚持真理，与坏人坏事、坏风气、坏习惯进行各种形式的斗争，消除社会上不安定的因素，使我们的社会进一步达到安定团结，形成妇孺老弱均怡然自乐的新局面。

总之，行动从思想来，智慧从劳动来，荣誉从集体来。热爱劳动、团结友爱、遵守纪律、热爱集体、热爱社会主义事业的行为就是美，做一个有益于人民、有益于社会的人，就是我们对于美的要求。而要达到这个要求，就必须注意思想的修养、心灵美的陶冶，并在行为美的实践中锻炼自己的意志、克服种种困难，做到"强立而不反"。这样，才能在茂盛的文明之树上结出丰硕甘美的行为之果，也才能以高度的精神文明促进社会的物质文明。

人自身的美化还包括仪态、仪表的端正和美化。我们知道，人和动物有着根本的区别。产生区别的根本原因在于劳动。由于劳动，我们的祖先

---

① 见《人民日报》1981 年 5 月 6 日。

才由遍体长毛的猿变成了四肢灵活、体格健美的人。人的形体美从最根本的意义上说是生产实践劳动的结果。仪表的美化即是说在此基础上进一步使人的举止、动作姿态、服饰更美起来。人的仪表美，看来是小节，而实际上却是心灵美的反映。人们不同的思想感情经常溢于言表，同一个人思想感情的变化也往往表现在仪表上。一个忠厚、朴实的人，绝不袅娜作态，也绝不追求怪诞的服装；一个资产阶级思想严重、向往西方花花世界的人绝不满足于常人的打扮，他的举止更不同于劳动人民。《救救她》里堕落了的李晓霞在被挽救前后的服饰迥然不同，就充分说明了外表与内心的密切关系。所谓"文附质也"，① 就是说任何事物的形式都依附于内容，决定于内容——一个人的服装打扮、举止动作也决定于心灵。我们首先要有美好的心灵，要爱国、诚实、正直，要加强思想、品德和情操的修养，树立共产主义的人生观、道德观，做一个有益于国家、有益于人民的人。这就是我们讲究仪表美的根本前提。

然而，内容是靠形式来表现的，即所谓"质待文也"。② 心灵的美也是这样。如果一个人有了美好的心灵，但是衣冠不整、不修边幅，甚至蓬首垢面，没有美的仪表，就会惹人讨厌，使人敬而远之，那么他的心灵美仍然不能发挥作用，仍然无益于社会。所以我们讲究仪表美的第一宗旨就是为了表现心灵美，达到内心外表的统一，使仪表美成为社会主义精神文明的组成部分。

要想做到仪表美，我们不仅要懂得仪表美与心灵美的辩证关系，而且还要综合考察各种历史的与现实的仪表美的不同性质，这样才能进一步明确我们究竟需要什么样的仪表美。

各阶级固然有共同的美，但是各阶级又有着不同的审美感情和标准。就仪表而言，长沙出土的晚周帛画上的细腰女子，是"楚王好细腰"的情趣所造成的上层社会风气的反映，这种美和劳动人民是格格不入的，因为它首先不适于生产劳动。再如，旧社会小姐们的三寸金莲，在封建阶级看来，真是"步步生莲华"，美得很，但在无产阶级看来却是妇女受压迫、受摧残的见证。新民主主义革命时期，共产党号召妇女撒脚、剪发就是对

---

① 《文心雕龙·情采》。
② 《文心雕龙·情采》。

封建阶级的仪表美的革命。赵树理的小说《传家宝》把新型妇女描写成手脚利索、劳动出色的典型，就是当时新的审美标准的反映。可见，仪表美在各阶级之间虽有共同的东西（否则仪表美便不能继承），但是它们的阶级性也是很明显的。我们讲究仪表美，就要从劳动人民的工作需要出发，追求健康的美、追求有益于社会主义建设的形体美。这就不仅要求我们的青年的服装实用、朴素、大方，而且要求我们经常参加体育活动，使身心得到健康的发展，以利于参加"四化"建设。需知，身体的匀称、协调、健康，这乃是仪表美的首要条件，任何把身体造成畸形的装束（如束胸、缠足等等）都是违反美的发展规律的。美和劳动需要一致，就是无产阶级、劳动人民对于仪表美的基本要求。

各阶级有各阶级的美，各国家、各民族也有不同的审美趣味。大洋洲汤加王国的居民们认为人越胖越美。那里有的居民为了使自己显得胖，还用布一圈一圈把腰缠起来，装成胖子。英国、法国却经常以纤小为美。这在柏克和狄德罗的美学著作里是不乏其例的。白种人以皮肤的白皙为美，而非洲黑人则认为黑褐色的皮肤最美。普列汉诺夫在《没有地址的信》一书中曾经叙述过这样一个故事：白人到非洲进行人种考察，译员指着白人对黑人妇女们说："你们愿意嫁给他们吗？"黑人妇女们却说："呸！这丑家伙！"接着就是一阵哈哈大笑。这都说明由于人们的环境不同、地域不同、心理状态不同、民情风俗不同，因而对仪表美的看法也不相同。这就是仪表美的民族性。各国有各国的国情，对于仪表美，我们固然不能盲目排外，但也不能忘记，我们是中华民族的子孙，我们应该提高民族自尊心和自信心，发扬中华民族在思想品德上的优良传统，有了这个思想基础才能使仪表美民族化、群众化。

仪表美不仅具有阶级性、民族性，同时它还具有时代性。每一时代，仪表由于社会性质、时代精神、风俗习惯等的不同，而具有不同的特色。即使是同一国度、同一民族，由于社会生活的重大变化，古人与今人的仪表，有显著差异。我国古代的妇女将发挽成髻，以此为美。汉乐府《羽林郎》中胡姬的头饰被称为"两鬟何窈窕，一世良所无"，就说明了当时的好尚。但是，如果今天有的妇女再仿效胡姬，那就会贻笑大方。南北朝时期的民歌《木兰辞》中的木兰，无论是"寒光照铁衣"，也无论是身着女儿装，都很美，但是如果今天的女同志再"当窗理鬓鬟，对镜贴花黄"，那也会让人笑掉大牙。古代的官员都身穿蟒袍，腰系玉带，最低级的七品也要头戴一顶乌纱帽。如果今天有某个干部也如此装束，那也就成了古代的活标本。因此，仪表美与一定时代的精神风貌以至社会制度都有很大关系，它具有鲜明的时代性。就人民生活而言，不同时代的服饰体现着不同的感情和风尚；就社会制度而言，各朝代不同的官服又标志着不同的等级。这既说明了仪表美的阶级性，也说明了仪表美的时代烙印。仪表美是不同的社会生活和不同的社会关系的反映。我们的时代是社会主义时代，我们人与人之间的关系是同志关系、平等关系。发扬集体主义思想、共产主义风格是我们的社会风貌的根本特征。因此，我们的仪表美既应该有别于历史上代表等级观念的服装，也应该有别于反映古代生活方式的举止和装饰。在男女老少为加快"四化"建设而多做贡献的时代，我们怎么能"足下蹑丝履"呢？又怎么能"纤纤作素步"呢？我们所需要的仪表美应该是新的社会要求、新的社会关系、新的思想感情的体现。张志新的心灵是美的，她不仅有崇高的气节，而且有爱美的感情，在监狱里她用商标、废纸做成各种美丽的书签，但她各个时期的服装却不复古，也不追求奇特，而是以适合于工作的落落大方的仪表体现着新时代的特征。可见，朴素、适用、整齐、清洁、美观、大方才是我们今天仪表美的基本标准。

明确了新时代仪表美的标准，就能够正确对待古代民族服装。毫无疑问，我们仪表应该继承民族传统，但也不能依样画葫芦，不能古人和今人不分、死人和活人不分，因为那样是不符合今天劳动人民的审美感情的。我们应该有分析地吸取古代民族服饰的优点，并加以改造，使我们的仪表既有民族特色，又具有新时代的特征。这才是对待祖国美学遗产的科学态度。

我们讲仪表美还要具体情况具体对待，既应该把节日和平时相区别，又应该把个性和共性区别；既应该注意朴素美，又应该看到美的装饰性。我们讲究朴素，但并不反对美观。孔雀绚丽的羽毛和扇形的长尾比秃尾的鹌鹑更使人悦目；农村在春节挂的红灯，其四周还要系上飘带和流苏，这都是形式美的装饰性。我们欣赏这些自然事物和社会事物都要求其外观的美丽，难道有思想、有感情的人，就不应该在服饰上更美观一些吗？我们说是应该的。尤其是盛大的节日，我们不仅应该穿起盛装，而且应该尽情欢乐。这对于鼓舞我们建设社会主义的热情是有积极作用的。这种"装饰美"和"奢华"完全是两回事，因为一则是人民的美的感情的体现，一则是资产阶级奢侈淫逸思想的表露和财富的炫耀；一则是形式大方，一则是形式离奇。资产阶级的奢华装饰和朴素美是根本对立的，而无产阶级、劳动人民装饰美和朴素美则是辩证的统一。我们的装饰美要以朴素美为基础，要以具体场合为转移。如果平时和节日不分、工作和假日不分，而一味追求装饰性，使装饰性脱离了朴素、适用、大方的根本标准，那么这种"装饰性"就会从消极方面影响人的思想感情，使装饰性终于变成奢华。我们允许仪表美的装饰性，也允许仪表美的个性特征，但绝不能千篇一律，对于服装的花色、品种、样式等等，我们每个人都有选择的自由，但是注意仪表美的人民性、民族性、时代性，注意外表美与心灵美的统一，注意适合社会主义的劳动和工作，这乃是我们讲究仪表美的基本准则。

我们已经谈了人自身的美化，下面谈谈环境的美化。所谓环境就是指人们所生活和工作的场所以及周围情况。环境分自然环境和人化的环境两种。高山、大川、江河、湖海以及生活于其上或生活于其中的动植物等都属于自然环境。这些自然物有的以声音的美、有的以形状的美、有的以色彩的美、有的以生机勃勃的内在美给人以美感，使人产生愉悦之情。我们对于当地的名胜和自然保护区应当加以精心维护，使自然的美不受到破坏和污染，并根据具体情况开展旅游活动，使自然美起到陶冶性情、丰富精神生活的作用。这也是美化生活的一个不可忽视的方面。自然环境更多地牵涉到自然美问题，这里不拟详论，待到第二章里，我们再从哲学上分析自然美的本质。这里着重谈一谈人化环境。自然环境，从严格的意义上说，它是自然的存在，而它经过改造以后就成为"人化的环境"。从历史上看，原始人架木为巢就是对环境的"人化"，而现代化的城市建筑则是人化环境的集中体现。从发展上看，人化的环境一方面具有实用价值，同时也应该具有美学价值。这就需要建筑师、雕塑家、城镇规划工作者以及绿化工作者进行精心设计。譬如，城市街道的宽窄、干道与次干道和支路的安排、各建筑物的排列组合、单体建筑的具体样式等都应该符合"经济、适用、美观"的原则。如果某座建筑物只适用而不美观，那就会使环境美受到影响。同样，城市的绿化也是如此，它既是为了调节改善街道的小气候、净化空气、分隔交通、防尘防噪，同时也是为了美化街景，因此街道树的种植、分车绿带、基础绿带以及街心公园的设计都应该符合形式美的规律，还应该有民族风格和地方色彩，以便给人美的熏陶。

在人化环境中，庭院是人化环境的基本单位，因此更应该重视。庭院的美化分室内和室外两方面。室内美化包括起居室、卧室、青少年儿童室和厨房的布置、装潢；室外美化是院落的修整和装点等。无论室内还是室外的美化都应当有重点、有主体、有中心，做到虚实结合、虚实相生，切忌"满"和"密"。如果室内四壁书画满墙，就会失去居室的意义而象展览馆了。那样的布置，不仅不能给人以美感，反而会使人眼花缭乱、精神烦躁。所谓"室雅何需大，花香不在多"就是这个道理。同样，院落的绿化也不能遍地开花，而应当把甬道、活动场地与作为美化重点的绿地配合起来，使庭院既具有实用性，又具有美学特征。须知主次分明、点面结合，这是美化环境的一条重要原则。同时，家庭室内外的美化还要具体情况具体对待，因地制宜、因人制宜。如农村的居室可以悬挂《花果飘香鱼满堂》的中堂画，左右可以配置相应的对联，如"百业俱兴人欢乐，五谷丰登庆有余"等；文化工作者可以在起居室的工作学习部位张贴山水画、风景画如《黄山烟云》等，并配以有关治学的对联或格言，也可以张贴、悬挂古今知名学者的照片或画像；青少年卧室可以张贴《学科学，攀高峰》《接收共青团员》《未来的飞行员》等绘画，并设置样式美观、色调活泼的书架、学习桌等。由此可见，室内美化要符合住房者的职业和性格特点，切不可雷同化、公式化，一定要突出居室装饰的个性特征，创造出各具风彩的环境美。

美化生活环境，自然也就要美化生活用品，如桌、椅、沙发、茶几、组合柜的样式、色彩，窗帘、台布的图案以及食品、菜肴的制作等均涉及美学问题。对于家庭用品不仅要求形式的美，而且要求把它们作为室内环境的装饰物来统筹安排，使之在布局、色调上达到均衡、统一等等，切忌各种装饰物的"闹独立性"。因此在购置、安排家庭用品方面，也应该从美的角度着眼。至于食品的制作，则要求"色、香、味、形俱佳"。这就是说，我们的饭菜不仅要好吃，具有实用性，而且也应该在色彩和外形上美观悦目，使之为我们的生活增彩添辉。如广州泮溪酒家的特级点心师罗坤做的名点"绿茵白兔饺"，许多美国人都说"既好吃、又好看，是可以吃的工艺品"。这就说明了食品的"色"和"形"也是应该美的。盘中的饺子和绿菜构成了一群玉兔在草地上戏耍的完整的艺术形象，非常生动感人。因此，食品的造型也能陶冶人的精神。社会主义时代人民生活水平提高了，所以应当向名厨学习，掌握一定的烹饪知识和艺术知识，使我们的食品也得到美化。

总之，人自身的美化、环境的美化（包括家庭用品的美化）都属于美化生活的范围。要想搞好生活的美化，就必须学习马克思列宁主义，提高思想水平，树立高尚的人生观。不然，就会把生活环境和人的仪表"美化"得庸俗不堪。同时，我们应该学习美学知识，以便根据内容和形式美的辩证关系，遵循多样、统一、变化、和谐、参差、错落、回环、照应等形式美的规律和不同的欣赏要求美化我们的生活，使我们青年的生活更加五彩斑斓，更加美好，从而充分发挥出美的感染身心、鼓舞情绪、振奋精神、促进"四化"建设的重要作用。

# 自然美与审美教育[*]

## 一　自然美的本质

大自然，变化万端，或雷电交加，或天高气爽，或乱石崩云，或惊涛裂岸，或玉龙飞舞，或顿失滔滔；自然界又无所不包，山水之景自不必说，动物植物，种类纷繁，花鸟草虫在春天尤其悦人耳目，动人心弦。当我们站在旷野之上，看看富有微妙变化的大自然，心情无限畅快，正如我们劳动疲乏之后倾听轻音乐一般。由此可见，自然，不仅是被改造的对象，而且也是被欣赏的对象。自然美的存在，定而无疑，但是在这大自然里，何者为美？又何者为美的反面？换言之，什么样的自然事物才算是美的？美存在于自然事物的什么地方？这是我们在美学欣赏中必然遇到的问题。古代有些学者认为，只有把人的思想、感情、性格等等比附到自然物上，才能产生自然美，也就是说，自然美离不开比拟，离不开神话传说，离不开名人在自然物上的题咏和刻石等等。这是从自然事物的外部寻找自然美的方法，这种方法往往只看到作为社会主体的人而看不到作为客体的自然物本身的美。事实上，自然美之所以为自然美，就是因为它有着自身的与社会美不相混同的特点。譬如桂林山水，它的美是为世人所公认的。这种美，从根本上来说并不在于比拟、传说、题咏和刻石，而在于桂林的

　　＊　原文见庞安福、田杰著：《青年美育概论》第二章，吉林人民出版社，1988 年 8 月。——编者注

山青水秀，景致妩媚。如果桂林的山不青水不秀，景致不优于它地，那么历代文人也不会特别优待桂林山水，给它留下大量的题咏和刻石，桂林山水也不会得到"甲天下"的美名。由此可见，只从自然事物的外部寻找自然美的方法是不能看到自然美的实质的，要想认识自然美就必须从自然事物内部的矛盾关系中揭示其秘密。

自然美是什么？我们说自然界充满生命力的东西，富有生机的东西就是美的。因为凡是新生的、茁壮的亦即富有生机的事物都具有美感作用。宋代山水画家郭熙的《早春图》就是反映了新的生机的作品。这幅图生动地描画出了严冬已过而和煦的春天即将到来时的自然变化。半山环绕着飞腾的云雾，飞泉瀑布响于山间，沉睡的大自然甦醒了，我们可以想象到"春风生意浓，万木竞争荣"的景象。因此，我们说这幅图不仅真实地描写了山水，而更重要的是表现了孕育着新生和繁茂的大自然的微妙变化，反映了自然的生机，所以这幅图才耐人寻味，具有强烈的美感作用；至于毛泽东同志的《沁园春·长沙》那就更是言有尽而意无穷的作品了。"看万山红遍，层林尽染；漫江碧透，百舸争流。鹰击长空，鱼翔浅底，万类霜天竞自由。"诗人把自然界中那种生机完全表现出来了。"在这大好的秋天里，天上飞的，水里游的，各得其乐，一派生机，看谁比谁更自由自在。"就这样，"诗人用自己的想象和情感，把这些特征性的景物联成一个生气活泼的有机体，造成了一个美丽的诗的环境。"为什么毛泽东同志的这首词美呢？就是因为诗人除了反映社会美外还表现了生气勃勃的有机生命。从这首词和郭熙的画可以看到，只有自然事物中富有生命力的东西才能让人看了心神愉快、心旷神怡，引起我们的美感。人是热爱大自然的，自然环境是人的生活环境的一个组成部分，只要不是"感怀时序""自伤身世"，而是情绪健康、热爱生活的人，那么他就会注意到他周围的生气勃勃的自然物，决不会放弃这些健康的事物而把"断垣残壁"变成赏心悦目的对象。看：

> 妈妈放下肩上的锄头，
> 把带来的野花洒上水，
> 爸爸拿出雪白的毛巾，

擦洗着满脸的煤灰。

劳动人民养种花木就是热爱生活的表现。而对越反击战中解放军战士在炮弹壳内养种老山兰更是热爱生活的证明。越南的侵略战争扰乱了南疆人民美好的生活，也毁坏了大自然的生机。但是，我们的战士如此热爱生活，他们在战斗的间隙，养种花卉，这就充分地说明了他们的健康情绪。唐代诗人岑参的诗句"遥怜故国菊，应傍战场开"，也有力证明着人对生活和大自然的热爱。只有热爱生活的人、情绪健康的人，才能真正地热爱大自然，看到自然事物的新的生机，从中得到美感享受，并以此创造艺术美。苏轼绝写不出"杨柳岸晓风残月"或"雁过也，正伤心"之类的情绪极为消沉的诗句，而毛泽东同志则也不会像苏轼那样写"一樽还酹江月"。毛泽东同志描写自然景物的诗词之所以大气磅礴，能引起人的美感，就在于他具有健康的情绪和革命的英雄气魄，所以他不但能发现自然美，而且能预示美的发展。

富有生机的自然物之所以美，不单在于它的美感作用，同时也在于它的鼓舞作用。郭沫若曾经在《女神》里用他那热情而雄浑的笔歌颂过美丽的富有充沛生命力的大自然：

> 无限的大自然，
> 成了一个光海了。
> 到处都是生命的光波，
> 到处都是新鲜的情调，
> 到处都是诗，
> 到处都是笑！
> 海也在笑，
> 山也在笑，
> 太阳也在笑，
> 地球也在笑，
> 我同阿和，我的嫩苗，
> 同在笑中发笑。

翡翠一样的青松，

笑着在把我们手招。

银箔一样的沙原，

笑着待把我们拥抱。

《光海》

诗人虽然在诗中把自然人格化了，但总的看来，还是真实地描写了大自然。这个大自然不是死气沉沉的世界，不是寂寞的世界，而是"光"的世界、"海"的世界，充满了"笑"和"生命"的世界。作者把大自然描写成"到处都是生命的光波"，这是真实的、恰当的。由于郭沫若热爱大自然，所以他才真正地认识并真实地表现了大自然的"生命"、大自然的生机。正因为这样，所以这首诗才激动人心，起到了它的鼓舞作用。大家试想一下，如果作者把大自然写成死亡、沉静的世界，那是不会拨动人的心弦的，只有这种富有生机的自然物才能激发起观赏者的健康的情绪，增加生活的力量。"春风又绿江南岸"这一诗句之所以美，也就是因为诗中的形象反映了新的生机，诗中的欣欣向荣的自然物，使人更加热爱生活。总之，自然界中新生的东西是最美的，它战胜了死亡和腐朽，它有广阔的发展前途——它能由新生到繁茂，因此，它最能激发人和鼓舞人。情绪健康的人因为热爱生活，所以才欣赏具有充沛生命力的自然物，而富有生机的大自然反过来又能使人内心沸腾，增加生活的力量。这就是"清荣峻茂，良多趣味"① 的道理，这就是欣赏者与自然美的辩证法。

富有生机的自然物之所以美，还在于它能体现事物的发展规律。我们不必详谈齐白石和俄罗斯风景画家什施金如何精密地观察着大自然，只要看一看他们的画稿，就可明白，他们是那么细心地研究着动植物的生长和发展。"什施金生活在美丽的自然界里，洞悉了自然的秘密。自然界中最细微的变化，他都没有放过。比如：卷起如同硬羊皮纸一般的白桦树皮、绿苔的花纹……连这被砍伐的树干微露出嫩芽来的变化，都被什施金仔细

---

① 郦道元《水经注》："春冬之时，则素湍绿潭，回清倒影。绝巘多生怪柏，悬泉瀑布，飞漱其间，清荣峻茂，良多趣味。"

地观察到了。"正因为这样，他的作品才真实地反映了大自然的生机。他的名作《橡树》一方面表现了"空气中充满野花的芳香"，同时也表现了"往年积剩的枯叶发出的气味"。相形之下，就更能使读者认识到野花的新生和自然界的规律。同样齐白石的《残荷》也是如此。从形式上看，"残荷"似乎是枯萎的，画幅的情调似乎是低沉的，但实际上画家从"新陈代谢"当中表现了新生和活力。画中虽有枯萎的荷叶，但水中却有活泼的小鱼，小鱼在残荷的对比之下，就更显示了充沛的生命力，使画面增添了生气。画家既从残荷表现了季节特征，同时又反映了自然事物的生机，这正说明了作者艺术手法之高妙，也说明了作者对自然规律观察之精细。唐代诗人白居易写过这样脍炙人口的诗句："离离原上草，一岁一枯荣。野火烧不尽，春风吹又生。"这首诗首先反映了"原上草"的新生，同时使我们从新生物的生长过程中看到了自然的规律。这些有名的艺术作品都有力地说明：富有生机的自然物，体现了自然物的发展规律。这个道理是显而易见的。因为新生的东西是发展变化的，它战胜了腐朽和死亡，它的成长过程就是事物的发展过程。这自然物的发展规律，如果从美学角度来看，就是自然美的法则。只有具体的美（美的内容离不开美的形式）而没有抽象的美，所以新的生机就是自然美的法则的体现。人就是按照这种美的法则在改造着自然、创造世界的。劳动人民是生产实践者，他们直接接触大自然。从实践中，他们逐步地认识了自然规律，掌握了自然美的法则，所以他们是自然美的改造者或者创造者。比如，对于果树，劳动人民很懂得它的生长规律，很懂得种植、嫁接果树的方法，所以农村树木交荫，果实累累，美化了流着银河的山乡。我想这种现实使某些园艺家看了都会吃惊的。劳动人民使沙滩变牧场，使大地换新装、大地园林化。随着人们的劳动实践，随着人们对自然美的法则的掌握，自然将不再是沉寂的世界。的确，由于劳动人民在社会主义建设中的积极行动，使得祖国各地都泛起了春潮，"汗雨挥洒彩笔画，桂林山水满天下"，将来的自然界将更会富有生气，到处会充满着诗意。如果鲁迅活着，现在他将不会辨认他的"故乡"了。未来的大自然由于"人化"是无限美丽的，但"人化的自然"之美（它已有着双重意义，即包括自然美和由它体现出来的社会美，后边详谈）不能脱离自然的客观规律，它终究体现着自然自身的美的法则——没有生气的腐朽的东西是永远不会美的。我们只有掌握这自然美的法则，看到自然事物内部的新的矛盾方面，亦即新生的东西，才能美化自然，才能创造反映自然美的艺术。

从以上的分析，我们知道，富有生机的东西不但有美感作用和鼓舞作用，同时也体现了事物的发展规律，这正是美的特性（或属性）。由于富有生机的自然物反映了美的特性，所以自然界新生的、苗壮的、充满生命力的东西，富有生机的东西，亦即自然物的内部矛盾的新的矛盾方面则是美的；反之，腐朽的、衰亡的，亦即自然物的内部矛盾的旧的矛盾方面则是丑的。这样根据美的特性，根据自然事物的内部矛盾关系规定了这个自然美的定义，正好说明了自然美的实质。由上面的分析可以看到，只有新的生机才是唯一的基元的自然美，除此之外，在自然事物的外部是找不到真正的自然美的。我们只有认识到这种自然美的实质，才能从自然事物上得到美感享受、受到鼓舞、心情畅快、热爱生活、奋发向前，从而使自然美起到它的美感作用、鼓舞作用和认识作用。

## 二　自然物的多种美学价值

自然美存在于自然事物的内部，只有从自然事物的内部矛盾关系上着眼，才能找到自然美。

前面已经谈到，自然界新生的东西体现着自然物的发展规律，体现着自然美的法则，人们正是根据这规律和法则在改造自然、美化自然，并使自然为人类造福。这"人化的自然"由于它的被改造，所以它除了自身的自然美以外，不能不体现着人类劳动实践的意义。"平畴交远风，良苗亦怀新"固然表现了茂盛的禾苗含有无限的新生气象，但我们在欣赏"良苗"时已不单是从它的自然性上去着眼，而同时也从它的社会性（它已经有了社会性）去着眼，因为它已经不是纯自然的东西，"良苗亦怀新"是农民"锄禾日当午"、辛勤劳动的结果。当我们置身于环境优美的农村野外，就会看到田中的热闹："大茄子穿紫袍""葱姑娘着绿袄""有青有红是辣椒"……这一切人化的自然景物无不反映着农民的辛勤劳动的意义。尤其当我们一起下田劳动的时候，就更能体会到农作物的生长实在不容易——精心的施肥、细致的锄草——它们时时的汗水和劳动相联系着，这就无怪农民对自己种植的庄稼那么有感情了。半山的梯田、山下的水渠也都说明着劳动人民对自然的征服、对自然的人化。《人民日报》上有这样一幅照片——《昨日的荒山，今日的沃土》（王纯德摄），这幅照片突出地表现了层层梯田，读者看了这肥沃而湿润的生长着嫩绿的禾苗的土地，不能不想到开垦这梯田的劳动人民的生产活动。这件作品反映的已不只是自然事物，而是通过人化的自然间接地表现了劳动人民的生产实践。自然一经"人化"，它就要留下"人化"的痕迹，就要体现出人民生产实践的意义。肖林的木刻《金色的山川》也具有这个意义。作品不仅表现了北方风光的特点，更重要的是反映了人化的现实。麦浪使山川变成了金黄色的世界，这山川的"金色"是劳动人民实践的结果，只有在山川上的人们才能使山川发出光辉，所以表现这山川的金色是有深广的意义的。关于这幅画的创作过程，肖林曾在信中说："……我爱故乡的山川，我爱故乡的稻浪（后来在画面上表现的是麦浪），我更热爱故乡的人们（重点是引者所加），因此，我作了很多写生，最后进行了艺术加工。"可见作者对于"金色的山川"的创作，是基于"热爱故乡的人们"的，只有热爱劳动人民，才能在欣赏和创作中反映由劳动而产生的人化的自然。像这样通过人化的自然表现劳动人民的生产活动的艺术作品是很多的，因为自从有了人类，自然就成了被改造的对象。劳动创造了人类本身，劳动也创造了"人化的自然"，所以劳动是艺术所反映的永恒的主题，而人化的自然是风景画、风景摄影等艺术作品很重要的题材。中国近百年来的流血斗争已经过去，现在已经进入了社会主义建设时期，把自然加以人化，不能说不是这个时期的主要特点之一，这个特点也不能不反映在艺术中，所以在社会主义建设时期的文学作品有很多是通过人化的自然表现全国人民忘我的劳动的：

> 劈开悬崖凿开川，
> 东西山上架飞泉，
> 流水哗哗空中走，
> 好似仙女弹丝弦。

这首艺术性很高的诗歌所描写的形象是非常美丽的。"流水哗哗空中走，好似仙女弹丝弦"，这样的人化自然既富于变化而又有和谐的美，飞泉的动势、水声的铿锵，使读者如身临其境，令人神往。这种带有浪漫主义色彩的人化的自然现象，充分体现了劳动人民在生产线上的革命热情。诗中虽没有直接地描写劳动人民，但是我们却从这美丽的人化的现实当中看到了人们的劳动实践，因为诗中所表现的现实是人们"人化"的结果。在社会主义时代里，有很多这样的艺术作品——从描写人化的现实入手，从描写劳动成果入手，来表现劳动人民改造自然的崇高思想和英雄气魄。今后，随着社会的发展，自然将更驯服，人化的自然也将成为永久的艺术题材。人化的自然的美学价值就在于它的双重意义，它不仅有自然美，而且也体现着人类劳动实践的伟大意义，亦即具有社会美。只有看到它的双重意义，我们才能深刻地理解、欣赏人化的自然。我们必须明白，"人化的自然"虽具有美学价值，但无论如何不能把它体现出来的社会意义当成自然美本身。自然美的新的生机是自然美的属性，而自然物的社会性则是"人化"的结果，二者是不能混淆的。

自然物的美学意义还在于它能间接地表现人，这是意识作用的结果。像张庚在《桂林山水》一文中所提到的那块名为"刘三姐像"的钟乳石，人们所欣赏的虽然不是它自身的美，但是因为它为刘三姐的传说提供了直观因素，丰富了民间传说的内容，所以它仍然具有美学价值。同样象《桂林山水》中所说的屏风山上的形如拱手戴冠的书生西郎和形如唐装仕女并略带腼腆的玉姑的两块石头，也为有关的传说增加了直观因素，体现了社会美，所以说这些自然物也有美学价值。而诗人则常常通过描写自然事物来抒发自己的情感。屈原在《离骚》里以"扈江离与辟芷兮，纫秋兰以为佩"表现自己的高洁；陶渊明在《归园田居》里以"羁鸟恋旧林，池鱼思故渊"表现他对田园生活的热爱和对当时官场的不满；李白在《蜀道难》里以"西当太白有鸟道，可以横绝峨眉巅"表现了自己的豪迈气魄；杜甫在《春望》里以"感时花溅泪，恨别鸟惊心"表现了忧国忧民的心情……小说家也常常利用自然景物来衬托人物。《保卫延安》的作者为了衬托李振德和李江国，书中写道：

"李老汉面色蜡黄，形容枯瘦，但是目光炯炯，非常庄严、自尊。他一颠一跛地走着；望那前面移来的几株枣树，枣树干枯而刚劲的枝杈，撑住天空，无畏地迎着冷风。"（该书第60页）

"李江国，肩宽，高大，真是比宁金山高一头宽一膀。他也朝四下里了望。他觉得这起伏的黄土山头，真像一片大洪水的波浪。这波浪把窜在陕北的敌人都吞没了。"（该书第73页）

作者用干枯、刚劲、无畏地迎着冷风的枣树烘托出了李振德的英勇不屈、庄严自尊的性格；用李江国的感受写出了像洪水的波浪似的黄土山头的崇高形象，并写出它要吞没陕北的敌人，这不仅表现了李江国的勇敢坦率的性格，而且也写出了李江国对敌人的无比仇恨。这种表现手法虽不新奇，但很自然，描写这种自然景物不但能使读者如身临其境，增加艺术的真实性，而且能间接地表现人的生活、人的性格等等，这也是自然物的美学价值。这种利用自然物间接地表现人的方法在造型艺术中也是能够找到的。王志渊的《枯树和幼苗》（第一届全国摄影艺术展览会展品）就是引人遐想的作品。作者以"枯树"和"幼苗"的对比，突出了"幼苗"的鲜嫩、富有生命力等特点，因而就使我们更热爱"幼苗"——新中国的后一代。正因为作者把儿童比做"幼苗"，而又把他们和"古树"安排在一起，所以才使得内容丰富多彩、富有诗意。由此看来"古树"也具有着美学价值。总之，艺术作品中的这种自然物的形象本身的美质并不重要，或者它根本不美，但因为它经过了艺术家的"夸张""比拟""起兴""对比""衬托"等艺术手法的运用，它就间接地表现了人的生活，有了美学意义。

我们还应该看到，在社会生活中，人们常常把一些自然物当成某种事物的象征，如中华民族以喜鹊象征喜庆吉利，有的民族则以雄鹰象征勇猛强悍，至于鸽子则是世界人民和平的象征……由于这些自然物是社会事物的象征，它已带有社会性，所以这些自然物就成了社会美。我们欣赏这些自然物时，很少注意它的自然性，而是在欣赏它所象征的社会事物。当十月一日天安门放出鸽子的时候，我们就感到了和平、欢乐的气氛更加浓厚。至于鸽子的生活习性，在这欢乐的时刻，我们是无暇顾及的。由此看来，如果自然事物成了社会事物的象征，那么它的美学价值就在于它间接地体现了社会美。

总之，由于社会文化的发展使得人们的欣赏方式复杂起来，人们往往除了欣赏自然美（如桂林的青山绿水）以外还要把社会事物或人比拟到自然物上，使自然物具有了社会性；由于艺术的产生和发展，艺术家也往往利用"夸张""比拟""起兴""对比""衬托"等等的艺术手法，使自然物间接地表现人的生活；由于社会生活的丰富多彩，人们也常常对一些自然物赋予它以社会事物的象征，使它具有社会意义。复杂的欣赏方式、艺术的实践、社会生活的多彩，使得这些自然物有了社会内容，间接地表现了人。这类自然物虽然自身的自然美很少被人注意，或者它的自然美不明显，但是由于它间接地表现了人的美质，体现了社会美，具有社会美的美感作用、鼓舞作用、教育作用和认识作用，所以这类自然物仍然有着它的美学意义。

如果说"人化的自然"反映着人和自然的矛盾关系的话，那么间接地表现人的自然物则反映着人和自然的和谐关系。前者是必然的，后者是偶然的——这种自然之所以能间接地表现人，是"比拟""传说""衬托""题咏"等等意识作用的结果，该自然物和人没有必然联系。"问君能有几多愁？恰似一江春水向东流。""春水"和"愁"没有什么必然联系，这只是一个比喻而已。同样江离、秋兰与屈原，羁鸟、池鱼与陶潜，太白山与李白，枣树与李振德，黄土山头与李江国，古树与儿童，鸽子与和平都没有什么必然联系。这些自然物无论在艺术中还是在现实生活中，都是随着人的意识作用而成为被欣赏的对象，所以我们说间接地表现人的自然物与人的关系是和谐的。无论此种自然物抑或是人化的自然物都以不同的方式反映着社会内容，因此这两类自然物都是表现社会美的媒介，反映着人和自然的关系。我们只有看到它的媒介作用，看到它与人的关系，才能认识到它所体现出来的社会美的性质。

一言以蔽之，自然事物的全部美学价值在于：从自然物的内部关系着眼，它有着自然美（即自然物的生机）；从自然与人的矛盾关系着眼，它（人化的自然）体现着人类劳动实践的意义；从自然与人的和谐关系着眼，主体可以借助自然物用比喻、象征等手法间接地表现人的思想、感情和性格的美。这样全面地、辩证地理解自然物的多种美学价值，不但能使我们正确地认识和欣赏现实与艺术中的自然美，同时也能丰富社会美的内容。

# 三 有关自然美的几个哲学问题

为了深刻认识自然美的本质及其多种美学价值，我们除了观察、分析自然美及与自然有关的美学现象以外，还应该从哲学上明确以下几个问题。

第一，自然美的美学价值不同于自然物的实用价值。自然物的实用价值是就人的物质生活而言；自然美的美学价值则是对人的精神生活而言。自然物的有效性在于实用；自然美的有效性在于美的形象对人的思想感情的影响、感染、鼓舞和熏陶。自然物的功利性必然是直接的物质利益；自然美的功利性则不一定是直接的物质利益，而是通过人的审美意识反作用于社会实践。这就是说美的职能是潜移默化的，它的功利性往往是间接的。普列汉诺夫在《没有地址的信》中所征引的大量的自然美和艺术美的材料就足以说明这个问题。他说："巴西人的鱼舞正如北美人的头皮舞或澳洲妇女的捉蚌壳舞一样，是同部落生活所依据的各种现象密切地联系着的。不错，这三种舞蹈中没有一种是给舞蹈者本人带来什么直接利益的，也没有给看舞蹈的人们带来什么直接的利益。在这里正如平常一样，人们是不顾任何实用的考虑而喜爱美的东西的。"① 所以，无论是自然美（如体态灵活的鱼）、社会美（如渔猎者的生活），或者是反映它们的艺术美（如鱼舞、捉蚌壳舞）的价值都不在其直接的物质实用性，而在其审美价值，在于它们对人们精神生活的满足，在于它们通过美感愉悦性所发挥的对社会、对种族十分有益的教育鼓舞作用，这就是美学价值的本质内容。

明确了"美学价值"与"实用价值"的不同，就会明白人的审美活动和人的经济生活的区别，也就自然会明白，自然美与人类生活的关系是一种审美关系而非是一种经济关系。我们之所以说自然界新生的、茁壮的、充满生命力的东西是美的，就是因为枯木、朽株可以砍掉作烧柴，对人极

---

① 普列汉诺夫：《没有地址的信·艺术与社会生活》，第 124 页，人民文学出版社 1962 年版。

为实用，但是却不美，而自然界含苞欲放的花朵虽不一定有明显的实用性，但却可以引起人的美感，可以鼓舞人们蓬勃向上。这就是说，用"生机"或"内部矛盾的新的方面"说明自然美的实质并非取消自然美对人的价值，而正是以它对人的美学欣赏价值来立论的。只要是热爱生活的人，他就会热爱他们赖以生活的自然环境，而且把预示自然界美好前景的富有生机的事物当作审美对象。车尔尼雪夫斯基说得好："对人什么最可爱？生活，因为我们的所有欢乐、我们的所有幸福、我们的所有希望都只与生活相联系……凡是我们可以找到使人想起生活的一切，尤其是我们可以看到生命表现的一切，都使我们感到惊叹、把我们引入一种欢乐的、充满无私享受的精神境界，这种境界我们就叫做审美享受。"① 可见，人们不仅有着吃、穿、住的物质活动，也不仅有着欣赏社会美和艺术美的审美活动，而且也有着基于热爱生活而产生的欣赏自然美的审美需要。正因为如此，我们才吟咏"池塘生春草，园柳变鸣禽""两个黄鹂鸣翠柳，一行白鹭上青天"，"几处早莺争暖树，谁家新燕啄春泥" 等无数描写自然美的诗句；我们才竞相歌唱描写山巅生机之美的歌曲《春光美》；我们才欣赏齐白石、陈半丁、于非闇、陈之佛等艺术家的花鸟画和草虫画。这种审美活动不只表现在今天，就是在原始民族那里，也是不可缺少的。普列汉诺夫写道："事实上，原始狩猎者几乎总是具有独特风格的、聪明的、有时是热情的画家和雕刻家。封·登·斯坦恩说，那些伴随他旅行的土人们（巴西印第安人——引者按）晚间心爱的消遣，就是在沙土上描绘各种动物和狩猎生活的场面。澳洲人在这一方面是不亚于巴西印第安人的。他们喜欢在保护他们不受风寒的袋鼠以及树皮上刻画出各种不同的图形。菲列蒲在杰克逊港附近看到了许多表示……鸟、鱼、蜥蜴等等的图画。所有这些图画都是刻在岩石上的，其中有一些图画证明原始艺术家具有相当高的艺术技巧。"② 俗话说："墙上画马不能骑，做梦吃饭不能充饥"，但是，在生产力极为低下的原始民族那里，为什么还要刻画这些动物呢？很明显，他们除了某种实用目的以外还有一种审美需要。那就是这些动物的生动形象可以供这些"热情的画家和雕刻家" 及其观众做"心爱的消遣"，做精神生活

---

① 《车尔尼雪夫斯基论文学》中卷，辛未艾译，第 23 页。
② 普列汉诺夫：《没有地址的信·艺术与社会生活》，第 162～163 页。

的食粮。原始民族的狩猎活动固然是为了实用，但是在胜利以后，就会感到狩猎生活的可爱，因而他们一方面欣赏自己在狩猎活动中的英勇姿态，一方面也不能不从栩栩如生的动物形象中感到生的情趣，从而获得审美享受。原始人对于动物，为了实用的目的，他们要把它打死，以供食用；而为了欣赏的目的，他们要把它画活，以供审美享受。可见，在原始人那里就已经有了与他们热爱生活的乐观情绪相伴随的欣赏勇猛、机灵、具有充沛生命力的动物的审美情趣。这种欣赏新的生机的审美需要不仅在原始人的狩猎生活中可以看到，就是在古代的战争生活中也能看到。晚周时期的一件武器"金银错动物文剑"① 就说明了人们对自然美的欣赏。战争是残酷的，但是为什么人们还要在武器上表现鸟兽的艺术形象呢？这就说明了战士们有着由于热爱生活而产生的喜爱自然美的感情。在今天，我们更加热爱生活，因而也就更自然地对作为人的生活环境的生机勃勃的自然界产生强烈的美感，从中感到生活的可爱、世界的可爱，并在情绪、情感和审美方面受到鼓舞，从而精神振奋，增强改造生活、改造社会的信心和力量。

从以上的分析可知，人们欣赏自然美，绝不象克罗齐所说是"形相的直觉"，也绝不像康德所说是不带任何"认识判断"的喜悦，而是经过鉴赏判断，在充分理解到优美的自然环境的可爱之处以后所获得的美感享受。当然，颓废主义者、厌世主义者对新生事物没有任何兴趣，新生事物对于他们也不能产生美感，而热爱生活的人则始终注意着自然界的新生事物并拿它做为美化环境的依据，因为新生事物欣欣向荣、生机勃勃的特点和人们健康的审美情绪、革命的乐观主义精神是相一致的。这就是自然美与人类生活的密切联系。这种联系不单在于物质的实用性，而是在于作为环境的自然本身的特点对人类精神生活所独具的美学价值。这是一种思想上、情感上的联系。对于这种联系，我们既要看到热爱生活的人的审美意识，也要看到作为人的环境的客观存在的大自然。没有人，大自然本身固然不能成为被欣赏的对象，而没有自然的生机、运动、变化和发展以及由此形成的形式美，那么自然美将会变成不可捉摸的东西，而自然美对人的鼓舞作用又从何谈起呢？只有把自然界生机勃勃的特点和主体精神生活的

---

① 见郑振铎编《伟大的艺术传统图录》上册，第一辑第31图，中国古典艺术出版社。

健康的审美需要联系起来，才能看到自然美的作用。由此可见，自然美在其自身的生机和内在矛盾的新生方面的说法并非脱离了人类的社会生活，相反，它正是以人民群众热爱生活的审美情绪为条件、以客观物质世界为基础来探讨哪些自然物才是审美对象的。

总之，自然美并非完全直接满足人的经济生活的需要，而是满足着人们热爱生活的审美要求；自然美的社会有效性或社会性并不只在其"直接功利性"和"实用性"，而是在于其生机勃勃的特点通过作用于人的审美意识而产生的有益于改造自然、改造生活、改造社会的审美鼓动作用和美感作用，亦即它的"间接功利性"。这就是自然美的审美作用的特点，这就是自然美的美学价值。由此可见，说自然本身就美并非否定自然美的价值，而是说自然美的"美学价值"既不同于商品价值，也不同于物的一般"实用价值"。自然美是客观的物质存在，自然美的美学价值取决于它自身的形象对人的意识所起的审美作用。因而我们不能用"物质交换"的观点或者"实用"的观点去理解它。只有把自然美的价值从各种事物的不同价值中区别开来，才能在鉴赏活动中认识自然美的实质，才能发挥出自然美的审美鼓动作用，以丰富我们的精神生活，促进我们的社会实践。

第二，必须明确，实践是发现自然美的途径。我们已经知道自然美的美学价值不同于自然物的实用价值，但不能把二者看成毫无关系的东西。就自然美与美感的关系而言，自然美是因，美感是果。没有自然美，关于自然美的观念和美感就无从产生，然而就精神生活和物质生活而言，则实用价值的生产先于美学价值的发现，改造自然的实践活动先于自然美的欣赏活动。生产实用价值的实践是发现自然美的基础和原因，这就是二者的基本关系。普列汉诺夫关于"绘画文字"的论述很能说明这个问题。他这样写道："为了表达和交换自己的思想，北美印第安人往往喜欢求助于绘画文字……用这种方式表现的思想通常同狩猎、战争和其他各种日常的生活关系有关的。因此，绘画文字在他们那里首先是服务于纯粹实际的、实用的目的。在澳洲，这种文字也是服务于这样的目的。'奥斯汀在澳洲大陆内地的溪水周围的岩石上发现了一些袋鼠的腿和人的胳膊的图形，凿刻的目的显然是想表明，人和动物都到这个水泉来喝过水。'格雷在澳洲西北海岸所看到的那些描绘人的身体的各个部分（胳膊、腿等等）的图形，大概也是具有给不在那儿的同伴传达消息的纯粹功利的目的。封·登·斯坦恩说，有一次他在巴西一条河的沙岸上看到了土人所画的一幅表现本地一种鱼的图画。他于是命令伴随他的印第安人撒下网去，他们便捞出了几条同沙岸上所画的鱼一样的鱼。显然，土人在画这幅图画的时候，是想向自己的伙伴们报告，在这个地点可以找到什么鱼。但是，土人对这类绘画文字的需要当然并不只限于这一情况。这种需要他们是时常感到的；他们也一定经常来用'绘画文字'，因而这种绘画文字是他们的狩猎生活的早期产品之一……封·登·斯坦恩认为，以传达消息为目的的符号早于绘画的。我完全同意他的意见，因为——您已经知道的——我一般相信，从有用的观点对待事物（当然也对待行为）的态度，是先于从审美快感的观点对待事物的态度的。"① 这段话生动地说明了以下几个互相联系的问题：首先，"绘画文字"不同于"绘画艺术"。前者有着"纯粹用的目的"，它是原始猎人为了寻找与获得鱼兽等等直接有用于经济生活的物品而作的"传达消息"的符号；后者则有着审美的目的，即如前所引是猎人"心爱的消遣"和欣赏的对象。这就表明，"从有用的观点对待事物的态度"和"从审美快感的观点对待事物的态度"是不相同的，即"实用观点"和"审美观点"有着显著区别。普列汉诺夫此处只是在说明反映实用价值的"实用观点"和反映美的"审美观点"的因果联系，而从未说过"实用观点"就是"审美观点"，也从未说过"实用价值"就是"审美价值"。同时，这段文字还有力地说明了两种观点和两种价值的因果关系，即"从有用的观点对待事物的态度是先于从审美快感的观点对待事物的态度的"。从中我们可以很明显地看出，"实用价值"的生产是先于"美学价值"的发现的。这是历史实践的规律，也是美的发现和发展的规律。恩格斯告诉我们："人们首先必须吃、喝、住、穿，然后才能从事政治、科学、艺术、宗教等等；所以，直接的物质的生活资料的生产，因而一个民族或一个时代的一定的经济发展阶段，便构成为基础，人们的国家制度、法律观点、艺术以至宗教观念，就是从这个基础上发展起来的，因而，也必须由这个基础来解释，而不是象过去那样做得相反。"② 只有把美学价值的发现，把

① 普列汉诺夫：《论艺术（没有地址的信）》，第 136~139 页。
② 《马克思恩格斯选集》第三卷，第 547 页。

美的欣赏活动建立在物质生产实践的基础上，才能对自然美做出历史唯物主义的解释。自然美固然对人具有美学价值，但是在远古，自然美却是一个黑暗王国，甚至是威胁人的物质力量，因此在那时，人们为了生存，改造着、征服着大自然，他们所考虑的首先是自然的实用功利性而不是审美价值，可是在生产实用价值的实践中人们熟悉了自然、认识了自然、掌握了自然的规律，不仅发展了人的劳动技能，而且也发展着人的感官，因而出现了"形式美的眼睛"和"音乐的耳朵"，在实践中，人具有了认识美的能力，所以进行狩猎实践活动的原始人才有可能成为认识美、欣赏美和反映美的画家和雕刻家。普列汉诺夫说："作为一个画家，他需要的是什么呢？他需要的是观察能力和手的灵巧。这正是他作为一个猎人所需要的同样特性。因此，他的艺术活动是生存斗争在他们身上锻炼出来的那些特性的表现。"[1] 在狩猎、畜牧、农业等等的实践中，尽管人们的"观察能力"和"手的灵巧"具有不同的性质，但是它们却都是发现和欣赏不同的自然美的根本条件。猎人对动物的熟悉和对动物的观察能力使得他们有可能认识和欣赏动物那种自然美的特性；而农人，由于对植物的熟悉和稼穑的技巧，就使得他们有可能认识、欣赏和歌颂植物的美。不错，普列汉诺夫曾谈到过原始狩猎民族"尽管他们所居住的地方是鲜花遍野，但是他们从不用鲜花来装饰自己……这些野蛮人对植物完全不感兴趣"。[2] 但这段话丝毫不意味着植物自身不存在着美，只是由于这些野蛮人没有从事农业实践，所以不熟悉植物，因而也就不能发现植物的美而已。当人类的历史发展到农耕时期，那么他们由于农业生产的实践，提高了对植物的观察能力，因而也就自然地发现了植物的美，对植物界产生美感兴趣。这已为无数历史事实所证实。例如，从广泛分布在我国黄河上游和中游两岸的黄土高原的遗址中出土的新石器时代的彩陶，就描绘着植物的形象。从彩陶图案的数量和绘制质量来看，既说明了当时陶工们对植物的深入观察，也说明了植物图案在当时相当流行，颇为人们所欣赏。这种对于植物的描绘和欣赏正是我们远古的先人在早期农耕生产的实践中认识植物、了解植物的结果。所以我们说，自然美虽是客观的物质存在，但它的被发现和被欣赏

---

[1] 普列汉诺夫：《没有地址的信·艺术与社会生活》，第170页。
[2] 普列汉诺夫：《车尔尼雪夫斯基的美学理论》，《哲学译丛》1957年第6期，第21页。

却是物质实践的结果。

生产实践不仅帮助人们发现了主体周围动物、植物的美及自然界其它美的事物，同时实践也帮助人们发现了远离地球的太阳、月亮等天体的美学价值。在古代，炎热的太阳"焦稼禾，杀草木，而民无所食"，太阳直接威胁着人的生命，所以在"后羿射日"的时代，在生产力极为低下的原始社会里，太阳的美就不会为人所认识，这是当时的生存条件所决定了的。但是人们在不同历史时期的不同生产实践中却逐步地认识到了太阳与畜牧业、农业的密切关系，认识到了太阳是一切生命的源泉，因而就由对太阳的惧怕转到了对它的欣赏和赞美。这一转化是由于人们认识到了太阳与人类生活的实用关系以后对太阳的美学价值的进一步发现的结果——在实践中消除了人们对太阳的恐惧，在实践中人们认识了太阳的实用价值，在实践中人们也感到了旭日的光明、环境的多采、生命的朝气、世界的可爱，因而就更加热爱自己的生活环境，不仅从中受到鼓舞，而且也从它们的形式上得到美感享受。就这样，人们发现了太阳的审美价值。同样，古代的月亮对于我们的祖先也是一个谜，他们认为月亮的运动是由于神的驱使或者它本身就是一种神灵，而在生产实践中人类却直接地认识了月亮的变化规律，不仅发现了它在历法上的价值，而且也发现了由于月光的装饰，人类生活环境所呈现的特有的美。可见，说自然本身就是美，不仅没有脱离人类生活，而且也没有脱离人类实践。但是实践活动只能发现自然美，而不能代替自然美。我们认为自然美是客观的，它不以人的美感为转移。虽然我们的祖先曾一度不欣赏太阳，但太阳的美还是客观的存在着；虽然老早就从事农业的非洲黑人不喜欢动物，但动物美的特性也不能抹杀；虽然原始狩猎民族不以鲜花做装饰，也不描绘植物，但植物美的属性也不会消失，不然，为什么后来人却要描绘它们并以它们为装饰呢？自然美的规律是客观存在，实践的意义只是在于打破自然美的黑暗王国，发现自然的美学价值，认识自然美的规律并象马克思所说的那样"依照美的规律来造形"[①]。所谓自然美的规律，从内容上来讲，它是和自然物的发展规律（而不是衰亡的规律）相一致的，自然物的新的积极的上升的矛盾方面

---

① 马克思：《1844年经济学—哲学手稿》（何译本），第59页。

就体现着这个规律，人们就是按照这个规律改造自然，使自然更富有生机，更美的。如果在改造自然的生产劳动中违背这个规律——譬如"拔苗助长"，就会破坏自然的生机和美。那种把自然美的规律和自然物的发展规律对立起来的观点是没有根据的。难道创造美的事物（包括人化的自然和艺术品）能够与自然的发展规律背道而驰吗？如果那样，那么"人化"以后的自然将会丑陋不堪，而描写人的自然环境的艺术品也将会失去真实性。曾经有一位诗歌爱好者写过一首赞美果园的诗歌，在诗中他让农民们在"春风醉入果林园，桃杏花染万里天"的季节里为桃树剪枝，因而在农民中间传为笑谈。这就足见文艺作品反映自然美必须具有生产实践的知识，必须了解自然物的发展规律的必要性了。这个自然物的发展规律以及体现这个规律的自然内部的新的矛盾方面，即是自然美的内容。我们必须根据这个规律改造自然美、创造反映自然美的艺术。艺术中的自然美的形象，违背了自然物的规律，就不成其为美，而只能是美的反面丑或滑稽。中外许多艺术大师们都提倡艺术家除掌握丰富的社会科学知识以外，还要了解自然科学的知识，其原因也就在这里。

自然美也有它自己的形式，那就是体现自然发展规律的外部形态。因此，形式要适应内容、要与内容相统一，就不仅是艺术中创造社会美的形象的必然要求，同时也是创造自然美的形象的一条主要规律。如从西安半坡遗址中出土的许多陶器上所画的不同形态的鱼就体现了这条规律。这些生动活泼的鱼，有的"口微张，鼻尖翘起，作游泳状"；有的"目大睁，向前张望"；有的"闭嘴睁目似向前觅食"；也有的如临劲敌、怒目相视等等。[①] 这就把鱼的内在生命及其外部表现形态统一起来了，真如同活鱼一般。所以自然美的形象也是内容和形式的统一。正由于原始母系氏族社会的人们在捕鱼的劳动实践中深深了解了各种鱼的形象（这种形象是内容和形式的统一），所以才能活灵活现地把它们表现出来。由此可见，无论改造自然美还是创造反映自然美的艺术作品都离不开自然美的内部规律和外部特征。而这些规律的发现则要以劳动实践为前提。

当然，艺术反映自然美并不是机械的反映，而必然渗透着作者的思想

---

① 参见中国科学院、陕西西安半坡博物馆编《西安半坡》，第 164~165 页。

感情，这正说明了艺术形象是主客观的统一体，[①] 但我们不能因为艺术中有作者的思想感情就否认它所描绘的客观对象。如果只强调主观而否定客观，那实际上是否定了自然美和自然美的规律。这对于山水诗、风景画的创作是不利的。

总之，物质生活先于美学欣赏，实用观点先于审美观点，而实践则又是联络自然物的实用价值和自然美的美学价值的纽带。人为生产实用价值而劳动，在劳动中认识了自然美的规律，发现了自然美的美学价值；而自然美的规律和美学价值又通过人的审美意识反作用于物质生产实践，亦即自然美能使人认识自然并以生动的悦目、悦耳的形象从思想感情上鼓舞和促进人类的劳动实践。只有这样才不是机械唯物主义地用直观观点去理解自然美，而是根据"认识来源于实践"的马克思主义的观点具体地说明了自然美的美学价值的发现过程和自然美与审美主体的辩证关系。只有这样理解实践对自然美的关系，才不会用"实践活动"本身代替自然美，更不会像唯心主义者那样抽象地发展人的感性活动的能动方面，而是从理论上指出了我们在劳动实践中、在改造自然的活动中、在现实世界里去接触自然美、反映自然美、发挥自然美的认识作用和美感作用的正确途径。

综上所述，弄清自然美的美学价值和自然物的实用价值的区别，弄清自然美和生产实践的关系是欣赏、理解现实中和艺术中自然美的形象的关键。我们把这些哲学问题搞清了，就能对复杂的美学现象进行分析，认清自然美究竟在哪里，也才能认识自然美的本质，从中获得美感享受，陶冶我们的心灵，潜移默化地对我们的学习和工作发生积极的影响。

---

[①] 关于艺术形象的看法，无论是苏联的毕达可夫、柯尔尊等人的著作，还是国内的文艺论著，基本观点都是一致的，但"艺术形象"和"美"属于两个不同的范畴，二者不能等同，这是我们应该注意的。

# 文学艺术与审美教育<sup>*</sup>

## 一　艺术美的本质

在美的种类之中，艺术美最为突出。艺术美并不像柏拉图所说是"影子的影子""和真实隔着三层"，也不像车尔尼雪夫斯基所说是"生活的单纯的复制品"，比生活苍白而贫乏，恰恰相反，它比生活更璀璨，是生活美的聚光镜。马克思、恩格斯、列宁、斯大林、毛泽东等革命导师，一向重视美的创造，而当革命作家创作出了体现无产阶级美学观点的作品，我们的革命领袖总是鼓励和支持的。列宁曾经明确地指出高尔基的《母亲》是"一本非常及时的书"，就是最明显的例子。马克思主义者之所以重视文艺，就在于艺术美高于生活美，有着更为强烈的美感教育作用。毛泽东同志说："人类的社会生活虽是文学艺术的唯一源泉，虽是较之后者有不可比拟的生动丰富的内容，但是人民还是不满足于前者而要求后者。这是为什么呢？因为虽然两者都是美，但是文艺作品中反映出来的生活却可以而且应该比普通的实际生活更高，更强烈，更有集中性，更典型，更理想，因此就更带普遍性。革命的文艺，应该根据实际生活创造出各种各样的人物来，帮助群众推动历史的前进。"例如，"一方面是人们受饿、受冻、受压迫，一方面是人剥削人、人压迫人，这个事实到处存在着，人们

　　*　原文见庞安福、田杰著：《青年美育概论》第五章，吉林人民出版社，1988年8月。——编者注

也看得很平淡；文艺就把这种日常的现象集中起来，把其中的矛盾和斗争典型化，造成文学作品或艺术作品，就能使人民群众惊醒起来、感奋起来，推动人民群众走向团结和斗争，实行改造自己的环境"。[①] 由此可见，要想达到艺术为现实服务的目的，要想创造艺术美，就必须以典型形象来体现现实美的本质。这有两方面的重要意义。第一，"矛盾的普遍性即寓于矛盾的特殊性之中"（《矛盾论》）。我们反映社会生活，并不能也不可能在一种艺术作品中包罗万象地描写社会生活的全部。我们只能取社会生活的一对、一组或几组矛盾来加以描写，而不能全部描写社会生活中大大小小的所有矛盾。这就需要艺术家通过事物矛盾的特殊性的具体描写来表现事物矛盾的普遍性，亦即通过美的个别表现美的一般。《红旗谱》里的朱老忠与冯老兰的矛盾有着特殊性，但是它却体现着矛盾的一般性，因为这不仅仅是个人的矛盾，而是反映着旧社会里农民与封建地主的不可调和的阶级矛盾。朱老忠这个人物也有着特殊的个性，但是他又体现着一般革命农民的共性，因为他和许许多多的农民一样受着地主的剥削、压迫，对地主有着刻骨的仇恨。所以，作者通过朱老忠与冯老兰的矛盾的具体描写，通过对具有特殊经历的朱老忠的性格的典型刻划，真实的反映了当时农民与地主的尖锐矛盾和复杂斗争，反映了农民革命者的成长。朱老忠虽是美的个别形象，但他表现着一般革命农民的优美品质。第二，"原来矛盾着的各方面，不能孤立地存在。假如没有和它作对的矛盾的一方，它自己这一方就失去了存在的条件"（《矛盾论》）。为了表现美的，也要描写丑的，没有了丑的，美的也就失去了存在的条件。《红旗谱》中如果没有塑造冯老兰这一丑恶形象，如果不描写他的行为和生活，就无法反映毛泽东同志所说的"人剥削人、人压迫人"的现实，就无法表现出地主与农民的尖锐矛盾，因而也就不能表现出朱老忠的鲜明形象，体现出革命农民的优美品质。苏联尼·尼·契巴科夫的油画《巴夫里克·莫洛卓夫》也就说明这个问题。画家从少先队员与富农的矛盾中，不仅表现了具有先进思想的少先队员巴夫里克·莫洛卓夫，同时也显示着苏联推行农业集体化的胜利。少先队员巴夫里克·莫洛卓夫那坚定的姿态、毫不畏惧的神色充分地

---

① 《毛泽东选集》第三卷，第 883 页，人民出版社，1953 年版。

表现了刚毅的斗争性格，体现了社会主义思想；而他祖父的凶狠的表情，他父亲懒散废弛的形象则表现了富农反动没落的本色。如果画中没有反动富农的形象，巴夫里克·莫洛卓夫的英勇姿态就失去了意义，因而也就不能充分地表现出苏联少先队员的优秀品质。同样，列宾的《拒绝刑前忏悔》一画中，如果没有丑恶的牧师形象，革命者的视死如归的高贵品质就无法表现。由此可见，"性格"只有放在各种不同类型的人群中，放在矛盾斗争中描写才能真实，才能揭示出现实中的美与丑，才能表现典型环境中的典型性格，才能创造艺术美。

应该特别指出，就是在艺术中没有美的形象而只描写了丑的形象的一些优秀作品也是有价值的艺术品。如齐白石画的《不倒翁》就是这类作品："乌纱白扇俨然官，不倒原来泥半团，将汝忽然来打破，通身何处有心肝？"这显然是描写丑的典型的图画，表达了齐白石对"俨然官"的否定，亦即对丑的否定。齐白石憎什么，爱什么，完全表现在纸上了。这样就以直接地表现丑而间接地歌颂了美。所以我们说这种艺术也是具有反映美的特点的。描写丑并不等于抹杀美。只表现矛盾的一方并不等于忽视矛盾的另一方，这就是诗、画等文艺作品促使欣赏者发生联想的巨大作用。因而我们说，否定丑的即肯定美的，有些批判丑的艺术，实际上也是间接地表现了美。

另外，自然美反映在艺术中也是要经过典型化的。沙弗拉索夫的风景画《白嘴鸦归来了》就是一个很好的例证。如果画家只描绘积雪的融化，还不足以表现"早春"的特征，如果只描绘和煦的阳光也不足以说明春的到来，如果在画上只描绘白嘴鸦则又显得不真实，只有把白嘴鸦放在具体的自然环境里，对阳光、空气和积雪的特征进行描绘，集中地表现春天的到来，才能反映出春天特有的美，表达了作者对生活的热爱和健康的情感。

从上面的分析可知，只有在艺术中形象地反映了现实美，才能成为艺术美。艺术美是现实美的具体的、形象的、典型的反映。社会美和自然美的关系是并列关系，因为它们都是现实美。现实美和艺术美却不是平列关系，而是主从关系。艺术美之所以比现实美更能教育人、激发人、美化人的心灵，是因为经过了艺术家的加工提炼，特别是典型化的缘故。无论如何，艺术美总不能是脱离现实而单凭主观创造的东西。"马克思主义美学从物质第一性，意识第二性的这一根本论点出发肯定：现实先于艺术，艺术是人类社会发展的产物。劳动创造了人类，劳动也创造了艺术，劳动先于艺术。现实是离艺术而独立的客观实在，而艺术则是现实的反映、生活的反映。现实是决定性的因素，而艺术则是派生的现象。"① 我们必须明确：现实美是第一性的，艺术美是第二性的。现实美和艺术美的关系可以如下的公式表明：

艺术美和现实美的关系就是反映与被反映的关系。我们已经知道，现实美是客观事物的新的、先进的、积极的、上升的、趋胜的矛盾方面，而艺术美是现实美的反映，所以我们说，艺术美的实质是客观事物中的新的先进的趋胜的矛盾方面在艺术中的反映，但它比现实美更集中、更典型、更带普遍性。了解了艺术美和现实美的关系才有可能在艺术中真实地反映客观事物的美，从而创造真正的艺术美；读者和观众也就能在艺术中认识何者为美，又何者为丑，从而在艺术美的欣赏中受到深刻的教育和巨大的鼓舞。

要想具体地分辨艺术中的美、丑，只了解艺术美和现实美的关系还是不够的。因为艺术是观念形态性的。在艺术中反映着作家的思想感情和态度，反映着作家的世界观，反映着作家对美的评价。反动的作家由于世界观的反动，他对美的评价是不可能正确的。他在作品中掩盖了真正的美，而却粉饰了丑。毛泽东同志说："反动时期的资产阶级文艺家把革命群众写成暴徒，把他们自己写成神圣，所谓光明和黑暗是颠倒的。"② 这些反动作家诬蔑了革命群众，歪曲了革命群众的优美品质。只有革命艺术家才能正确而深刻地反映现实美、创造艺术美。因为革命艺术家是站在无产阶级

---

① 周来祥、石戈：《马克思列宁主义美学的原则》，第 4～5 页，湖北人民出版社，1957 年版。

② 《毛泽东选集》第三卷，第 893 页。

的立场上对无产阶级及其所欣赏的东西——美的事物——进行歌颂的，对无产阶级所反对的东西——丑的事物——则采取暴露与批判的态度。比如，赵树理在《小二黑结婚》里歌颂了美丽的二黑和小芹，表现了他们为争取婚姻自由向封建势力作斗争的胜利，而同时又揭露了金旺、兴旺等代表封建势力的丑恶本质；同样，木刻家古元的《焚毁旧契》对农民在土改运动中所表现的革命热情进行了歌颂，真实地反映了农民的优美品质。总之，革命的作家由于有着无产阶级的立场、观点和思想，所以他们能在作品中真正地反映美，并对美的事物进行歌颂，对丑的事物进行暴露。这正是无产阶级的美感态度在艺术中的反映。所以毛泽东同志说："只有真正革命的文艺家才能正确地解决歌颂与暴露的问题。"[①] 由此而见，要想在艺术作品的欣赏中正确地分辨美、丑，就必须认清作家歌颂的是什么，暴露的又是什么，这也就是区别革命的文艺家与反动的文艺家的根本标准。

社会主义现实主义艺术大师最能发现美并能预示美的发展，这是因为作家具有共产主义世界观，在生活中能洞察事物的本质，并在塑造形象时能把革命的现实和革命的理想结合起来的缘故。例如，高尔基的《母亲》成功地创造了无产阶级革命家巴威尔、巴洛夫娜的典型形象，集中地表现了工人阶级的社会主义觉悟和坚强的革命意志等美的品质。在革命斗争中，巴威尔、巴洛夫娜虽然被捕了，但由于他们崇高的精神境界和壮美的行动显示了无产阶级无穷无尽的力量，体现了社会的发展方向，所以仍然能鼓舞人民为实现社会主义的理想而英勇奋斗。由此而见，由于社会主义现实主义的文学是"从现实的革命发展中真实地、历史地、具体地去描写现实"，所以就能正确地表现美并能看到美好的未来。

通过对艺术美的实质的剖析，就可以明白美并不为艺术所独有。艺术美的最根本的特性就是反映现实美。也正因为它是现实美在作家头脑中的反映的产物，我们才说它是观念形态或意识形态，但我们决不能因为艺术美是意识形态，而把它所反映的现实的美也说成是意识形态性的。明确了艺术美和现实美的关系，不仅能使我们到人民生活中去汲取养料，进而根

---

① 《毛泽东选集》第三卷，第 893 页。

据典型化的方法创造出最新最美的艺术，而且能使我们通过对艺术典型的欣赏更深刻地认识现实美，从美的享受中受到教育和启迪，陶冶美的心灵，充分发挥出艺术的美育作用。

## 二 艺术形式美的特性

无论是在客观现实中还是在艺术作品中，形式美和内容美都是辩证的统一。没有无内容的形式，也没有无形式的内容。内容决定形式，形式是内容的外在表现。形式美和内容美是一对联系极为密切的对立统一的美学范畴。我们强调揭示美的内容、美的本质，但是形式美的探讨在美学中也是必要的。我们在现实美和艺术美的鉴赏中，只有通过形式美才能把捉内容美。马克思早在 1844 年就指出："只有凭着从对象上展开的人的本质的丰富性，才部分地第一次产生着人的主观的感受的丰富性：欣赏音乐的耳朵，感受形式美的眼睛——简单地说，能够从事人的享受和把自己作为人的本质力量来肯定的各种感觉。因为不仅五官的感受，而且所谓精神的感觉，实践的感觉（意志、爱情等等）……都只凭着相应的对象的存在，凭着人化了的自然，才能产生。"① 这就明确地告诉我们，人类在劳动实践中产生并逐步提高着认识能力、审美能力和各种感觉能力。在实践的基础上，人们一方面用抽象思考进一步认识和掌握世界，一方面还带着深厚的感情用"音乐的耳朵""形式美的眼睛"来欣赏"人化的自然"（即劳动产品）的美的形象，进而认识"人的本质力量"（劳动改造世界的伟大力量，亦即美的内容），从中受到鼓舞。"音乐的耳朵""形式美的眼睛"等等，充分说明审美认识和一般认识是不尽相同的。审美认识是对内容和形式相统一着的具体事物的欣赏和把握。它是我们艺术地掌握世界的方式，是我们欣赏现实的和艺术的形式美并通过形式了解内容的必要条件。

无论是美的欣赏还是艺术美的创造，都离不开审美的认识和形式美的感觉，更离不开形式美本身。因此，只要是从内容和形式的辩证关系出发，而不是为形式而形式，那么，我们就不应该拒绝或者轻视形式美的

---

① 《马克思恩格斯论艺术》（一），第 204~205 页。

研究。

艺术美在形式上有什么特点呢？它与现实的形式美有什么区别呢？又有什么联系？对于这些问题，在过去也进行过讨论，但没有充分展开。这里试图从以下几个方面谈谈我们的看法。

艺术的形式美和现实的形式美有着非常密切的联系。现实的形式美是客观实在，是体现着美的内容的具体事物的形状、动态、色彩、声音等等。由于现实生活中美的事物的多样性和丰富性，所以它们的表现形式是无限丰富、无限生动的，是随着美的事物的变化而变化的。艺术的形式美则是艺术家通过一定的物质媒介（语言、音响、线条等等）和艺术技巧再现现实美的结果，它是现实中包含着一定内容的形式美在艺术中的反映，因而它的第一个特点就是逼真性。同时，文艺创作包括着作家艺术匠心、创作才能，体现着一定的思想倾向和审美理想。所以艺术的形式美又具有以下三个特点，即鲜明性、装饰性和韵律性。这就是它与现实的形式美的区别。

所谓逼真性就是指艺术的形式美必须符合生活中的真实形象，必须把现实生活的具体面貌活灵活现地表现在艺术作品之中。艺术和科学有着不同的掌握现实的方式。艺术虽然和科学一样是客观现实的本质规律的反映，但是它不像科学那样一般是单纯运用逻辑思维从客观世界的复杂现象中加以判断、分析、综合，然后抽出事物的本质属性加以抽象的概括，不是"把直观和表象加工成概念这一过程的产物"，[①] 而是在艺术思维中从感性认识阶段到理性认识阶段始终以形象相伴随，在艺术表现上始终以事物生动的可以看得见、听得见、摸得着的感性形式呈现在欣赏者面前。只有这样，艺术才能借具体的形象作用于人的感官，激发起人的审美情绪，发挥出艺术形象教育作用。为此，艺术家就必须围绕着一定的主题，通过细节描写，表现出现实生活中已有的或应有的具体形象，使艺术形象的形式具有质感、量感和真实感，亦即使艺术形象的形式对现实美达到"逼真"和"肖似"，从而使艺术产生一种魅惑力，以完成艺术感染读者、教育读者的社会使命。正因为如此，达·芬奇在描绘蒙娜丽莎的微笑时才"深入

---

① 《马克思恩格斯选集》第二卷，第104页。

地研究了隐蔽在皮肤下面的脸部肌肉的活动及其随着人物心情的不同而发生变化与反应的过程"，从而创造出了文艺复兴时期一种妇女的典型；正因为如此，委拉斯贵兹在创作《纺纱女》时才利用光与影的对比关系，巧妙地表现了纺纱女工那健壮美丽的动作和身段，让人们从真实地形象感受中体会到了劳动人民的美；正因为如此，珂勒惠支在《磨镰刀》中才细致地描绘了老妇人"那脉管凸起，紧握镰刀的双手"，"那眯着充满仇恨的双眼"，那"紧贴着镰刀好像在战动的脸"，从而显示了农民革命者"不可动摇的战斗决心"和"不可缓和的战斗情绪"；① 也正因为如此，高尔基在《母亲》一书的开始才详细地描写了尼洛夫娜"宽阔的、蛋形的、已经刻满了皱纹而好像有点浮肿的脸"和"阴暗不安而带着哀愁的眼睛"，甚至还描写了右眉上面的伤痕和两耳的位置，从而充分地表现了沙皇俄国黑暗社会对妇女的残酷压迫；而鲁迅为了人物形象的真实感，所以不给阿Q戴瓜皮小帽，而只能给他戴上一顶"黑色的，半圆形的……帽边翻起一寸多"的毡帽，② 以表现阿Q所处的时代和环境。无论是蒙娜丽莎微笑的面庞，无论是纺纱女工健美的姿态，无论是老妇人脉管凸起的双手，无论是尼洛夫娜眉上的伤痕，更无论是阿Q的破毡帽，它们都是逼真的、直观的，它们充分地保持着现实生活的具体面貌，因而读者如见其人、如闻其声，身临其境，从思想情绪上得到了潜移默化地感染和教育，这就是艺术的美学力量。而艺术之所以具有这种巨大的美学力量，除了装饰性和韵律性（后面详谈）以外，其根本原因就在于它以具体的描写，生动地反映了有着内容规定性的现实美的形象。如果作家从概念出发进行创作，而不描写血肉生动的具体形象，那么就无法让读者透过艺术美的形式来认识现实美，因而这种"艺术"也就成了公式化的模型，就失去了感染人的美学力量和鼓舞作用。由此可见，不论何种形式的艺术形式美都必须以现实美为基础，都必须具备真实感，就是我国古典戏曲里的"四功"（唱、念、做、打）、"五法"（口、手、眼、身、步）及其它一切虚拟动作都不是为虚而虚，而是以虚代实，是表现现实美的一种手段，是使舞台艺术形象具备逼真性的必要方法。我国戏曲舞台上虽然没有布景（或布景很少），演员的

① 王朝闻：《新艺术论集》，第158页。
② 《鲁迅全集》第六卷，第150页。

表演具有很大的象征性，"但当演员挥起马鞭，做出上马、下马、牵马、系马以及种种骑马的动作时，就使人产生一种在马上的真实感"。而当表现行船时，演员只用一只船桨就要表现出"整只船的部位和活动。如抛锚、解缆以及船行进中的风浪波涛。配合这支船桨，也要有许多表演技术，如《秋江》中艄翁和陈妙常都有表演行船的许多舞蹈动作，使人好像感觉到人在船上一样。"① 梅兰芳先生曾举例说，有一次川剧剧团在北京演《秋江》，他曾请一位亲戚老太太去看戏，回来后，他问她："《秋江》好不好？"她说："很好，就是看得有点头晕，因为我有晕船的毛病，我看出了神，仿佛自己也坐在船上了，不知不觉地头晕起来。"② 一套虚拟的表演动作，竟然能使观众看得出神，以致头晕起来，如果它没有高度的真实性，那是不会产生这种艺术效果的。看过张君秋在《回荆州》里扮演孙尚香的人都为他的唱腔和舞蹈动作叫好，他手扶两面车旗在台上跑三插花的动作，那行云流水般的台步，那随剧情而呈现俯、仰、挺、侧等等变化的身段，如同凤辇真的行驶在蜿蜒曲折、高低不平的道路上一般，把观众带入了广阔无际的生活环境里。这就充分说明，舞台上的表演也具有着很强的真实性。在戏曲中，无论起霸、开山、坐帐、走边、趟马，也无论是武动作都是从生活中提炼出来的优美形式，而绝不是凭空臆造的。《三岔口》里任堂惠和刘利华在满台灯光下表演夜间的格斗，似乎于理不合，然而由于演员准确地掌握了黑夜搏斗的动作规律，所以表演起来就生动逼真、合情合理。你看，他们时而暗暗窥察，时而东摸西撞，时而腾挪翻跌，时而激烈交锋，这些精彩的表演不仅制造了伸手不见五指的夜间气氛，而且也真实地揭示了双方为保护爱国良将焦赞而相互警惕、相互提防的心理动态。由此可见，中国戏曲的虚拟动作绝不是虚假的表演，而是象征性和逼真性的统一。这些洗练的表演动作，一方面要表现出人物的真实，一方面要表现出景物的真实，真可谓一箭双雕。我们应当深入体会它在塑造形象上的特殊作用，只有这样才能制造出逼真的艺术境界，而观众也才能通过这种戏曲形式美的欣赏理解其所表现的真实内容。

总之，一切形式的艺术都必须具备逼真性。大至舞台艺术，小至面

① 《梅兰芳文集》，第 27 页，中国戏剧出版社，1962 年版。
② 同上书，第 30 页。

人、泥塑，一人、一物、一草、一木、翎毛、花卉等等的描写和刻画都离不开对社会美与自然美的"乱真"和"肖似"。这就是艺术形式美的一大特征。离开逼真性，求华求美都是徒劳无益的。我们的艺术家要想达到艺术形式美的逼真性，就必须深入生活，观察社会美和自然美的各种形象，从而运用本门艺术的描写手段把现实美的形象真实地、典型地再现出来。

艺术形式美的第二个特征是鲜明性。艺术以感性形式反映现实美，但并不是有闻必录。艺术的典型形象是经过作家头脑加工后的产物。这个头脑加工是为了反映现实美的本质真实。作家经过形象思维把那些非本质的现象舍去，而把那些体现生活本质和主流的形象集中起来，加以有机的综合和典型化，使之体现出鲜明的主题思想。因此在用形式美表现形象时就必须考虑到强调什么，删削什么，什么是主，什么是宾，用什么样的艺术语言、艺术手段和结构形式最能使美的本质表现出来。所以，艺术形式美应该是内容的最鲜明的体现。譬如，文艺复兴时期的意大利雕刻家米盖朗基罗的《大卫像》，为了塑造一个反对封建专制、保卫共和政体的典型人物，把大卫表现为"一个年轻的巨人，气魄极为雄伟"。作者为了加强"形象的壮伟感"，打破了人体的正常比例，把大卫粗壮的手臂略微放大，鲜明地表现了他那无穷无尽的力量。作者还着重刻画了大卫密切注视前方的眼神，明显表现了他的坚强意志和无畏精神。由于作者根据人物性格和主题需要作了详略不同的描写，因而创造了"一个准备坚决为正义事业而奋斗的战士的形象"。这种不拘于"形似"而"以形写神"的表现方法并不是对形象的歪曲，而正好是艺术形式美的鲜明性的要求。再如法国雕刻家罗丹的作品《思》塑造了一个非常年轻、清秀、面目非常俊美的女性形象。但是作者并不刻画她的全身，也不刻画她的颈项，而是着重刻画她的头部。这是为了强调她的沉思的眼睛和善于思考的微微宽阔的额头，表现她的理想，用当时文艺批评家葛赛尔的话说，就是为了表现"不具形的'思想'在静止的'物质'中花一般的吐放出来"。[①] 尤其是她的头部下面留下一块没有加工的粗糙的大理石，好像这块大理石就是夹着她的颈项的枷锁一样，使她不能自由。这样就巧妙地表现了她的理想无法实现，"她

---

① 罗丹：《艺术论》，第88页。

丝毫没有摆脱现实的沉重束缚"①。一副沉思的俊美的面孔，一块粗糙的大理石，乍一看来，似无联系，但是有经验的艺术家在这里把它们联结在一起，而删去了少女的颈项和身躯，就非常明显地体现了人物的精神美和她所处的应该诅咒的社会环境。可见，比喻、夸张、省略等等表现手法都不可信马由缰、随意乱用，而必须以内容为转移。所谓"无斧凿痕""天衣无缝"，就是说艺术家运用艺术词汇、表现方法、艺术构思，能够最鲜明地表现美的内容。即使是色彩的调配也不仅是"随类赋彩"，而且还要"匠心独运"，使内容得到最明显得显现，哈孜艾买提的油画《罪恶的审判》②，描绘了旧社会一位贫苦的维吾尔族少女被剥削阶级霸占的悲惨场面。剥削者凶狠的表情、狗腿子那阿谀的丑态、打手们那劫持少女的动作和帮凶嘴脸、少女那挣扎的情势、群众中或愤懑或愤怒的表情都描绘得淋漓尽致。全幅画面是冷调子，充满了阴森的气氛。这种色调的运用正合适表现当时的典型环境。尤其是值得注意的是在冷调子之中，作者有意给少女涂上玫瑰红的颜色。这种颜色起到了强调的作用、对比的作用，突出了少女的美丽形象，因而也就更有力地鞭挞了黑暗的旧社会，这"万绿丛中一点红"的颜色，实际上起着"画龙点睛"的作用。这正是充分注意了艺术形式美的鲜明性的结果。不管是美术、音乐，还是文学、戏剧、电影，它们的每一场面、每一个镜头都不是对生活的机械翻版，而应该是体现丰富的社会内容的鲜明形式。电影《列宁在一九一八》中斯大林亲临战场的镜头给观众留下了深刻的印象。影片中描写了顿河战场上红军紧张战斗的场面：大炮轰鸣、战马嘶叫、人声鼎沸，顿河草原上充满着火药味，就这样激烈的战斗中，一辆汽车远远开来，接着从敌方传来一声炮响，随之尘土盖住了汽车。汽车从弹坑旁驶出，车上耸立着人民委员斯大林。这时电影以特写镜头描绘了斯大林的形象：他的帽沿、肩头一片尘土，但表情严肃、沉着、镇定。这一特写深刻地表现了人民领袖临危不惧、英明果断、指挥若定的崇高精神和革命胆略。这就充分说明，电影的镜头虽然可以自由转换，但也不是随意地漫无边际地描写现实生活，而是编剧、导演、演员、

---

① 罗丹：《艺术论》，第88页。

② 载《美术》1965年第一期。

摄影互相配合创造出典型形象，通过不同的电影手法，拍出不同形式的镜头，并把各个镜头有机地联结起来，使银幕成为生活美的聚光镜，鲜明地表现出人物的思想感情和事件的社会内容。电影、戏剧等综合艺术的物质媒介是多方面的，它们都应该与内容融洽无间，即使是布景、道具也不应游离于内容之外。京剧《红灯照》的结尾，"天幕上烈焰飞腾，火光冲天"，这火光的形象并不是多余的，而是有其象征意义的。它配合着人物的行动非常鲜明地表现了"神州燃起熊熊火，烧出一个新人间"的深刻思想。为了更加深刻地揭示美的本质，为了更加突出地表现革命的政治内容，我们必须在艺术形式美的鲜明性上费一番匠心。

艺术形式美的鲜明性与创造者的思想倾向性是紧密联系的。"艺术家描写现实，须首先认识现实，即所谓'外师造化，中得心源'，或石涛所谓借'万物'而'陶泳乎我也'。这'中得心源'与'陶泳乎我'都说明了艺术形象的丰富性。一方面它再现了美的现实，一方面它又是艺术认识的结果，在艺术形象里充分地包含着艺术家的思想、情感和审美理想……艺术美的实质即在于它是主客观的统一，'美'和'我'的统一"。① 艺术在反映现实的同时，必然能见出"我"的存在。也就是说哦，艺术反映生活，既概括着生活中的形象，同时也流露着作家对生活的主观评价。无产阶级艺术家则要对生活做出马列主义的评价，宣传社会主义思想。这就是文学艺术的理想性或倾向性。这种倾向性是文艺的宣传功能所决定了的，但是它决不是标语口号，也不是空发议论，而应当体现在感人肺腑的艺术形象之中。这种艺术形象是对客观美和作家对美的主观评价（包括美的理想）的统一。恩格斯指出："我认为倾向应当从场面和情节中自然而然地流露出来，而不应当特别把它指点出来。"② 他还说：理想的戏剧应该是"较大的思想深度和意识到的历史内容，同莎士比亚的情节的生动性和丰富性的完美的融洽"③。由此可见，在艺术作品中，无论是生活美的本质还是作家的思想倾向，都需要由情节、场面等形式因素鲜明地体现出来。话

① 庞安福：《"无法而法"——读石涛〈画语录〉随感》，载《河北美术》，1963 年第 7、8 期合刊号。
② 《马克思恩格斯选集》第四卷，第 454 页。
③ 同上书，第 343 页。

剧《丹心谱》中方凌轩、郑松年以及党委书记李光为了研究防治冠心病"03新药"与"四人帮"作斗争的一系列情节、场面和闪光的语言都是震撼人心的。它们深刻地揭示了剧中人对"四人帮"的无比仇恨，对毛主席、周总理的一片丹心，表现了他们全心全意为人民服务的精神，集中地反映了我国广大人民革命的思想品质。这是对客观美的表现；同时作品通过这些壮美的场面和语言也形象地表示了作者的立场，抒发了作者"野火烧不尽，春风吹又生"、"待到东风送暖，又会百花吐艳"的革命理想，这是对作家的思想倾向的有力表现。同样，前面所提到的美术作品如《罪恶的审判》中的表情、动势、色调和构图也不只是为了集中表现客观现实中的美与丑，而且也鲜明地体现着作者的爱憎感情。由此可见，优秀的艺术作品应该是真实性、鲜明性和倾向性的统一。具体作品中客观美的本质和作家革命的思想倾向都是艺术美的内容。我们前面所提到的"主题思想"即包含着这两方面的内容。为了发挥艺术的战斗作用，我们必须在"意匠经营"之中寻求艺术形式美的鲜明性，从而把两者都明确地表现出来。

在社会生活中，有的形象、内容和形式融为一体，有的则是两者的对立或不完全统一，情况是多种多样的。斯大林指出："没有形式的内容是不可能的，但是问题在于这种或那种形式因为落后于自己的内容，始终不能完全适合于这个内容，于是新的内容往往'不得不'暂时包藏在旧的形式中，因而引起它们之间的冲突。"① 斯大林阐明的这一关于内容和形式的辩证原理完全适用于美学。社会生活中的各种事物由于处于运动和变化之中，因而其内容和形式就不可能处于绝对平衡的状态。内容和形式总是由对立到统一，又由统一产生新的对立，这样曲折不断地发展着、变化着。现实生活中的各种形象，有的处在内容和形式的斗争阶段，有的处于两者统一阶段，所以生活中的形象是复杂的，而艺术家的任务就是把生活中内容和形式的对立变为艺术中两者的统一。我们要表现某一内容，就必须消除客观现象中内容和形式的对立，就必须找到适合某一内容的鲜明形式。因此，在内容和形式的对立统一中追求艺术形式美的鲜明性是创作过程中的一条规律。我们要研究这条规律，以便使我们的文学艺术达到"革命的

---

① 《斯大林全集》第一卷，第353页。

政治内容和尽可能完美的艺术形式的统一"①。

总之，为了通过有限的形象集中地、典型地表现无限的社会生活，为了充分地表现客观美与作家的思想倾向，为了把内容与形式的对立变为两者的统一，都需要我们在艺术形式美的鲜明性上下功夫。

艺术形式美的第三个特征就是装饰性。生活美的形象具有着纯客观的色彩，艺术美的形象不仅具有鲜明性，而且还在客观形象的基础上涂上了作家的主观色彩。亦即作家根据审美的性质，美化了现实的形式，这就是艺术形式美的装饰性。这是艺术家对现实的形式美进行改造、熔炼和升华的结果。因此，作家所创造的"艺术境界"不同于客观的"现实世界"。它的形式比现实美更强烈、更理想。我们喜欢自然景物，也喜欢山水诗、风景画。人们对于风景画的欣赏并不像车尔尼雪夫斯基所说，仅仅是因为看不到原来的自然景物（比如大海），只好观看自然景物的复制品，而是因为风景画的内容比自然物更丰富，它的形式比自然物更具有美感。优美动人的风景画不徒是客观存在的风景在艺术中的反映，也不只是渗透了画家的体会和感受，同时还是用色彩、线条对自然物的美化，它比真山真水更美丽、更奇异。这就是风景画装饰性所在。湖光山色是美丽的，但是俄罗斯画家列维坦的风景画《湖》比真湖的景色更加诱人：天空霞光万道，彩云微微飘动，它们与湖水交相辉映，把湖岸的教堂、茅舍、房屋都照耀得非常艳丽，好像自然界在庆祝自己的节日一般。这样的境界既寄寓了作者的理想，同时也是景物的加工和装饰，使人看了更加心旷神怡，受到鼓舞。同样，黄鹂是美丽的，玉兰也是美丽的，但是于非闇所画的《黄鹂玉兰》却更富有感染力，因为于先生巧妙地运用了色彩。本来，黄鹂的黄色和玉兰的白色涂于白纸，很难鲜明，但是作者以蓝色作为底色，这样就衬托了黄鹂鸟和玉兰花的生动形象，从而表现了"仓庚耀羽，玉树临风"的优美境界。如果只为求真，不为求美，那么底色的使用是没有道理的，因为天空从不会呈现这种均匀、鲜艳的蓝色。但是如果既要求真，又要求美，那么这蓝色不但不是赘疣反而增加了作品的装饰性，因而就更能使读者赏心娱目。《河南画报》（1980 年第 1 期）上载有汤君超的一幅壁画设

① 毛泽东：《在延安文艺座谈会上的讲话》。

计——《凤凰之诞生》。壁画作者借古代传说中的鸟王"满五百岁，集香木自焚，复从死灰中更生，鲜美异常，不再死"的故事描绘了两只凤凰的娇姿美态。那修长的羽毛犹如彩带随风飘荡，那互相顾盼的纯真的眼睛似乎在体会从火中更生后的幸福，那初展的双翅使人联想到它们要腾空翱翔，那自由自在地百鸟正在围绕凤凰徐徐前进，那香木燃出的由白而红、由红而蓝的熊熊火焰在天空升腾，这些形象大多是生活中没有的，而它们却构成了一个五彩缤纷的美好境界。这一美好境界是对新长征路上前进的人们的歌颂，也是作者在新时期的欢畅心情的抒发。很明显，全幅画面的装饰性是非常突出的，因此，它使人耳目为之一新，令人欢快，令人神往，产生了强烈的美感作用。绘画的形式应该如此，舞蹈、戏剧的形式也应该如此。《花儿与少年》中蓝天、白天、美丽的阳光等自然景象和青年们穿的"单纯、富有特色、与节日情调紧密结合的服装"以及悠扬的曲调等等都不是青海人民生活的简单复写，而是比生活美更高、更美，更富有装饰性。至于我国的传统戏曲在装饰美的创造上则又别具一格。首先，戏曲舞台上的化妆、服饰就不同于生活真实。本来"穆桂英已经五十三岁，但是她的脸上并没有皱纹"；本来孙悟空是个猴王，他的外貌应该像个猴子，但是演员却为他抅脸——开成桃形或心形的红色脸膛，并把脸上的皱纹加以变化，"眼圈、鼻窝掏火翅纹，脑门掏寿纹，嘴角掏蝴蝶纹，两腮掏虎皮纹，眼角掏鱼尾纹"[1] 既渲染了他活泼、刚毅的性格，同时又体现了我国脸谱艺术的装饰美，让人感到孙悟空的确是一位美猴王；本来《荒山泪》里的张慧珠衣服破烂，但是在舞台上，她的衣服却很整齐，只是在黑色的完美服装上加几块杂色的补丁表示衣衫褴褛而已；本来王宝钏寒窑里的陈设破旧不堪，但在舞台上却给她的桌椅罩上鲜艳的卓帷、椅帔，而且在上面绣以美丽的团花图案，这都是为了满足观众更高的审美要求。至于演员的唱、做、念、打就更有别于生活真实了。如"走边"是"表现某些人在黑夜之间偷偷摸摸前去窥探某件事情，行刺某些贪官污吏的机密行为，表现起来，本应当表示出轻手蹑脚，非常机智敏捷的向前急走"。但是"盖叫天先生在这个动作里创造了极其丰富的身段，全很集中突出的表

---

[1] 郑法祥口述：《谈悟空戏表演艺术》，第98页，上海文艺出版社，1963年版。

现了夜行人紧张敏捷的姿态，'老鹰展翅''飞天十三响'等优美的姿式，使人清楚的看出人物在夜间分荆寻路，以及检查行装等战斗前的准备工作"。① 不但真实，而且美观。再如马连良先生所谈到的舞台上"吃酒"的动作也是如此，他说："舞台上的喝酒，不管是哪一类角色，什么服装，有没有音乐伴奏（京剧术语叫'吹打牌子'），总是一只手拿酒杯，一只手遮杯掩嘴，决不能象日常喝酒一样，随便拿起酒杯一喝，辣的呲牙咧嘴。等到需要表现饮酒过量微有醉意，或是酩酊大醉的时候，那'醉步'、呕吐等各种各样的动作，也都是非常好看的，并不跟真喝醉的那么丑态百出，让人看着讨厌。"② 有经验的艺术家总是使自己的表演做到既真且美。周信芳先生在谈到《四进士》中宋士杰读状纸时说："状子是一张白纸，读的时候，要当它是写满了字的真状实读。读到哪里移行，平时要琢磨好，把它大致固定下来。这是为了避免拿了状子上下乱看，既不合理，又不美观……读状时，两手一上一下拿着状子，一面念，一面用手指移动状子，表示从上看到下，移行，再从上看到下，越念越快，手指捻动状子也越来越快，状子移到末尾，眼光看到末行，状子也正好读完。这其实也是舞蹈。又要有真实感，又要好看。"③ 由此可见，戏曲的表演不但要有逼真性，而且还要使"口、手、眼、身、步"都达到"美"和"帅"的地步，从而获得装饰性的艺术效果。文学语言艺术，它不同于造型艺术和表演艺术，但是文学也要通过自己直接间接的描写方法和修辞手段使得形象更美，更有装饰意味。例如描写庐山瀑布，李白就写下了这样奇妙的诗句："日照香炉生紫烟，遥看瀑布挂前川。飞流直下三千尺，疑是银河落九天。"如果说前两句逼真地描写了自然景物的话（自然也有加工），那么后两句则是在真实性的基础上通过夸张（"飞流直下三千尺"）和比喻（"疑是银河落九天"）等修辞手段创造了一个神异、美妙的艺术境界。这种境界的创造不是对自然的照相，而是高于自然而又赞美自然的诗歌形象，是具有文学形式美的形象。为了优美境界的创造，历代的文学家们都是用尽了匠心，从而获得良好的艺术效果的。"月下飞天镜，云生结海楼"

① 程砚秋：《戏剧表演艺术的基础——"四功五法"》，载《戏曲研究》1958年第1期。
② 马连良：《舞台上的美丑》，载《新建设》1961年10月号。
③ 《周信芳舞台艺术》，第14~15页，中国戏剧出版社，1961年版。

（李白），这天镜般的水中月影，这海市蜃楼般的云气使得长江的景象更加新奇美妙；"忽如一夜春风来，千树万树梨花开"（岑参），这花一般的世界把边塞的雪景比喻得更加好看；"停车坐爱枫林晚，霜叶红于二月花"（杜牧），这经霜的寒叶比春天的鲜花还要艳红，让人感到秋天的景色更加瑰丽；"重重叠叠上瑶台，几度呼童扫不开，刚被太阳收拾去，却教明月送将来"（苏轼），这变化多姿的花影不仅衬托了花的形象，而且它本身也是妙笔生花的结果。这些诗歌形象不仅溶铸着作者的思想感情，而且在形式上也为自然美增添了光彩，也就是说作者利用文学手段美化了形象，使人们在文学形象的欣赏中进入了更优美的境地。优秀的文学作品，不论是对景物，还是对人物的描写，都不是对现实的生硬模仿，而是比现实美的形象更加光彩夺目。《西游记》中的水帘洞、《红楼梦》中的大观园都比现实中的景物更美好、更佳妙、更引人入胜。《三国演义》对马超、赵云、周瑜的肖像描写比生活中的人物更加英俊，更加威风凛凛。所以文学不仅逼真地描写现实美，而且还要通过各种表现方法使文学形象和现实美相比具有着特殊的美的色彩。同时，文学的结构或雄伟或奇巧或缜密或疏朗……文学的语言或婉约或劲健或典雅或清新……这都是它与生活中的故事、生活中的语言不尽相同的地方，我们认为这一切都是文学形式美的装饰性所在。

艺术形式美的装饰性是在逼真性、鲜明性的基础上，利用各种物质媒介和表现手法，对现实的形式所进行的合乎美的规律的变化，它或者是对形象的点缀，或者比现实美的形象更绚丽，或者更清淡，或者更摇曳多姿，或者更恬静清幽，总之是比现实的形式更美了。它适用于装饰艺术，但又不限于装饰艺术，它包含着色彩的艳丽，但又不限于色彩的艳丽，它是对现实美的各种形式的美化。诚然"赋彩鲜丽，观者悦情"①，但是轻描淡写，也能使观众怡神。譬如，北国的山川是多娇的，我们可以渲染它在旭日下的红光，也可以渲染它在瑞雪掩映下的素裹，两种渲染都是为了获得艺术形式美的装饰性。"欲把西湖比西子，淡抹浓妆总相宜"，浓妆固然是一种装饰，淡抹也是一种装饰。评剧《花为媒》中张五可结婚时穿着大

————

① 姚最（陈）：《续画品录》。

红的花帔是一种装饰，河北梆子《蝴蝶杯》中的胡凤莲为父戴孝，身着闪闪发光的素服，并且她的船桨上还系着结有彩球的白色彩绸，这也是一种装饰。所以装饰性在美学上的意义是比较广泛的，它的表现形式是多种多样的。如果要给这种美学上的装饰性下定义的话，那么我们可以说，它是非同寻常的美、非同凡响的美、别开生面的美、"一洗凡马"的美、妙趣横生的美。这种美也不是凭空臆造的，而是以现实美为依据的。宋代郭熙说："春山淡冶而如笑，夏山苍翠而如滴，秋山明净而如妆，冬山惨淡而如睡。"[1] 我们只能根据不同季节峰峦的特点如"淡冶""苍翠""明净""惨淡"等等来进行装饰，而不能随意皴染。我们在评论艺术作品的时候，常常喜欢用"惟妙惟肖"这个字眼，但有些人并未充分理解它的内涵。"惟妙惟肖"绝不只是"生动逼真"的意思，而且它还意味着传神的美以及技巧的美、结构的美、线条的美、修饰的美等等。"惟肖"是就逼真性而言，"惟妙"则是指鲜明性（即所谓"传神"）和装饰性。我们的艺术作品既应该达到"惟肖"，让观众感到真实可信，又应该追求"神似"并美化艺术的形象，使它达到"惟妙"的地步。"惟肖""神似"是装饰性的前提；而装饰性则要以"惟肖""神似"为转移。这就是装饰性和逼真性、鲜明性的矛盾的统一，这就是"惟妙惟肖"之中的辩证法。掌握了这个辩证法，才能使作品既晓之以理而又动之以情，才能使观众在娱乐中得到教育，在美感中受到启发，从而使艺术在社会生活中真正起到它应有的作用。

艺术形式美的第四个特征就是韵律性。在艺术作品里，为了发挥美的愉悦性，让观众在心向神往的艺术欣赏中得到美感享受，除逼真地、鲜明地描写现实并增强其装饰性以外，我们还必须使艺术美的形式具备适合观众欣赏心理的节奏或韵律感。所以形式美的韵律化也就自然地成了创作过程中的一个有机组成部分。艺术形式美的这种节奏感在音乐、舞蹈和诗歌中表现得最为明显。音乐中的每一乐段、舞蹈中的每一动作、诗歌中的每一诗行都有一定的节拍等等，让人念起来顺口、听起来悦耳、看起来悦目，这是不言而喻的。然而非但音乐、舞蹈、诗歌具有韵律性，就是一切

---

[1] 郭熙（宋）：《林泉高致》。

形式的艺术作品也都有韵律性和节奏感，只是表现形式不同而已。我国古代的实用美术就是有力的证明。例如商周时代，器物上描画的禽兽虫鱼等生动活泼的艺术形象，就是自然美在形式上的韵律化。请看当时的“鬳鼎”图案[①]：它表现了成对的小鸟伸长嘴巴、翘起长腿，奔向同一地点，似乎在争啄食物。这种艺术形象并不拘于自然美的原型，而是作者根据鼎形特点把小鸟的动态加以变化并饰以雷纹而构成的有规律的有视觉节奏的连续纹样。甚至为了均齐和对称，作者还大胆地在作品中让小鸟长长的尾巴与鸟身分离，填补了图案的空白，达到了器形、图案和具体形象的和谐、统一，增强了作品的节奏感。这种形式美的韵律化不仅是器物实用性的要求，也是工艺美术愉悦身心的美感性要求。这些韵律化的工艺美术形象比那些杂乱的照抄自然的工艺品更能满足人们的美感享受。这种节奏感和韵律感在建筑艺术中也是非常重要的，它是构成一座建筑物的艺术形象的重要因素。如隋朝建造的驰名中外的赵州石桥（本名安济桥）就是如此：大桥飞架南北，两排栏板分列东西。桥两旁各有二十二根等距离的望柱与二十一块栏板间隔排列，这就象音乐一样自然地形成了“柱、板；柱、板；柱、板……”的2/4拍子。从图案来看：各排栏板，中间五块均雕龙兽。其正中一块，均在两侧刻有饕餮。各排其余四块，外侧大都雕一巨龙，内侧大都是双龙交缠相戏。这样就形成了以饕餮栏板为中心，巨龙栏板两两相对的排列方式，构成了对称的美。同时，各排其余栏板不刻龙兽，均刻斗子卷叶，成二方连续图案。这样既突出了栏杆中心部分——龙兽浮雕，又使整个石桥建筑浑然一体，构成了统一的“旋律”。总观栏杆的全局，不论是由南向北，还是由北向南，都是以斗子卷叶为起讫，以龙兽浮雕为高潮的美妙乐章。再加之桥沿上刻有等距的花形帽石和大拱、小拱的边缘刻有两三条平行的起线，并有等距离的腰铁，等等，这就与石桥栏杆构成了一曲节奏鲜明、气魄宏伟的交响乐。因此，我们说赵州石桥不仅有着实用价值，而且也有着高度的美学价值，它是一座雄伟壮丽、涤荡身心的艺术品。由于艺术形式美的这种韵律化能够在艺术中和谐地排列和组织现实中复杂多样的美，从而能够适合观众艺术的美审心理要求，所以它就在各

---

① 见容庚：《商周彝器通考》下册，第37页，附图53，哈佛燕京学社民国三十年二月出版。

种形式的艺术中成了不可缺少的要素。绘画构图中基本线条的协调一致，戏曲演员动作随着打击乐和弦乐器的舞蹈化，都是为了使多样的形象纳入一定的节奏里，从而达到和谐与完美，这就是我们平常所说的"多样的统一"，这就是韵律化的基本原则。多样者，事物之复杂性也；统一者，变复杂为和谐也。所以不管是张飞、李逵抑或是鲁智深，虽然性格都威猛粗豪，但在舞台上其动作却都不能超越全剧的旋律和节奏。就是丑角的行动也不能和全剧的节奏游离。认清了这个道理，对于王传淞使娄阿鼠的动作舞蹈化、韵律化的表演也就不难理解了。

由于事物的运动和变化，它的形式就要或隐或现地呈现出节奏感和韵律感。山峦的起伏、河流的蜿蜒、人海的波涛、劳动的节奏等等就是有力的证明。艺术上的韵律化是从现实美中提炼出来而又比现实美更高更强烈的一种表现形式。所以艺术形式美的韵律化也不能脱离现实美，而必须以现实美为基础。

一般来说，装饰性是艺术家对具体形象的形式所进行的刻画，而韵律性则不仅指节拍，从广义上说，它是从整体上对形象的有机组合或协调统一。各种形象只有装饰美而不协调，或者各形象之间只协调而没有装饰性，都不能更好地满足观众的审美要求。比如，在出色的肖像速写里，它的线条是富有变化的、美妙的，然而这许多线条也不是彼此孤立的、零乱的、绝对自由的，而是随对象的不同特点在有顺序、有节奏地排列着，因而是和谐娱人的。大型绘画的形象是众多的，这就更需要有节奏的组合。正因为如此，十七世纪荷兰画家林布兰才把他所要表现的真人真事通过有运动感和节奏感的构图绘成了有名的群象画《夜巡》，使多样的美达到了和谐统一。也正因为如此，十九世纪俄国巡回展览派画家列宾才把劳动人民智慧的化身——卡宁，和开始走向生活的少年，以及矮壮的水手依尔卡等等美的人物和谐地组织在《伏尔加河的纤夫》里。如果孤立地欣赏这幅油画中的个别人物，当然能得到美感享受，但是我们如果从全幅画着眼，那么，各组人物共同拉纤的动作不是形成了自然的节拍吗？不是使我们好象听到了低沉的《船夫曲》吗？所以，节奏如果不是脱离具体内容，如果不是线条和声音的游戏，那么，它对观众欣赏心理的满足以及它在艺术形式美的创造上也是起着重要作用的。古希腊美学家毕达哥拉斯把"数"看成是审美现象的基础，固然有其片面性，但是他说"数"能"把不一致的东西调和起来"，是有助于我们理解形式美的韵律性和节奏感的。毕达哥拉斯的"数"虽是唯心的，但已经有了辩证的因素，即它说明了一事物对他事物的联系，说明了在形式美的问题上，纷乱形象的排列组合与有机和谐的审美作用。如果我们了解了韵律性这种对复杂形象的组织作用，如果了解了"多样的统一"规律对创造艺术形式美的意义，那么在艺术实践中，就会自觉地运用形式美的韵律性，从而完美和谐地表现出说明同一主题的不同的生活形象。同时，也就会深入体会观众的欣赏心理，从而在创作中使艺术作品达到打动观众心弦的地步。总起来说，节奏有组织形象、统一形象的美学意义。而使多样的形象统一起来则是为了整个艺术作品的和谐，而和谐的最终目的也就是为了更充分地发挥艺术美的教育作用和美感作用。革命文艺的对象是人民群众，因此革命的文艺家要想使作品为人民所赏识、所接受，就必须了解人民大众的欣赏意识和审美情感。只有这样，在艺术形式美的创造上，才不会是为节奏而节奏，为韵律而韵律，才能创造出为中国老百姓所喜闻乐见的与革命内容相适应的动人心魄的韵律形式。

总之，艺术的形式美和现实的形式美既有联系又有区别。它具有着逼真性、鲜明性、装饰性和韵律性。逼真性是由人们艺术地掌握世界的特殊方式所决定的；鲜明性是艺术的主要社会功能（认识作用、教育作用）对艺术形式美所提出的必然要求；装饰性和韵律性是在实践的基础上艺术发展和人们的审美情感日趋丰富，并且两者相互影响的结果，它们是人们对形式美的规律的进一步发现，并进而对艺术提出的更高的美感性要求。简言之，逼真性、鲜明性是艺术美的基本形式，而装饰性、韵律性则是进一步对这种基本形式所进行的审美化的加工。

艺术形式美的四个特性虽各有自己的特点。但彼此并不是孤立的，而是有密切联系的，它们都基于社会实践，它们都以现实美为依据，都是为内容所决定并且是为内容美服务的。许多优秀的艺术作品都是把四者与美的内容完善地统一起来，构成"惟妙惟肖""形神兼备""独具匠心"，为群众"击节赞赏"的完美的艺术形象。这种艺术形象同时具有着巨大的教育作用、认识作用和强烈的美感作用，而前两种作用又是通过美感作用来实现的。

为了多方面地、充分地、有感染力地表现社会主义新生活的丰富内容，从而充分发挥艺术的教育作用和认识作用；为了满足广大人民群众的欣赏要求，并进而丰富群众的美感，培养人们高尚的审美情操，对群众进行美育，都需要我们结合内容认真研究艺术形式美的特性。

## 三 各类艺术语言的美学特色

艺术的美表现在各种艺术样式之中。关于艺术的分类方法古今中外都没有一个统一的标准。黑格尔采用历史的分法，将所有艺术归纳为三类，即象征艺术、古典艺术和浪漫艺术。所谓象征艺术就是说美的精神、内容或美的理念得不到充分地、恰当地表现，而只是通过一定的物质形式来象征某种精神内容。譬如原始部落所画的图腾即是他们所崇奉的神的象征。所谓古典艺术就是说美的精神内容或绝对理念和物质表现形式达到了和谐统一。换言之，艺术家在此类艺术中所用的物质形式恰好能表现出绝对的理念，达到了美的理念的充分地感性显现。黑格尔认为古希腊雕刻就是这种艺术的典范。人体是精神、理念的住所，古希腊艺术正是用人体来表现普遍的精神力量，所以内容和形式达到了契合统一。所谓浪漫艺术，就是说精神内容冲破了物质形式的束缚而进发出来，所以这种艺术着重主观感情的抒发。音乐和诗歌即属于浪漫型艺术。[①] 黑格尔这种艺术分类方法有其贡献，也有其缺陷。其贡献在于，它说明了内容和形式的辩证法。内容和形式在象征艺术阶段是不统一的，到了古典艺术阶段才达到了完善统一，然而内容总是要突破形式，总会出现新的不统一，这就必然地产生浪漫型艺术。这种内容和形式的对立统一关系虽不能做为艺术分类的标准，但它却说明了艺术是在内容和形式的对立统一中发展的，这对于理解艺术的继承性、创造性和时代性是有理论意义的。我们要想使艺术推陈出新，一方面要深入生活，一方面又应该掌握内容和形式的辩证法，以便突破旧形式，创造出崭新的艺术形象。从中我们可以看出象征型、古典型、浪漫

---

① 参见朱光潜《西方美学史》下册，第 144~147 页；蒋孔阳《德国古典美学》，第 291~304 页。

型的分法，客观地显示了艺术的某些发展规律，但是若用它来作为划分艺术类别的依据则就不正确了。因为任何种类的艺术发展都体现着内容和形式对立统一的关系，而这种纵向的关系恰恰不能说明横向姊妹艺术之间的区别。

欧洲传统的分法则是把艺术分为抒情的、叙事的、戏剧的三种。亚里斯多德、布瓦洛、别林斯基等人都是这种分法。所谓叙事的就是艺术家站在人物的背后客观地冷静地叙述事件的发展；所谓抒情的就是艺术家采用主观解剖的方式直接表现内心激烈的思想感情；所谓戏剧的就是艺术家让人物直接登场对话、表演，它不需要叙述人的语言，而是让人物自己现身说法。① 这种分法虽然说明了艺术具有不同的表达方式，但是也不能具体界定各种艺术的种类和具体特征。

要想科学地划分艺术的种类，我们就应该按物质媒介来寻找各种艺术的特点。各种艺术由于物质媒介（或叫做艺术语言、表现手段等）的不同自然地就形成了不同的美学特色，我们根据物质媒介把艺术分为五种，即造型艺术、音响艺术、表演艺术、语言艺术、综合艺术。

造型艺术包括绘画、雕塑、版画、工艺美术、建筑艺术等。它所使用的表现手段是线条和颜色，因此它所创造的形象是视觉形象。艺术家为了使视觉形象具有更为深刻的内涵，所以很讲究形象的表情的动势。所谓表情，就是通过描写人物面部的细微变化，表现人物内心的思想感情，例如，罗中立的油画《父亲》就是通过表情来披露人物深刻的心理变化的。画中的父亲满脸皱纹，具有古铜色的面皮，在他的饱经风霜的脸上露出了一丝笑意。这是父亲见到离别后的儿子之际产生的欣慰的笑、慈祥的笑，这笑意里边有儿子的关心，也有对儿子的期待，更有对儿子的爱护。他端着一碗热汤饭递向儿子，好像在说："趁热喝吧！"虽然这只是一幅肖像画，但是从父亲的表情和长着老茧的双手可以明显地看到劳动人民的勤俭、朴实、善良和真诚。这幅画的成功正是因为画家对人物的面部表情进行了精心刻划从而揭示了人物的内在美的缘故。

好的美术作品不仅注意表情的描绘，而且也注意动势的表现。所谓动

① 《别林斯基论文学》，新文艺出版社，1958 年版。

势就是通过选择和描写人物、事物恰当的姿态表现其运动趋向和意向。也就是说，画家要善于选择和确定事物、人物某种特定情势下的特定姿式，这种姿式可以表现出事物的来踪去迹，可以表现出事件的动态发展，也可以表现出人物的思想情绪和意愿等丰富的精神世界。例如，方增先的中国画《粒粒皆辛苦》选择了一位老农蹲在地上捡麦穗的动作进行描写，老农的身后是装满麦穗的马车成队地向前行驶，这就自然地使人联想到老农是一位车把式（他的右手还拿着赶车的鞭杆），正在驱车把丰收的麦子运往打麦场，当他看到掉在路旁的两支麦穗，他立刻跳下马车细心地把麦穗捡起来放到车上，然后立刻继续赶车运麦。由此可见，在赶车的路上捡麦穗的动势是很典型的，它既表现了老农赶车的来由和去向，也表现了他对劳动成果的珍惜，体现了增产不忘节约的高尚思想。这就充分说明动势的选择和描写是情节性绘画的关键，因为它结合背景、道具能使人想到事件的来龙去脉，能在事件的发展中表现出人物的感情和态度。无论造型艺术的创作或欣赏，都应该通过表情和动势深刻理解形象的内容。那种只追求线条和色彩的变化而不考虑作品中的规定情景的作法是不全面的。视觉形象的美是彻里彻外的，要想把它的外在美（或叫做形式美）和内在美（或叫做内容美）都充分地表现出来，我们就应该研究形象的表情、动势和形象与形象间的关系。也只有如此，才能发挥线条和色彩的优势，准确、鲜明、生动而集中地体现出现实生活中的美。

由于造型艺术的描写手段的特殊性，因而就决定了这种艺术在表现现实美的时候所特有的美学特点。它能够直接描写事物的外形和颜色，能够把事物的型体美活龙活现地直接地呈现在观者眼前。无论是达·芬奇的《蒙娜丽莎》，无论是拉菲尔的《西斯廷圣母》，也无论是乔尔乔内的《入睡的维娜斯》，都能够以瑰丽的颜色和柔韧的线条非常逼真地表现出形象的质感、量感和真实感，使读者目睹到主人公那美丽的外貌和动人的神态，这就是造型艺术语言的长处。但是，画中形象的声音是无法直接表现的，这又是造型艺术语言的局限性。优秀的画家不仅能发挥美术语言的长处，而且也能克服美术语言的局限性，通过联想和想象间接表现事物的声音。例如，达·芬奇的《最后的晚餐》中的耶稣坐在正中，从他那悲愤的神情和向十二个门徒摊开的两手，我们好象听到他在说："你们中间的一个人要出卖我。"而门徒们的手势和表情则各不相同。有的在提出疑问，有的则表白心迹，好象我们听到了他们对话的声音。由此可以看出，美术虽然是空间艺术，但是造型艺术家可以通过描写事物的形貌、手势、动态等，让人联想到事物的声音。美术语言对于事物的形、光、色的描绘是直接的，对音响美的表现则是间接的。齐白石的《蛙声十里出山泉》通过小溪中的几只小蝌蚪，可以使人联想到十里以外小溪的上游许多青蛙在歌唱的真实情景；林风眠的《秋鹜》通过倒向一边的芦苇叶子和暗淡的天空，使人好象听到了萧瑟的风声。因此，造型艺术通过线条和色彩不仅表现出可视的图景，而且配合声音的间接表现，塑造出完整的美的形象，进而披露出人物内在的精神美，这就是美术语言的美学特点。我们只有掌握这些美学特点，认识到它直接描写的是什么，而间接描写的又是什么，这样才能比较全面而深刻地理解造型艺术的形象美。

任何事物的形式在空间和时间上都具有一定的规定性，但是在不同样式的艺术中由于物质媒介的不同则具有不同的表现方法。造型艺术对于声音的表现是间接的，而音响艺术由于使用的物质描写手段是和谐的乐音，所以对声音的表现则是直接的。为了更好地理解音响艺术的形象，我们就应该研究乐音的各种性质和功能。所谓"乐音"是指物体有规律的振动而产生的悦耳的声音。音乐家通过乐音的"音色""力度""速度""旋律"和"节奏"等等来创造出生动的音乐形象，表达出丰富的感情，发挥出音乐的美育作用。所谓"音色"就是说，由于发音体的性质、形状不同而产生不同特色的声音。同是一个调子，但是笛音笙音却有不同的特点，前者如鸟鸣，后者如森林被微风吹动而产生的涛声，所以河北民间乐曲笛子独奏《林中鸟》，就好象让我们听到了布谷鸟、杜鹃、啄木鸟等婉转的叫声，也好象我们在林中见到了这些鸟类的神情和姿态。这正是作曲家和演奏家通过器乐（笛子、笙）的不同音色表现自然美的结果。中国戏曲唱腔分生、旦、净、末、丑，这也是为了通过人声不同音色来表现不同的感情和性格。李逵的威猛粗豪的性格只能用净行的唱腔才能表现出来，而虞姬那雍容典雅的风范、温柔娴淑的气质却只能由小旦这一行当的唱腔来应工。由此可以看到，中国戏曲音乐是很注意通过音色来表达不同人物的思想感情的。因此，欣赏音乐，善于区分其中不同的音色，进而理解它们所表现的不同事物的个性和不同人物的思想、性格和气质，是很有必要的。

凡声音总有强弱之分，这就是音乐美学上所讲的"力度"。"力度有'强、中强、极强、弱、中弱、极弱'和'渐强''渐弱'等等区别。""音乐力度的强或弱和乐曲的内容有着密切的关系。例如摇篮曲总是用较轻的声音来演唱；而隆重的、胜利的、具有战斗性的乐曲，却需要用强的声音来演唱或演奏。"① 所以，"力度"的正确掌握对于制造气氛、表达思想情绪也是不可忽视的，为了鉴赏音乐中所表现的情调氛围，我们应该通过分辨声音力度的大小和细微变化，体会其具体的情景和真实而深刻的思想感情。

发音体的振动不仅有力度的区别，而且也有速度的区别。所谓"速度"就是音乐进行的快慢。"速度基本上分三类：慢的、快的和适中的。"② "音乐的速度和乐曲的内容是密切相关的……一般地说，表现激动、兴奋、欢乐、活泼的情绪，是与快速度相配合的；田园风、比较抒情的则往往和适中的速度相配合；而颂赞歌、挽歌、沉痛的回忆等则多与慢速度相配合。"③ 例如，《万里长城永不倒》这首歌就是用比较快的速度来演唱的，它充分地表现了中华儿女们的爱国主义激情。"冲开血路，挥手上吧，要致力国家中兴……"这种敢于向侵略者抗争、拼搏的大无畏精神只能用快速度才能恰如其分地表达出来。与此相反，描写解放区人民"家家户户种田忙"的歌曲《二月里来》则只能用适中的速度演唱。这种速度是由春光明媚的田园生活所决定的。这就充分说明音乐速度的快或慢是与人的内心情绪相一致的。为了体会音乐所反映的生活、所表达的感情，我们应该注意速度的不同和速度的变化。

音乐最基本的要素是"旋律"。音乐的内容、风格首先从旋律中表现出来。所以旋律是音乐表现生活、抒发感情的主要手段。所谓"旋律"就是曲调。更确切些说，旋律就是组织起来的音的高低关系。对于人的喜、怒、哀、乐、爱、恶等情绪极富表现力。从人平时说话声音的抑扬顿挫来看，高兴时和悲哀时是不同的。因此，为了淋漓尽致地表达某种思想感

---

① 李重光：《音乐理论基础》，第 174 页，人民音乐出版社，1983 年版。
② 同上书，第 169 页。
③ 同上书，第 171 页。

情，音乐家在作曲时就应该寻找恰当的旋律，只有这样才能达到内容和形式的统一。譬如《绣金匾》中开头的旋律是：

$$\dot{2}\ \widehat{1\ 6}\ |\ \dot{2}\ \widehat{5\ 3}\ |\ \dot{2}\ \widehat{3\ 2}\ |\ \overline{1\ 6}\ |\ ,$$

这是为了表现"正月里闹元宵，金匾绣开了"的欢乐心情，而当唱到悼念毛泽东、周恩来、朱德等革命领袖的段落时，就必须采用"换头"的手法，将这首民歌开头的旋律改为：

$$\dot{2}\ \underline{1\ 6}\ |\ \dot{2}\ 5\ |\ \underline{4\cdot\underline{5}}\ \underline{3\ 2}\ |\ \dot{1}\ \ 6\ \dot{1}\ |\ ,$$

以便以悲泣的曲调表达出全国人民对革命导师崇敬、怀念的深厚感情①。由此可见，旋律的创造是作曲中的关键。只有捕捉和创造巧妙的旋律，才能以声传情，达到声情并茂。而音乐的欣赏者才能从中体会到作品深刻的内涵，进而得到心灵的陶冶。

　　音乐的各个音符不仅有高低关系，而且也有长短关系。这种以节拍为单位组织起来的音的长短关系就叫做节奏。譬如《中国人民解放军进行曲》开头两小节：

$$\dot{1}\cdot\dot{1}\ \dot{1}\dot{1}\ |\ \dot{1}\ \dot{1}\cdot\ |\ ,$$

这其中所有的" i"音都是一个高度，但是它们的长短则是不同的，有的占一拍，有的占半拍，有的占四分之三拍，有的占四分之一拍。这样的长短关系，听起来不仅富有变化，而且和速度结合起来有一种军容整肃、迅速前进的感觉。如果音的长短关系改为这样：

$$\dot{1}\dot{1}\ \dot{1}\dot{1}\ |\ \dot{1}\ \dot{1}\ |\ ,$$

虽然还是 2/4 的拍子，速度仍然不变，但是由于每小节音符的长短均等，就消失了军队向前进的感觉。这就可以看到，节奏不仅是为了使音的长短

---

① 参见秦西炫《学习〈绣金匾〉的一点心得体会》，《人民音乐》1977 年第一期。

产生变化，而且也是为了恰当地表现既定的现实生活和既定的思想感情。无论音乐的创作还是音乐的欣赏，都应该注意音乐作品在节奏上的特点。

声音的音色、力度、速度、旋律、节奏等是相互联系的，只有在作曲和演奏时把它们结合起来，才能创造出生动的音乐形象；也只有在它们的相互联系中才能体会音乐的意蕴，得到美的感染。

从音响艺术的分析中我们可以看出，音乐最能直接地表现事物的声音；而在事物的外观方面，则必须运用间接描写的方法，通过有关声音的表现，让读者联想到有关的画面，从而完整地再现事物的形象，达到全面地集中地反映生活的目的，这就是音响艺术语言的美学特点。譬如，我们唱一支草原之歌，旋律悠扬、速度较慢，有时力度渐弱，自然地就会表现出草原的辽阔，因为它符合在无垠的草原上歌声荡漾的真实情况。同样，我们唱一支进行曲，唱到末尾，力度由强渐弱，也容易使人想到部队向远处开去的情景，因为越来越小的声音正是这种情景的标志。所以作曲家可以利用通感，描写某种情景下的声音，让人联想到某种情景下的画面。这正是调动听众联想，从而在脑中形成完整形象的有效方法。所以，无论音乐家还是听众，都应该掌握音乐语言的这些美学特点。

由于各类艺术的表现手段不同，在表现形象时就必然有不同的路径。和音响艺术相比，舞蹈这种表演艺术[①]，在创造可视的形象方面是直接的。它的直接性和造型艺术也不同。造型艺术是以静表现动，舞蹈艺术则能直接描写人体的连续动作和富有变化的表情，可谓以动表现动。然而舞蹈也有局限性，它不能直接描写人的心理活动，这就靠人体的有关动作和表情来间接披露人物的内心活动了。例如舞剧《丝路花雨》第二场描写一位姑娘被抢到百戏班子以后含愁起舞，"神笔张拨开众人，走到姑娘面前，丢

---

① 关于"表演艺术"的概念，有的把"需要表演、演唱或演奏的音乐、舞蹈、戏剧等称为表演艺术，以区别于其他艺术"（戴碧等：《艺术概论》，第128页，文化艺术出版社，1983年版）。这种广义的解释不无道理，但这种解释对音乐手段的音响性、戏剧手段的综合性却未能概括出来。为了把三者区分清楚，所以我们把音乐称为"音响艺术"，把戏剧称为"综合艺术"，而只把舞蹈称为"表演艺术"。这样既标明了各自在物质媒介上的主要特征，同时又涵概了各自的表演性——"音响艺术"必然需要演奏或演唱，"综合艺术"必然把"表演"综合在内，而"表演艺术"正是舞蹈最基本的特征。我们把自己对舞蹈的这种解释称为狭义的表演艺术。

钱给姑娘，她抬头一看，失手把铜盘丢下，扑到神笔张怀里。原来这姑娘正是神笔张失散五年的爱女英娘"。在这里没有任何对话，但是英娘失手丢铜盘和扑到神笔张怀里的动作都非常深刻地揭示了英娘认出父亲时那悲喜交集的心理活动。所以舞蹈的表现手段虽是人体动作和面部表情，但是它所表现的内容则不仅仅是动作和表情，而是配合着间接表现，细致地揭示出人物的内心世界，塑造出完整的性格，真实地反映社会生活。我们为了创造和鉴赏舞蹈形象，就应该密切注意舞蹈语汇的上述美学特点。无论是表现傣族人民优美生活的《孔雀舞》，无论是表现汉族粗犷性格的《安塞腰鼓》，也无论是表现现代生活的《晨曲》，都是通过恰当的连续动作，相当准确地表现了一定环境中的一定的思想、感情和美好的愿望，创造了比较完美的形象，所以欣赏舞蹈的美不仅要观赏舞蹈节奏和舞蹈构图，而且必须留意每一个动作中的"潜台词"，这样才能由表及里地把握舞蹈形象的美。

在艺术的诸门类中，语言艺术（文学）可以说是最能直接地描写人的心理活动了。因为它的表现手段是语言文字，而语言是思维的外衣，"是思想的直接现实"。① 尼古拉耶娃曾说，人类"思想可以达到的一切，语言也可以达到，因此，借助于语言可以表现运动和发展中的人的全部丰富的精神生活"。由此可见，文学对于精神的表现是直接而充分的。如陆游的诗《示儿》："死去原知万事空，但悲不见九州同。王师北定中原日，家祭无忘告乃翁。"这首诗用极朴实的语言深刻表达了作者伟大的爱国主义思想。诗中忧国忧民的感情体现在字里行间，这是造型艺术或音响艺术所无法直接表现的。同样姚雪垠的小说《李自成》中的心理描写和对话描写也都是对内心世界的直接表现。当李自成和夫人高桂英在荒山寨决定各领一路人马分别突围时，李自成对高夫人的千叮咛万嘱咐是无法用线条直接表现的，而高桂英临别时"觉得心中阵阵酸痛，喉咙壅塞"的心理描写更是无法用色块和音响来表达。这就充分说明语言对于人的精神世界的描绘是最富有表现力的。它能够从微观上触及人物的每一根神经，生动地展示出"内宇宙"的细微变化，因而为读者的欣赏铺平了直接认识心灵美的道路。

--------

① 《马克思恩格斯全集》第二卷，第525页。

文学语言有其优势，但也有其局限性。它的局限性表现在不能直接创造视觉形象和听觉形象。为了克服这种局限性，作家通过恰当的修辞方式状物、写景，让人如身临其境。如毛泽东同志的《雪》，用飞舞着的银蛇比喻白雪覆盖着的群山，用白腊色的象群比喻高原丘岭上的积雪，就好象我们亲眼看到了"千里冰封，万里雪飘"的景象一样，尤其作者用"红装素裹"的美人来形容红日白雪交相辉映的景象就更使我们感到祖国山河的多娇多态。这种"引譬联类"的方法，使人由一种事物想到另一种事物，从而在头脑中构成诗意葱笼的画面，正说明了文学能够通过比喻、比拟、夸张、借代等修辞格，利用读者的联想，完全可以间接地表现事物的形状、颜色和声音。所以文学对于形象的各个方面的表现也是具有完整性的，诗歌如此，小说也莫不如此。小说《李自成》不仅写了李自成的心理活动和对话，而且还写了他的肖像、行动及其所处的环境。作品的开始写道："一个霜风凄厉的晚上，在陕西东部，在雒南县以北的荒凉的群山里，在一座光秃秃的、只有一棵高大的松树耸立在几块大石中间的山头上，在羊肠小路的岔股地方，肃静无声，伫立着一队服装不整的骑兵，大约有一二百人。"在这里作者具体地写出了李自成部队所处的自然环境。本来文字就是一种符号，它不象造型艺术那样直观，但是作者通过文字详细介绍雒南县的荒凉群山，就可以调动读者头脑中的有关表象，在想象中构成一幅山路崎岖、气候恶劣的画面。作者为了进一步调动读者的已有的视觉表象，还着重描写了李自成的伟岸的仪表："在大旗前边，立着一匹特别高大的、剪短了鬃毛和尾巴的骏马，浑身深黑，带着白色花斑，毛多卷曲，很象龙鳞，所以名叫乌龙驹。骑在它身上的是一位三十一二岁的战士，高个儿，宽肩膀，颧骨隆起，天庭饱满，高鼻梁，深眼窝，浓眉毛，一双炯炯有神的、正在向前边凝视和深思的大眼睛……他戴着一顶北方农民们常戴的白色尖顶旧毡帽，帽尖折了下来。因为阴历十月的高原之夜已经很冷，所以他在铁甲外罩着一件半旧的青布箭袖棉袍。为着在随时会碰到的战斗中脱掉方便，长袍上所有的扣子都松开着，却用一条战带拦腰束紧。他的背上斜背着一张弓，腰里挂着一柄宝剑和一个朱漆描金的牛皮箭囊，里边插着十来支雕翎利箭……"从这段描写里，我们好象看到了李自成的相貌身材、全身披挂的细微末节及其战马的姿态和颜色。这就充分说明，文学通过语言的描述可以唤起读者脑中的视觉表象、听觉表象、从而达到如见其人、如闻其声的艺术效果。因此，文学不仅可以直抒胸臆，可以直接描写人物的心理和对话，而且可以用间接表现的方法通过唤起表象、引起联想和想象的方式进行肖像描写、行动描写和环境描写，从而创造出一幅生动的人生图画。这就是文学语言的美学特点。当然文学的写作方法很多，但是我们如果了解文学语言在直接描写和间接描写上的特殊功能，就能够从美学上理解文学形象的特点，以便于文学作品的创造和欣赏。

我们对上述各种艺术的表现手段都有了基本了解，在此基础上，我们再来分析"综合艺术"这样一个最富群众性的门类。综合艺术包括戏剧、电影、电视剧等。它的物质媒介并不是单一的，而是各种艺术语言的结合。这就决定了它具有以下的美学特点。

首先，综合艺术具有形象的多维性。就是说综合艺术能够从多方面直接地描写现实生活。譬如电影《业余警察》中的主要人物何大壮由冯巩饰演，他进入角色后，在真实的具体的场景里活动。我们在银幕上既能够直接看到某城市车水马龙般的景象，也能够听到闹市的嘈杂之声，更能够直接看到何大壮公共汽车上抓小偷的动作以及谴责小偷的神态，而且还能够直接听到何大壮与小偷进行各种斗争时的富有风趣的对话。一幅小小的银幕，能够使形象得到立体的表现，这是因为电影可以综合使用各种艺术的表现手段的结果。语言的、音响的、造型的、表演的等等手段在电影中可以熔为一炉，所以电影的形象是多维的。戏剧虽然和电影在场景的处理上不尽相同，但是它同样能够多方面地、逼真地、直接地描写现实生活。因此，我们无论写剧本还是写电影脚本或电影剧本，都不能只注意剧本或脚本的文学成分，而应该想到它的各个方面，以便于演出或拍摄。例如《为了幸福干杯》这个话剧剧本，[①] 第一场就写明了布景：北方某印染厂厂区公园，有路灯杆子、石凳、树茂花香、鸟语莺声。剧作者作这样的布景的提示并不仅仅是为了表现自然风光，而是为了剧中人便于表演，因为主人公丁瑞林一上场就是手提着浆糊瓶，拿着刷子、纸条等。画外音介绍道："……他手上的纸条是我们在街头巷尾司空见惯的对调工作启事。"正因为

---

① 水运宪作，见《剧本》1980 年三月号。

他要贴对调启事，所以剧作者就必须写明布景中应有路灯杆子，以便丁瑞林贴纸条。接着女主人公章素兰摇摇晃晃骑着自行车上，并着急地喊："哎哎，快躲开快躲开！哎——"丁瑞林躲避不及，双手急忙抓住车把，搀扶章素兰坐在石凳上，并在相互自我介绍后进行了亲切交谈。由此可见石凳的设计不是可有可无的，而是和主人公的活动有密切关系的。这就充分说明，戏剧脚本也好，电影脚本也好，在行文时不能仅仅着眼于对话，而应该看到综合艺术形象的多维性，除发挥语言的表现功能之外，还应该在音乐、美术各个方面做好提示和说明，以便于使人物在舞台上或银幕上达到立体化。而观众了解了综合艺术形象的多维性，才能更全面地欣赏综合艺术的形象，从而受到更深刻的教育。

综合艺术在表现手段上的第二个特点就是场面语言或镜头语言的鲜明性。我们这里提出"场面语言"这一术语，是因为场面在戏剧中不仅仅是一个结构问题，而是和文学中的句子一样，是戏剧语言的基本单位。我们认为戏剧的艺术语言不仅仅是对话、行动、音响效果和舞台美术，而应该把场面放在戏剧语言的范畴之中。如前所述，戏剧的表现手段是各种艺术语言的结合，这是戏剧艺术的长处，但是戏剧又受时间和空间的限制，它不能像文学那样自由地描写各种场景，而是在有限的场景里表现生活，这又是它的局限性。为了克服这种局限性，剧作家往往用"一以当十"的方法，通过少量的场景集中表现众多的人物和较为复杂的事件。也就是说，剧作家把许多不同地点发生的事情经过缜密的构思之后集中在一个或几个场景里加以合理地表现。这就需要在同一场景内不断转换人物关系，而人物关系的转换则是划分场面的主要依据之一。① 所以剧作家在有限的场景内转换和安排不同场面就成了戏剧的重要表现手段或叫做重要的戏剧艺术语言。例如曹禺的话剧《北京人》所描写的事件都发生在一个地点，即曾宅小花厅里，这是作者巧妙安排和组织场面的结果。小花厅右边一门通大奶奶思懿的卧室，小花厅左边也有一门通入姑奶奶——曾文彩及其丈夫江

---

① 场面是"把人物彼此之间的关系处理在某一时间和空间之内"（维诺格拉多夫：《新文学教程》，第 85 页，大意，读书出版社）。这就表明时间、地点、人物关系三者的变化都是划分场面的标志，但在戏剧中人物关系的变化比地点的变化较多，所以它是划分场面的主要标志。

泰的睡房。另外，还有通往上房的门、通往老太爷曾皓寝室的门。这样，作者既可以让思懿及其丈夫曾文清从卧室走进小花厅（上场）对话，表现思懿虚伪、自私、多疑、毒辣的性格和曾文清悲欢厌世、自暴自弃、懒散废驰的思想和行为；又可以让她或他随时下场，变换人物关系（即变换场面）而让愫方登场，表现她与表哥文清深深相爱而又不敢冲破封建禁锢的孤独、抑郁而又温厚的性情；还可以让思懿的儿媳瑞贞登场，形成新的人物关系，构成新的场面，让瑞贞和愫方对话，表现瑞贞自由、平等、博爱的思想；也可以让她们因事走出小花厅（退场），而让曾文彩和江泰吵闹着从自己的睡房走进小花厅（上场），构成又一新场面，表现江泰这个想经商发大财的新兴资产阶级人物；更可以让这个家庭的老太爷曾皓从寝室走过来找愫方，要她熬参汤，并坐在小花厅的沙发上，与愫方对话，表现曾皓这个封建阶级代表人物的腐朽和没落……总之，三幕话剧《北京人》的场景，时间有变化，人物关系有变化，但是地点未变。这正是作者和导演为了布景的方便，让大奶奶的卧室、曾文彩的睡房以及老太爷的寝室等处发生的事件通过精心安排，集中地在小花厅加以表现的结果。这其中的关键就是变化人物关系，构成一个一个新场面，并使之自然衔接，表现出一系列生动的情节，鲜明地展现了一个时代的封建家庭生活。由此可见，场面的安排就象文学的遣词造句一样是戏剧的重要表现手段，是戏剧综合了各种艺术物质媒介之后而产生的更高一级的艺术语言，这也是戏剧家弥补时空限制的结果。

和戏剧一样，电影艺术在综合各种艺术手段的基础上与科学技术相结合产生了"镜头语言"。镜头语言比场面语言具有更大的自由，因为它可以摄取不同时间、不同地点的各种画面并配以相应的声音。即使是在相同的场景里，它也可以从不同的距离、不同的角度摄取不同美学效果的画面，并对这些画面（镜头）进行组接，从而恰当地表现运动着的现实，非常鲜明地表现出社会生活的丰富内容和深刻的主题思想。所以"镜头"是电影语言中的"基本词汇"，而有机地联结各种镜头的"蒙太奇"则是电影语言中的"语法"。不管是《天云山传奇》，不管是《人到中年》，也不管是《危险的蜜月旅行》都是把不同形式的镜头有机地衔接在一起，从而真实地具体地表现活动着的人物的思想、感情和性格特征。"镜头语言"

是电影所独有的，它是电影艺术表现人物和景物，多角度、多方位地显现典型环境中的典型形象，并生动地体现出形象的内在意义的必不可少的手段。

任何艺术都有其长处，也都有其短处。电影不受时间和空间的限制，能够自由地运用镜头语言，鲜明而直接地表现变化着的现实生活。"然而，耗资巨大的影片拍摄工作一般是不宜重复进行的。演员所演出的形象一旦被固定在银幕上，则很难再有修改的机会。电影是一次完成的艺术，因而也往往被电影艺术家称为'遗憾'的艺术。这是电影艺术的局限性之一。同时，电影银幕形象毕竟不是演员直接出面在现场上的表演，因而缺乏舞台演出中那种表演者和观众直接进行思想感情交流的机会。"① 这些就靠电影艺术家拍摄时当场反复、当场修改，并在现场拍摄中"通过假想观众的存在"来弥补了。

从我们对各种艺术门类的分析可知，表现现实生活的物质媒介是区分艺术种类的科学标准。因为它决定着各类艺术的存在形式。我们只有掌握了各类艺术语言的美学特点，才能更为深刻地理解各门类艺术中的具体形象，才能从中得到美的感染和更深刻的审美教育。

---

① 刘叔成、娄昔勇、夏之放等：《美学基本原理》，第 453 页。

# 青年美育的基本途径<sup>*</sup>

## 一　社会实践是青年美育的根本途径

社会实践是人类能动地改造自然和社会的活动，也是人类生活中最基本的活动。马克思主义哲学的最显著特点之一，就是它的实践性。我们青年和青年美育工作者要想认识美、欣赏美并使自己达到美的境界，就必须参加社会实践，在社会的生产劳动和工作中去接触美的事物。只有这样才能开发出社会美和自然美的深层结构，才能找到美的矿藏，才能创造出美好的生活，也才能创造出"人化的自然"之美。

马克思曾经说："社会生活在本质上是实践的。"① 这就是说，没有人的实践也就没有人类社会生活。实践创造了人类、创造了生活、创造了历史，所以社会的美、生活的美、人的美就不会是什么主观观念，而只能是社会实践的产物。因此，无论是人的智慧的美还是体型的美都是由于进行社会实践的结果。列宁曾经说过："实践高于（理论的）认识，因为实践不仅有普遍性的优点，并且有直接的现实性的优点。"② 这就明确地告诉我们，实践活动能够广泛地、普遍地认识现实。因为实践具有这种品格，所以它是认识世界上一切事物的根本途径。不管是认识事物的形式还是认识

---

　　*　原文见庞安福、田杰著：《青年美育概论》第六章，吉林人民出版社，1988——。编者注
　　①　《马克思恩格斯选集》第一卷，第 18 页。
　　②　列宁：《哲学笔记》，第 230 页。

事物的内容，不管是认识事物的外貌，还是认识事物的本质，都需要通过实践。列宁还说："从生动的直观到抽象的思维，并从抽象的思维到实践，这就是认识真理、认识客观实在的辩证途径。"① 这就进一步说明任何认识都是来源于实践，实践不仅是认识的原泉，而且是检验真理的试金石。人类认识世界主要有两种思维方式，一种是抽象思维，一种是形象思维，这两种思维对于事物的认识都需要依赖于社会实践。"所以，那一切科学的（正确的、郑重的、不是荒唐的）抽象，都更深刻、更正确、更完全地反映着自然"。② 只要是从实践中来的认识，只要是经常参加劳动实践和工作实践、广泛接触社会，就能够对自然事物和社会事物做出正确的抽象和概括。所以我们青年和青年美育工作者，必须根据实践第一的观点深入生活、深入社会，在实践活动中去认识美的事物的多样性及其本质。就人的美而言，不到社会实践中去，你就无法从外表到心灵认识各种工作岗位上的优美和壮美的人物，就无法具体地体会他们那雄伟或秀婉的形象和美好的心灵。尤其是在改革深入进行的今天，我们就更应该到社会实践中去认识开拓者的形象。生活中有无数个马胜利、有无数个张兴让，我们要想了解他们的具体形象，就只有到社会生产的第一线去，这样，认识到的改革家就不只是几条抽象的概念，而是具体的活生生的形象，他们的音容笑貌就会深深地印在你的脑海里。因此，以形象性为主要特征的美，需要形象思维来认识，而形象思维和抽象思维一样，都离不开社会实践。我们青年要想美化自身，首要的一条就是多接触社会，这样才能在实践中切身体会到生活浪花的五彩缤纷，才能从活龙活现的形象上体会到开拓者那勇于进取的生活激情，才能从生活美的形象中受到巨大的鼓舞。而青年美育工作者在社会实践中也才能获得生动的美学资料，才能用现实的美去影响和教育广大的青少年，使他们朝着美的道路前进。毛泽东同志指出："无论何人要组织什么事物，除了同那个事物接触，即生活于（实践于）那个事物的环境中，是没有法子解决的"③，"实践的观点是辩证唯物论的认识论之

---

① 列宁：《哲学笔记》，第 181 页。
② 列宁：《哲学笔记》，第 181 页。
③ 《毛泽东选集》，第 275~276 页。

第一的和基本的观点。"① 毋庸置疑，实践是检验真理的标准，自然也是检验审美认识的标准。参加社会实践、接触客观现实，是认识美、把握美进而欣赏美并接受其影响的根本通道。那种脱离社会实践，仅仅把青年美育理解为只是美的观念的教育，是不全面的。只有把审美观念、审美理想的教育和青年的社会实践结合起来，才能是全面的美育过程。因为结合社会实践，不仅可以培养青年的参与意识，而且可以使青年在实践中印证、体会美学理论、美学知识。因此，青年美育，从理论来源于实践又服务于实践的根本观点出发，必须有目的、有计划、有步骤地结合社会实践，这样才能使青年美育获得实际效果。

我们认识人的美，需要通过社会实践；认识劳动产品的美——即"人化的自然"的美也需要通过社会实践。马克思说："动物只是按照它所属的那个物种的尺度和需要来进行塑造，而人则懂得按照任何物种的尺度来进行生产，并且随时随地都能用内在固有的尺度来衡量对象，所以，人也按照美的规律来塑造物体。"② 马克思在这里从生产实践上（而不是从生物种类上）对人和动物进行了区分。动物只是由于直接的肉体需要而本能地部分地改变着自然界；而社会的人则能够利用工具、根据各种自然规律进行生产实践活动，从而全面地改造自然，创造出各种产品，以满足社会的各种需要。人的劳动产品有的具有实用价值，有的具有审美价值，而有的则二者兼而有之。不论如何，凡具有美的特点的产品都是"按照美的规律塑造物体"的结果。例如，城市绿地以及建筑和室内陈设等都是劳动的产品，而它们的创造又都离不开美的规律，所以都属于美的事物。这种美不是纯粹的自然物，而是体现着人的审美观点，有着劳动的印迹，是人类智慧和汗水的结晶，所以是"人化的自然"。这种美的产品，既是物质实体，又体现着人的审美观念，所以，是主客观的统一。但是这种统一是主观统一于客观，而不是客观统一于主观，因为"观念的东西不外是移入人的头脑并在人的头脑中改造过的物质的东西而已"③。美的观念是美的反映，是物质的东西的反映。只有根据符合客观存在的美的规律的观念改造自然，

————————————

① 《毛泽东选集》，第 273 页。
② 马克思：《1844 年经济学—哲学手稿》，何译本，第 50~51 页。
③ 《马克思恩格斯选集》第二卷，第 217 页。

才能创造出美的产品。这种美的产品具有着客观性，它不仅具有自然属性，同时因为人类实践活动本身也是客观的社会存在，所以，打着实践印迹的产品也是客观的。马克思说："工业的历史和工业的已经产生的对象性的存在，是人的本质力量的打开了的书本，是感性地摆在我们面前的人的心理学。"① 这"对象性的存在"即劳动产品，它由于是实践活动的结果，所以就体现当时生产力发展水平、当时的技术水平和人类的思想、智慧等等，一句话，体现着人类改造自然（包括改造自然美）的物质力量和精神力量，因此它具有着社会性。而这种改造自然的力量又是在一定的生产关系中发挥作用的，因此它体现的社会性就只能是客观的，而不是超社会的抽象的力量。马克思和恩格斯还说过："只要按照事物的本来面貌及其产生根源来理解事物，任何深奥的哲学问题……都会被简单地归结为某种经验的事实。例如，关于人对自然的关系这一重要问题……就是这样。这是一个产生了关于'实体'和'自我意识'的一切'高深莫测的创造物'的问题。然而如果考虑到，在工业中向来就有那个很著名的'人和自然的统一性'，而且这种统一性在每一个时代都随着工业或快或慢的发展而不断改变，就象人与自然的'斗争'促进生产力在相应基础上的发展一样，那么上述问题自然就不存了。工业和商业、生活必须品的生产和交换，一方面制约着不同社会阶级的分配和彼此的界限，同时它们在自己的运动形式上又受着后者的制约。这样一来，打个比方说，费尔巴哈在曼彻斯特只看见一些工厂和机器，而一百年以前在那里却只能看见脚踏纺车和织布机；或者他在罗马的康帕尼亚只发现一些牧场和沼泽，而奥古斯特时代在那里却只能发现到处都是罗马资本家的茂密的葡萄园和讲究的别墅。费尔巴哈特别谈到自然科学的直观，提到一些秘密只有物理学家和化学家的眼睛才能识破。但是如果没有工业和商业，自然科学会成为什么样子呢？甚至这个'纯粹的'自然科学也只是由于商业和工业，由于人们的感性活动才达到自己的目的和获得材料的。这种活动，这种连续不断的感性劳动和创造，这种生产，是整个现存感性世界的非常深刻的基础，只要它哪怕只停顿一年，费尔巴哈就会看到，不仅在自然界将发生巨大的变化，

---

① 马克思：《1844 年经济学—哲学手稿》，何译本，第 80 页。

而且整个人类世界以及他（费尔巴哈）的直观能力，甚至他本身的存在也就没有了。"① 这段话的内容和上面马克思《1844 年经济学哲学手稿》中那段话是完全一致的，即改变了的自然界的历史体现着人类的生产状况、科技状况和生产关系的变化等社会内容。因此，劳动产品（包括美的劳动产品）既是物质的东西，具有着自然性，又是"对象性的存在"，具有社会性，它们不是神创造的，而是人类伟大的物质实践活动的见证。它们是现实的人（一定社会关系中的人认识、改造自然的能力）和自然的统一。为了认识这种人化的自然之美，我们青年美育工作者就必须亲自参加改造自然的实践活动，只有这样，才能具体地体会到在美的劳动产品上所体现的人的本质力量，才能够在自由的劳动创造中分清实用价值和审美价值，也才能从中得到美的熏陶，使人化的自然发挥出它的美育作用。我们无论从古代的劳动产品，还是现代的劳动工具及其产品上，都能看到劳动对于美的伟大创造。譬如古代人所制造的陶罐有四个耳子，这是为了穿上绳子提水用。这耳子就体现着古代人在劳动中的创造精神，所以古代人能对它产生一定的美感。尤其，古代人在陶罐上画几何图案，既富有变化又有和谐感，就更能愉悦身心、陶冶心灵，使人得到美的享受。由此可见，一只陶罐的创造过程正体现了古代人对美的创造和欣赏过程。在劳动实践中，人不仅能体会劳动产品的深刻内涵，具体地感受到创造性劳动的重大意义，而且还能够在产品的外观上发现多样、统一、均齐、对称等形式美的规律。因此，参加劳动实践对于美育来说是十分必要的。尤其现代化的生活用品（包括日用工业品）不仅体现着高度的技术水平，而且在造型的设计上更体现着高度的美学水平。我们青年只有参加工业实践，才能更好地认识新时期劳动者的创造力，也才能更好地了解和欣赏工业产品的造型美。

总之，劳动"是整个人类生活的第一个基本条件"②，劳动创造了世界，劳动创造了人。人的语言、思维和意识及其健美的体型和灵活的四肢都是在社会的生产实践和工作实践中形成和发展的；人们所使用的生活用品也大都是劳动实践所创造的。要想发挥青年美育的重要作用，我们就必

---

① 马克思、恩格斯：《德意志意识形态》，人民出版社 1961 年版，第 39~40 页。
② 《马克思恩格斯选集》第三卷，第 508 页。

须引导青年在改造社会、改造自然和改造人自身的社会实践活动中去提高审美能力，从而培养心灵美，锻炼形体美，创造环境美，以便把我国建成具有高度精神文明的国家。

## 二　青年美育的具体途径

我们已经谈了青年工作者进行美育的根本途径。但是要想具体实施美育还要看到社会实践的多样性和进行美育的多种渠道。因此，就有必要在这里专门叙述一下进行青年美育的三项具体途径。这三项具体途径就是家庭美育、学校美育和社会美育。

这三项美育实施的方法或途径最早是蔡元培先生提出来的，[①] 这种方法是科学的，它概括了美育的基本类型，为美育做出了一定的贡献。但是由于时代的局限，并没有对它们进行充分的论证。我们在论述时，一方面沿用蔡元培先生某些术语，但在更多的情况下则利用新的资料、发挥新的观点，以便于在新时期做好青年美育工作。为了论述的方便，下面我们分项进行。

### （一）家庭美育

家庭是社会的细胞，家长的一言一行对青少年的心灵都有着深刻的影响。青少年善恶、美丑观念的形成与家庭的日常生活有着直接的关系。孩子从呱呱落地到长大成人，经常接受着父母思想感情和行为的熏陶。所以每个家庭对青少年进行正确的审美教育，使青少年成为全面发展的新人，是义不容辞的责任。面临着建设社会主义精神文明的伟大任务，许多家长逐步认识到家庭美育的重要，但是家庭美育的内容究竟是什么？我们在这里结合反映青少年生活的电影《心泉》对家庭美育进行系统的论述。

《心泉》描写的是苗族少年卡里在朋友蒙小民的家里精心制作了一幅昆虫标本图，由于蒙小民的奶奶对孙子的溺爱，竟把这个功劳归于蒙小民，使蒙小民获得青少年学科学一等奖。影片围绕这一冒名顶替的行为展

---

① 　参见《蔡元培美学文选》，第 154~159 页，北京大学出版社 1983 年版。

开了矛盾冲突，深刻揭示了诚实、正直是心灵美的基本内容。诚实、正直是大公无私的表现，是实事求是的表现，是振兴中华的精神力量。我们每个家长都应该教育自己的子女爱国、诚实、正直、公而忘私，使他们的心灵象泉水一样清澈透明，从而达到心灵的美。蒙小民的奶奶由于处处牵就孙子，才使孙子爱虚荣、好骗人，以至把别人的成绩当成自己的桂冠；而小民的母亲温莹则又怕事情的败露会伤害到孩子的自尊心，所以也为小民隐瞒了事实真相，致使小民发展到把小艺拾到的口琴据为己有，并撒谎说是学习发的奖品。如果小民的奶奶和温莹再任蒙小民这样发展下去，就会使小民最后成为象校长邓均那样为了个人的名誉、地位而任意歪曲事实、坑害他人、危害革命事业的伪善者，就会成为"各种各样的贼"。因此，教育孩子诚实与否决不是小问题，而是关系到整个社会主义事业的大问题。我们知道，社会主义精神文明的主要内容就是革命的理想、道德和纪律，而诚实与虚伪、正直与偏私则是道德的根本问题，也是心灵美的核心问题，只有在诚实、无私的基础上才能进一步树立起远大的共产主义理想，才能做到遵守一切纪律，也才能在全社会建立和发展新型的社会关系，并进而促进社会主义物质文明的建设。所以诚实、正直、无私是美的基本品质，也是家庭美育的基本内容。而要想使青少年达到这种美的要求，我们的家长就必须首先具有无私的精神和诚实、正直的品德。"教育者本人一定是受教育的。"① 我们要进行家庭美育，首先就应该使自己的精神境界高尚起来。如果象蒙小民的奶奶和温莹那样具有私心杂念，就会把青少年引向邪路。由此可见塑造青少年美的心灵是家庭美育的重要内容。

《心泉》还形象地告诉我们，心灵美不仅包括革命的理想、高尚的道德，而且还包括丰富的智慧。影片中的青少年们在青石山采集标本时，苗族少年卡里之所以能够认识各种昆虫的形态特征、生活习性，并能够捉到一种极有研究价值的大突肩瓢虫，就是因为他经常参加劳动实践，增长了知识的缘故，因而他的才智使观众啧啧连声。而蒙小民不仅不能采集昆虫标本，反而把马蜂当成瓢虫去捉，被马蜂蜇得鼻青脸肿，丑态百出，闹出许多笑话。由此可见，愚昧无知是不美的。愚昧和睿智总是对立的，智慧

---

① 《马克思恩格斯选集》第一卷，第17页。

来源于实践而又存在于心灵之中，因而也属于心灵美的范畴。古希腊哲学家德谟克利特说："身体的美，若不与聪明才智相结合，是某种动物性的东西。"① 我们的家长对青少年进行美育，就应该象小艺的妈妈那样根据实际情况让孩子参加实践活动。让青少年了解大自然的奥秘。从而开发他们的智力，使他们聪明起来，达到智慧的美，决不能象小民的妈妈那样，把孩子禁锢在温室里，窒息孩子的智慧。这就可以看出，设法开发青少年的智力也是家庭美育中必不可少的内容。

心灵美还包括美好的感情。我们认为，心灵美虽和高尚的道德是一致的，但又比道德更丰富多采。它是一个人的优秀的道德品质和美好的感情交融在一起的具体的精神境界。仍以电影《心泉》为例，影片中的严教授那种一心为公而搞科学研究的崇高精神总是和他热爱人民的美好感情密不可分。他对蒙小民的和蔼的表情、真挚的态度就是他丰富的精神境界的真实写照。他对蒙小民的启迪总是带着深厚的感情，而不象小民的爸爸蒙玉民那样冷冰冰地去进行说教或者体罚责骂。蒙玉民诚实、正直，堪称道德品质高尚，这是心灵美的根本，但是却不能说他的心灵美达到了"全"和"粹"的地步。韩非说："夫以父母之爱，乡人之师，师长之智，三美加焉"。② 此"三美"即包括美好的感情、美好的德行（美德）和深广的智慧，这都属于心灵美。蒙玉民经受过"四人帮"的残酷迫害，他为坚持真理而被打断一条腿，他对"四人帮"极端仇恨，这种疾恶如仇的感情在十年动乱时期自然是崇高的、美的。但是如果在新时期，把这种感情迁怒到后一代身上，就不对头了。这是对"大恶"和"小恶"不分，缺乏美学修养的表现。其实所谓"修养"就包含着理智和感情的正确处理，包含着用美的感情去感化别人的意思。我们的家长应该象严教授那样从思想、品德、智慧才能、内心情感各个方面具备美的品质，并以美的感情为桥梁去教育、感化后一代，从而培养出有理想、有道德、有文化、守纪律，"三美"俱全的新人。这就是家庭美育的内容和重要任务。

进行家庭美育不仅要了解它的主要内容，而且还要讲究进行美育的方法。我们知道，形象性是美的根本特征。美是内容美和形式美的统一，是

① 《西方文论选》上卷，第4页。
② 《韩非子·五蠹》。

心灵美与外在行为、外在形态美的统一。因此，要完成家庭美育的重要任务，就必须采用形象化的教育方法。《心泉》中的严教授等人都不是用抽象的概念去教训人，而是以生动形象的语言去打动人的内心世界。他不仅以自己亲切的音容笑貌、举止动作影响小民的思想感情，使自己的形象成小民效法的对象，还用自然物的形象作为表达思想感情的媒介（如把昆虫标本说成有听觉、有感情、会说话的人）来触及小民的内心深处，使小民乐于受教，并决心痛改前非，净化了小民的心灵；他还用自然物（昆虫标本）本身美的形象引起小民的美感，进而激发他学科学的兴趣。这一切都说明了美育的方式必须是形象化的教育。我们进行家庭美育就必须从美的形象性入手，以便潜移默化地影响青少年的精神世界，并提高青少年欣赏美和创造美的能力。

## （二）学校美育

学校美育是通过校长、教导主任、班主任、青年团干部及全校教师的共同工作而使青少年逐步具备共产主义的美好品德、美好感情、美好行为，从而成为全面发展的社会主义新人的形象化教育活动。它既包括艺术教育，也包括在其他课程以及日常工作中对学生进行形象化的教育。

从学校的日常工作来看，学校的一切领导和教师都应该对学生进行审美教育。这是非常复杂而细致的工作，既需要具体了解学生的实际情况，又需要对学生启发诱导；既需要对学生提出要求，又需要培养学生的意志。这种经常的工作一刻也离不开对学校生活中美的人物与事物的赞美、表扬和对学校、生活中丑的思想、行为的批评。因此，结合生活的美、现实的美具体地对学生进行审美教育是非常必要的。可见，生活美和艺术美都是学校美育的内容。由于艺术美是学校美育的主要手段，所以我们重点谈谈学校艺术教学中的美育。

先谈语文教学中的美育。

学校的语文教学既担负着德育、智育的重要任务，同时也是美育的重要手段。语文教学的美育不单是形式美、外在美的教育，不单是艺术欣赏能力和艺术表现能力的培养，而且是对学生从掌握文艺作品的内容到掌握作品的表现形式，从思想品德的修养到外在行为、外在形态的表现全面进行培养的教育活动。内容对形式起着决定作用，因此语文美育必须首先从内容出发，而不应该从形式和技巧出发，这是语文美育的基本原则。

语文美育是社会主义精神文明建设中的组成部分，因此，语文美育必须和社会主义的方向联系起来，必须以共产主义思想为核心。这是我们在语文教学中进行美育的指导思想。

语文教学中的美育怎样才能做到以共产主义思想为核心呢？这里认为必须在教学中渗透革命的理想教育、道德教育和纪律教育。因为革命的理想、道德和纪律是社会主义精神文明的主要内容，也是"五讲""四美"活动的关键，下面结合具体课文从三方面来谈。

首先，语文课必须通过文学形象的剖析，使学生深刻理解作品中英雄人物崇高的思想境界，树立起远大的共产主义理想，从而抵制和克服各种剥削阶级思想以及其它同社会主义制度相抵触的思想。这样才能使学生达到心灵的高尚，才能培养出社会主义事业的接班人，才能保证我们的各项建设沿着社会主义的方向向前发展。中小学课本中有许多描写革命先辈的文学作品，也有许多革命先辈自己的创作。这都是我们进行理想教育的活教材。譬如革命烈士李大钊、恽代英、李少石用鲜血写出的壮丽诗篇（《口占一绝》《狱中诗》《南京书所见》，均见初中语文第五册）就充分表现了共产党员在黑暗势力面前"不作寻常床箦死，英雄含笑上刑场"的英勇无畏的革命壮举。烈士们之所以有这种视死如归的豪迈气魄，就在于他们具有着"何当痛饮黄龙府""大义长争日月光"的共产主义伟大理想。共产主义理想是这些诗歌中感天地、泣鬼神的崇高形象的核心。我们只有通过诗歌的语言、形象和结构的分析，抓住这个核心，才能使学生深入理解作品的主题思想，也才能从灵魂深处培养学生的优秀品质。这既是政治思想教育，同时也是从根本上对心灵美的塑造。再如《刘胡兰》（小学语文第三册）所描写的年轻的女共产党员刘胡兰面对国民党反动派的种种威胁和利诱，"象钢铁铸成似的"，毫不屈服，最后大义凛然地走向敌人的铡刀英勇就义的伟大形象，就充分说明共产党员是特殊材料制成的，充分体现了她的共产主义思想境界。我们必须结合课文所描写的具体情景，深入地分析出英雄人物的这种革命精神，触动学生的内心世界，才能使学生的思想无限高尚、具有美好的共产主义理想，才能对共产主义充满信心。因此，通过语文教学培养心灵美，首先就必须在文学形象的分析中挖掘出作品深邃的革命思想，使学生在形象的感染中深深体会新民主主义革命、社会主义革命都是"为整个共产主义思想体系所指导的"，中国的革命，"没有共产主义去指导是不可能成功的"①，从而坚定学生的共产主义信念。在今天虽然建立了社会主义制度，革命先辈的理想得到了初步实现，但是资本主义思想、封建残余思想、极端个人思想仍在侵蚀和影响着青少年，这就需我们继续大力宣传共产主义思想。在语文教学中，我们不仅要以革命的英雄形象进行理想教育，同时还要通过课文中的当代英雄模范的生动事迹感染学生、影响学生，使他们认识到共产主义就存在于现实生活之中。譬如《路标》（高中语文第一册）这篇散文以饱蘸着浓烈感情的笔墨歌颂了雷锋光辉的一生，尤其深刻揭示了雷锋的伟大灵魂，说明了他是集体主义时代"活生生的典型"。"他，有如一座光芒万丈的金塔，矗立在共产主义的思想高地。"现在有些青年在新旧思想的斗争中思考着、判断着、探索着，寻找自己的路，而雷锋正是一支鲜红的路标。如果我们结合学生的思想实际，有针对性的讲解这篇散文，用散文中的哲理性去启发学生，用散文中的抒情性去感动学生，不是更能使学生受到深刻的共产主义教育吗？这种感情和理智、形象和思想、认识和欣赏相结合的教育方式不正是美育吗？在中小学语文课中不仅描写真人真事的作品歌颂了共产主义思想，而且小说、剧本甚至描写蜜蜂的《荔枝蜜》（初中语文第二册），描写风景的《登泰山极顶》（初中语文第五册）都宣传了共产主义思想。它们通过各种艺术手法，或者歌颂"不是为自己，而是为人类酿造出最甜的生活"的共产主义者，或者歌颂社会主义制度，或者抒写作者共产主义的美好理想。这都是进行理想教育、培养心灵美的好教材。

心灵美和行为美是统一的。因此，我们进行理想教育一定要结合实践，使学生把共产主义思想体现在行为上，并在实践中为最终实现共产主义而奋斗。因此，语文教学必须把揭示英雄人物的共产主义思想和具体分析英雄人物的行动联系起来，使学生在英雄人物的行为的影响下，锻炼坚强的革命意志，把理想付诸实践，改变不良的社会现象，以利于社会向共

---

① 《毛泽东选集》，第 670~680 页。

产主义发展。这是革命理想教育的根本目的。如果片面理解思想教育而忽视行为美的培养，就会使学生成为"言语的巨人，行动的矮子"。由此可见，理想教育是理论和实践相统一的教育，而语文美育只有把共产主义的心灵美和行为美具体地结合起来，才能收到切实的效果。

语文美育以共产主义思想为核心，是要通过文学形象的分析进行革命道德的教育。道德是调整社会上人们之间的关系的行为准则。一定社会、一定阶级的道德对人们的习惯、传统以及各种行为都起着规范作用。道德表现在社会的各个角落，波及一切社会生活。道德总是以一定的世界观作指导的。"无产阶级的道德的本质特征就是集体主义和全心全意为人民服务的精神。"这种道德的根本指导思想就是共产主义的世界观。因此，进行革命的道德教育，从根本上说来也就是进行共产主义思想的教育。我们的学校不仅要进行理想教育，不仅要进行为完善社会主义制度并为最终实现共产主义理想而斗争的教育，而且还必须把共产主义思想渗透到一切生活领域。大至舍身抢救国家财产、抢救他人的生命，小至爱护祖国的一草一木，都属于道德教育的内容。必须用大公无私的思想武装学生的头脑。语文教学进行审美教育，就应该通过分析课文中具体的人物和情节，在美的感受中激发、培养学生这种高尚的道德情操。比如《赶羊》（小学语文第七册）写了这样一个故事：一位少先队员在探亲的路上见到一只"调皮"的山羊正在啃麦苗，他费了好大的劲才把羊赶出麦田。这虽然不是什么惊天动地的事业，但它反映了少先队员纯洁无私的高尚情操。他虽然误了探亲，虽然被羊"顶了个仰面朝天"，把衣服弄脏了，但是他的心灵却更美了。如果我们在讲授和阅读指导中联系学生的思想，运用生动的语言分析人物的行动，挖掘出主人公的美好思想，就能在学生幼小的心灵中种下革命道德的种子，并能开出无数行为美的花朵。再如《为了六十一个阶级兄弟》（高中语文第一册）、《高大的背影》（小学语文第七册）、《她是谁》（小学语文第一册）、《过桥》（小学语文第一册）等许多课文不论是写大事，还是写小事，都表现了急他人之所急、为他人着想、为人民做好事的革命道德。它们都是通过具体可感的形象和细节进行美育的生动教材。我们应该充分认识这些文学作品的教育作用和美感作用，并通过美感作用打动学生的心弦，使学生具备共产主义的道德。即使是描写自然风光的诗歌和散文（如《桂林山水》——小学语文第九册、《美丽的小兴安岭》——小学语文第六册、《苏州园林》——初中语文第三册等），我们也应该使学生在充分认识自然美的基础上，教育学生热爱和保护祖国的自然美，并建立起为他人欣赏自然美而着想的无私的道德观念。由此可见，语文教学揭示自然美、社会美和艺术美的本质，既应该阐释美的客观性，进行辩证唯物主义世界观的教育，又应该根据具体课文阐明共产主义道德的重要作用。只有这样，才能使共产主义思想的教育贯穿在学生生活的各个领域，才能逐步把我们的祖国建设成具有高度社会主义精神文明的国家。

语文美育以共产主义思想为核心，还必须高度重视革命纪律的教育。马卡连柯曾说过："纪律是集体的面貌、集体的声音、集体的美妙、集体的活动、集体的姿态和集体的信念。集体中的一切，归总起来，都摆脱不了纪律的形式。"[①] 这就充分说明了纪律重要性。革命的纪律是共产主义思想在行为上的具体表现，是进行共产主义运动的根本保证，因而"守纪"是美的行为，也是语文美育的重要内容。八路军之所以坚决执行"三大纪律，八项注意"，就是因为我们的军队具有解放全中国的共产主义思想的原故。小学语文第四册中的《西瓜兄弟》就是这种行为美的真实写照。中国人民志愿军之所以能够取得胜利，也是因为他们具有国际主义、共产主义的精神，坚决执行纪律的结果。小学语文第九册中的《我的战友邱少云》就是志愿军遵守铁的纪律的最典型的表现。我们语文教师如果通过这些典型的行为美对儿童进行教育，就能够使学生从共产主义的思想高度来认识纪律的重要性，增强纪律观念，克服无政府主义思想，从而在各种情况下坚决遵守纪律，保证各种学习任务和工作的顺利完成，成长为"四化"的可靠接班人。

总之，语文教学对文学作品的讲解，既要有思想内容的分析，又要有艺术特点的分析，不能把语文课讲成政治课。但是不管怎样对课文进行艺术分析都应该以共产主义思想为指导，以便使美育和德育相结合，培养"四有"新人。这不仅是语文美育的原则，而且是一切艺术美育的指导思想。只有这样，才能使美育在社会主义精神文明建设中发挥重要作用。学

---

① 《马卡连柯全集》第五卷，第 264 页。

校的艺术教学除语文教学之外，还有美术的教学，它也是进行美育的重要手段之一。造型艺术是以典型形象对自然美和社会美的最直观地反映。如果我们通过美术教学揭示美的形象及其内在意义，讲授和训练艺术美的基本表现方法和技能，那么儿童对美的认识将是深刻的。久而久之，就会美化青少年的心灵，就会培养起学生鉴赏和描写美的事物的能力。

美术教学在美育上的作用有以下几个方面。首先，美术课能使学生认识自然界的美。自然美的形象是多种多样的。一片叶子的颜色和形状，一只动物的神态和姿势，一片风景的特殊格调，都具有美感作用，都能使学生认识美好的世界，激发起学生热爱自然、热爱生活、改造自然的蓬勃向上的审美情绪。儿童对世界上的一切都感到新鲜可爱，如果美术教师有目的地引导学生由简入繁地观察、描绘自然界的美好事物，或者观察、临摹美术教材中有关花卉、动物、风景的照片和图画，就能在学生幼小的心灵里储存自然美的各种形象，逐步认识自然美生机勃勃的特点和美的形式的多样性，为学生创造环境美和艺术美打下基础。

美术课还能让学生认识"人化的自然"之美。自然界固然存在着美的事物，但经过改造的自然就更为美好。它一方面满足着人们的物质要求，同时也满足着人们的审美要求。上海市教育局编写的全日制中小学美术教材（以下简称"美术教材"）中有许多图画、照片中描写了蔬果、家畜以及茂盛的禾田、雄伟的桥梁、宽阔的公路、美丽的林荫道等形象。这些形象就它们本身来说既是客观存在，又是劳动的成果；既对人有用，又在形式上有它美的特点。教学生观察、描绘它们，就能使学生把实用价值和审美价值统一起来，不仅能培养热爱劳动成果的思想感情，养成勤劳的习惯，而且能够从中认识到美的各种形式，从而丰富学生的美感。我们的美术课还应该通过绘画、雕塑、纸工等手段教学生表现和制作一些工业产品的形象和模型，以增加学生的工业知识，为学生学习工业制图等做好准备，同时也能让学生认识工业产品的造型美，从而全面培养学生欣赏美、创造美的能力，使美术课起到多方面地美化生活的作用。

美术课尤其能使学生认识做为社会主体的人的美。人物画是绘画中的主要品种。通过人物画的教学，不仅要学生掌握人体比例和解剖学知识，最重要的是让学生认识处于一定社会关系中的人物的思想、感情、行为、仪表各方面的美。如黄新波的版画《年青人》（《美术教材》初中第一册）中的女主人公拿着铅笔正在沉思，她的眼神处在向往之中，她的紧闭的嘴唇体现着决心和毅力，背景上的高压线和广阔的星空映衬了姑娘崇高的内心世界：为了社会主义建设事业，她要把自己的全部智慧和力量贡献给祖国。通过这件作品的欣赏就可以提高学生的精神境界、陶冶美的心灵。美术教材中还有许多革命历史画和雕塑作品，如《艰苦岁月》（小学第九册）、《地道战》（小学第七册）、《小八路》《延安火炬》（均见初中第一册）等，不仅能使学生认识战争年代的生活，而且能够进行革命传统的教育，从而继承革命前辈的先进思想和优良作风，使学生达到心灵美，做到行为美。我们还应该看到，通过美术欣赏课，对中外历史上优秀的美术作品进行分析，从人物的表情、动势、背景、道具各方面揭示正面人物的美的品质和行为，批判反面人物的丑恶思想，也会使学生受到精神文明的教育。美术作品能够通过特有的手段触及人的感情深处，起到潜移默化的作用。苏霍姆林斯基指出，教育者的普通话，有时不能打动学生的心，不能"穿透"学生的"情感麻木的铠甲"，而美育的手段（美术、音乐、文学）却可以触及他的感情和精神世界（大意）。[①] 我们应该采用各种方式（如悬挂全图、放映幻灯、出示局部表情和动势的放大图、教师讲解、学生讨论等）让学生了解古今名画的深刻内容和美学价值，用活生生的艺术形象打动学生的心弦，通过感情的作用转变学生的思想。

美术课不仅能使学生认识各种美的内容和具体形象，而且还能使学生认识形式美的规律。客观事物的美虽是多样的，但也存在着形式美的普遍规律。比如，基本形体、组合形体的美就是对各种物象形状的概括；均衡、对称、变化、和谐、节奏以及疏、密、虚、实、繁、简、动、静、主、次的巧妙配合等等则是图案美、构图美的原则，它是从客观对象之间的生动关系中抽出的形式规律；至于色彩，正如马克思指出："色彩的感觉是一般美感中最大众化的形式。"[②] 因此，美术作品中色彩的对比、协调以及光与色的微妙关系等形式美也是画家对客观事物色彩美的掌握。教师通过素描、写生、临摹创作和作品讲解，不仅能够使学生理解内容和形式

---

① 参见《苏霍姆林斯基教育思想简介》，载《光明日报》1981 年 8 月 26 日。
② 《马克思恩格斯全集》第十三卷，第 145 页。

的辩证关系，得到形式美的知识，而且也可以使学生逐步从客观美的形象中提炼出形式美的主要特征和变化规律。这种"形式美的眼睛"的训练，不仅对于改造环境美、端正仪表美、创造艺术美有意义，而且能够在美的欣赏中净化灵魂、消除愚昧，使精神高尚起来。形式美是表现内容美的手段，也是精神文明的标志之一。如果不是只重形式轻视内容，而是把二者辩证地统一起来，那么对形式美的欣赏和创造就能使我们彻里彻外地达到"四美"的要求。

形式美存在于客观事物之中，而艺术的形式美或形式美的标准却又有主观成分，它既决定于现实美，又受着时代的民族的阶级的制约。因此，培养学生"形式美的眼睛"就要注意艺术形式美的民族性。这就需要我们通过民间艺术和传统艺术的教学，如欣赏民间年画、创作中国画、描绘脸谱，制作戏曲人物头像和小木偶以及实用美术的设计等等，使学生既能发现客观的形式美，又能继承和发扬民族风格，建设和发展中华民族的审美观点，从而提高民族的自尊心和自信心，为年轻一代振兴中华奠定下思想基础。

培养学生形象思维的能力，也是美育的内容之一。美术课应该在写生、速写的基础上，通过命题画的创作，培养学生对形象的记忆力和想象力。古今中外的名作都有丰富的想象和联想。如果只练写生而不进行记忆画和想象画的练习，那么就不能提高学生的创作构思能力，就不能运用想象和联想深入理解名画的丰富内容，也就不能充分发挥美术教学的美育作用。因此，我们在教学时要把"四写"（写生、写摹、速写、默写）密切结合起来，决不能忽视想象力的培养。

总之，通过对美的内容与形式的把握和表现，培养共产主义的道德品质、革命情操和感受美、创造美的能力，达到"四美"的要求，这就是美术教学在美育方面的重要任务。教育部制订的《中小学美术教学大纲》明确规定："在整个教学过程中，美育要贯穿始终。"我们要克服只重技术的训练而轻视理论的传授和艺术欣赏，只重绘画而轻视雕塑和实用美术，只重视一般造型艺术而忽视工业产品的造型美，只重视外国艺术而忽视民族形式等倾向，只有这样，才能使美术教学在精神文明的建设中发挥作用。

在学校美育中音乐的美育功能是不可忽视的。因此，我们对音乐教学中的美育做一介绍。

音乐是用音响为手段表现社会生活的艺术。音乐的特点在于"通过表达感情来引起人们对一定生活情景的联想,用'以声传情'的方法来创造'声情并茂'的听觉艺术形象"①。虽然音乐的形象不象空间艺术那样直观,但它却能以声音的长短、高低、强弱的巧妙变化表达强烈的思想感情,使人在情绪、情感的感染中受到深刻的教育。所以音乐的美育作用就是用"以情感人"的方式影响听众的心灵,提高听众的思想境界。列宁在纪念欧仁·鲍狄埃逝世二十五周年时曾经说过:"一个有觉悟的工人,不管他来到哪个国家,不管命运把他抛到哪里,不管他怎样感到自己是异邦人,言语不通,举目无亲,远离祖国——他都可以凭《国际歌》的熟悉的曲调,给自己找到同志和朋友。"② 这就充分说明了音乐感染力量。《国际歌》以它那雄壮的音调表达了全世界被压迫的工人阶级对资产阶级的满腔仇恨和打破旧世界的决心、建设新世界的信心。它的每一个音符都渗透着工人阶级的革命热情和国际主义精神。因此世界各国的工人相继歌唱这首歌,而且使它"成了全世界无产阶级的歌"。我们的音乐教师如果在教唱这首歌曲时,深刻分析它在曲调上所表达的深厚的无产阶级的感情,那么就会使学生结合歌词深深体会到工人阶级的优秀品质,在心灵上得到净化,逐步树立共产主义的远大理想。在中小学的音乐教材中,有很多歌曲如《共产儿童团歌》(小学第五册)、《松花江上》(中学第三册)、《五月的鲜花》(中学第六册)、《只怕不抵抗》(小学第六册)、《救国军歌》《黄河大合唱》(中学第二册)、《解放区的天》(中学第六册) 以及歌剧的著名唱段和电影插曲如《北风吹》《太阳出来了》《红梅赞》(中学第三册)、《数九寒天下大雪》《洪湖水,浪打浪》(小学第九册) 等等,都以优美或壮美的旋律表现了革命的主题思想。教唱这些歌既能使学生得到美的享受,又能受到革命传统的教育,从而更加热爱社会主义祖国。至于《雷锋就在我们中间》(中学第四册)、《学雷锋》《好孩子守纪律》《咱们从小讲礼貌》(小学第四册) 等歌曲,则更是青少年生活的直接反映。教唱这些歌曲对于培养学生美的心灵和行为是很有作用的。

---

① 《艺术概论》,第 136~137 页,文化艺术出版社,1983 年版。
② 《列宁选集》第二卷,第 434~435 页。

　　"寓教于乐"是艺术社会功能的特点，音乐自然也不能例外。我们在音乐教学中一定要分析歌曲、器乐曲在旋律和节奏上的艺术特点，让学生了解它们在音乐语言上的形式美，然后通过对这些音响形式美的欣赏进而体会其内容，从而使音乐教学产生一箭双雕的效果。比如《太湖美》（中学第四册）不仅歌词美，而且曲调也很美。它通过欢快的节奏和悦耳的装饰音生动地描绘了"水上有白帆，水下有红菱，水边芦苇青，水底鱼虾肥"的美丽景色。我们教唱这首歌时，就应把它在音乐上的这些美妙之处分析出来并在示唱当中体现出来，从而使学生体会其美，并进而体会作者热爱太湖、热爱祖国的感情，从而潜移默化地培养学生"三热爱"的精神。

　　总之，音乐是从声音上打动人心的艺术，是很富有感情的艺术。我们一方面要让学生从音乐的形式美上得到熏陶，同时更要通过分析音乐的艺术形象启发学生的想象、丰富学生的感情、开拓学生的精神境界、提高学生的思想。只有这样才能使音乐达到既美化生活，又美化心灵的目的，才能充分发挥出音乐在社会主义精神文明建设中的积极作用。

　　在学校艺术教学中虽没有舞蹈课，但是舞蹈活动在青年学生中是非常普遍的，因此，下面我们对舞蹈的美育作用也作一介绍。

　　舞蹈是以人体动作为手段塑造形象、反映社会生活的表演艺术。"凡是借着人体有组织和有规律的动作，通过作者对自然或社会生活的观察、体验、分析，然后用精炼的形式和技巧，集中地反映了某些形象鲜明的人物和故事，表现……人的生活、思想和感情的都可称为舞蹈。"[1] "舞蹈是劳动人民日常生活中的一种集体活动。我国古代所谓'百兽率舞'，就是人们狩猎归来，欢乐地聚集在一起，模仿兽类动作而舞蹈。青海大通县上孙家寨出土的石器时代的陶盆上的舞蹈纹样，使我们看到了这类最古老的舞蹈活动。舞蹈最初用有节奏的模拟动作来表达思想感情，反映社会生活……随着舞蹈的发展，舞蹈动作的模仿成分逐渐减少，表情成分逐渐增强，形成了各种各样的表情动作……"[2] 这些动作不是一般的动作，而是"富有表情和造型美"的艺术化的动作。因此它比现实生活中的自然动作

---

　　① 吴晓邦：《新舞蹈艺术概论》，第 1 页，中国戏剧出版社，1982 年版。
　　② 同上书，第 140~141 页。

更强烈、更感人。也正因此，它所表现的内容也比现实生活更集中、更理想、更深刻、更典型。由于舞蹈是用人体动作组成的舞蹈语汇表现现实生活，所以我们在欣赏舞蹈艺术时，就应该仔细观察舞蹈艺术中人物的一招一式和连续动作，以便透过人物的表情和动作体会和挖掘人物内心世界的美，从而在心灵上受到熏陶，使舞蹈发挥出它的美育功能。例如舞剧《宝莲灯》中沉香学艺的一场戏，描写沉香在华山旁的松树下独自练武，当他的师傅霹雳大仙到来时，他马上躬身施礼；当霹雳大仙教沉香对打时，霹雳大仙施起隐身法术，使沉香惊叹不已。于是他又向师傅躬身施礼；当他们对打完毕后，沉香再次向师傅躬身施礼。这段情节虽无一句道白，但是沉香的内心活动表现得淋漓尽致。它通过三次躬身施礼的动作充分揭示了沉香对霹雳大仙的崇敬和叹服之情，体现了"师者，传道、授业、解惑也"的深刻思想。这一内容深刻的情节，无疑会对人的灵魂发生积极的影响。它能以潜移默化的方式打动人的心弦，使人得到教益，逐步形成尊老敬贤、尊师爱生的良好的社会风尚。形体动作看来是无声的，但它却能在舞台上表达出非常深邃、非常细腻的感情。《丝路花雨》中演员们凭着一只水葫芦作道具就表现了老画工神笔张和十二岁的女儿英娘救护被风沙吹倒在地的波斯商人伊努思的高尚的精神境界。在飓风拔地而起，搅得天昏地暗的自然环境里，伊努思被卷入流沙的中心，如水的黄沙淹没了他的身躯。赶路的神笔张和英娘，发现了伊努思，急忙扒开沙堆，捧着水葫芦给伊努思喂水，最后把水葫芦送给伊努思。英娘喂水的动作、神笔张送水葫芦的举动、伊努思把接过的水葫芦高高举起然后又深深施礼等舞姿都真实地描绘了上述事件，表现了神笔张父女美好的心灵和伊努思的感激之情，体现了当时中波人民的深厚友谊。这些蕴含着深刻思想的生动的人物形象对人的感染力是很强的，这就无怪车尔尼雪夫基把艺术称为"生活的教科书"了。尤其描写中国革命历史的舞蹈作品如大型舞蹈史诗《东方红》《中国革命之歌》，通过典型环境中的典型动作，表现了中国革命各个时期的先辈们的崇高的精神境界。无论是抢渡大渡河的勇士们的大无畏精神，也无论是过雪山草地的战士们坚韧不拔的意志；无论是大生产运动中延安人民艰苦朴素的作风，也无论是青纱帐里八路军、游击队机智勇敢的优秀品质，都是通过从生活中提炼出来的优美动作加以表现的。因此，我们观看这些大型舞蹈，不仅能够认识中国革命历史的进程，而且能够从生动的具体的英雄人物形象中受到革命思想的教育，从而继承革命传统，更好地建设社会主义。我们应该根据舞蹈艺术的这种以动作传达感情的特点，深入体会人物形象的内心世界和高尚的品德，从而陶冶我们的心灵。舞蹈艺术和舞蹈理论家吴晓邦同志说，"舞蹈是人民大众进行自我娱乐、自我教育的工具。此外它还通过活生生的形象的描绘，帮助人们去认识社会生活和历史的规律性，以它的感染力培养人们良好的道德情操和高尚品质，鼓舞人们的乐观主义和进取精神"，"在历史上，每一个民族的每一个历史时期，在他们的日常生活中，都存在着一套反映民族生活及其审美的表现形式。这种形式有时表现为仪式或礼节，有时在逢节过年等喜庆日中举行根据民间风俗习惯的舞蹈和歌舞活动，人们习惯于信守和爱好这种形式，用来传播自己的文化艺术、团结和维护本民族的感情。这种'运动的形式'在其表现过程中，在社会生活内直接地起到了巩固民族团结的宣传和组织的作用，以及革新和改变社会的作用。我们今天需要这种舞蹈，不论在工厂、矿山、农村和部队内，让人人乐意去参加，使他们在喜爱的文艺活动场所里，用舞蹈作为他们工作之余的文化娱乐活动，得到健康的娱乐和美的享受，借以提高和激发他们在新的生活中的劳动战斗情绪"。①

要想充分发挥舞蹈的美育功能，只了解舞蹈的表观手段是不够的，因为舞蹈的构成和其他艺术一样是多方面的。构成舞蹈艺术的三大要素是舞蹈表情、舞蹈节奏和舞蹈构图。舞蹈表情"是人的内在感情所表达出来的各种姿态和动作。节奏是人们的……动作在时间和空间上形成的有规律的顿挫。表情的运动往往要循着节奏的规律而进行，节奏本身也因表情的影响而变化。由表情和节奏密切结合而构成的动作的诸形态，就是动的画面，即构图"。② 换言之，舞蹈动作具有三种美，即表情美、节奏美和构图美。具有表情美的动作是为角色的心理活动和思想感情所决定的；节奏美是在表情美的基础上对动作的律动化，这不仅是舞蹈和音乐相结合的结果，而且也符合人们的普遍的欣赏心理；构图美是各种动的形象之间在整体上的艺术处理，从而使舞台画面既符合剧情，又符合变化、和谐、多

---

① 吴晓邦《新舞蹈艺术概论》，第7页。
② 《美学原理》，第338页，湖南人民出版社，1985年。

样、统一等美的法则。表情美着重内容的表现，节奏美和构图美既是内容和情节的需要，同时也具有着形式的美。如《担鲜藕》中描写了一位劳动妇女双臂伸开作担筐状，迈着轻快的步子前的动作，就表现了因鲜藕丰收而喜悦的心情。这种特定情景下的动作就是表情美；她担鲜藕的动作节奏欢快，强弱分明，这就是节奏美；她与扮做藕筐的两位演员配合默契，好似真有两筐鲜藕担在肩上，愉快而协调地行走一般，同时，导演对她们的动作调度适宜，构成了一幅农村劳动生活的优美风俗画，这就是构图美。我们了解了这三种舞蹈要素，不仅能从思想感情上受到感染，而且也会从形式美方面得到美感享受。舞蹈的政治作用和美感作用是密不可分、有机结合、相辅相成的。我们的青年美育工作者、理论工作者、人民教师和一切同志，应该根据舞蹈的三大要素，对具体舞蹈作品进行具体分析和评论，并组织业余舞蹈活动，使舞蹈艺术在学校美育中发挥出它的"寓教育于美感之中"的美育功能。达到美化心灵、美化生活、改变不良社会风气、促进四化建设的目的。

从以上的分析可知，艺术教育包括在学校美育之中，也是美育的重要环节，但它不是学校美育的全部内容。全面说来，学校美育是培养学生具有正确的审美观念、审美感情和鉴赏美、改造美、创造美并使学生的思想、言行体现出美的教育活动，因此，学校的一切工作尽管侧重点不同，但都应该渗透美的教育。

我们已经对家庭美育和学校美育作了论述，现在再来谈谈社会美育。

所谓"社会美育"就是通过公共场合和广泛的社会生活进行审美教育。蔡元培先生列举了以下的公共场合。

（一）美术馆，搜罗各种美术品，分类陈列。于一类中，又可依时代为次。以原本为主，但别处所藏的图画，最著名的，也用名手的摹本；别处所藏的雕刻，也可用摹造品。须有精印的目录，插入最重要品的摄影。每日定时开馆，能不收门券费最善；必不得已，每星期日或节日必须免费。

（二）美术展览会，须有一定的建筑，每年举行几次，如春季展览、秋季展览等。专征集现代美术家作品，或限于本国，或兼征他国的。所征不胜陈列，组织审查委员会选定。陈列品可开明价值，在会中出售。余时亦可开特别展览会，或专陈一家作品，或专陈一派作品。也有借他国美术馆或人所藏展览的。

（三）音乐会，可设一定的会场，定期演奏。在夏季也可在公园、广场中演奏。

（四）剧院，可将歌舞、科白剧分设两院，亦可于一院中更番演剧，剧本必须出文学家手笔，演员必须受过专门教育。

（五）影戏院，演（影）片须经审查，凡无聊的滑稽剧、凶险的侦探案、卑猥的恋爱剧都去掉。

（六）历史博物馆，所收藏的大半是美术品，可以看出美术进化的痕迹。

（七）古物学陈列所……可以考见美术的起源。

（八）人类学博物馆……无论如何幼稚的民族，总有几种惊人的美术品……很可以促进美术的进步。

（九）博物学陈列所与植物园、动物园，这固然不专为美育而设，但矿物的标本与动植物的化石，或色彩绚烂，或结构精致，或形状奇伟，很可以引起美感。若种种生活的动植物，值得鉴赏，更不待言了。①

以上是蔡元培对社会美育的看法和设想。我们觉得社会美育的具体途径是很广泛的，除上述的美育设施外，最主要的是通过参加社会各部门的实际工作，在具体的实践活动中发现美的人物和美的事物，以便随时随地陶冶自己的精神。工业、农业、商业等部门的社会实践活动是很丰富的，我们青年学生或其他青年同志，应当把参加各种社会实践看成是审美教育的重要课程。只有在广泛的实际生活中进行社会实践和社会调查，才能从大千世界中发现五彩斑斓的社会美和自然美的形象，才能使我们在美学理论的指导下从内容到形式认识美。

以上的分析可知，无论家庭美育、学校美育，还是社会美育，都必须

---

① 《蔡元培美学文选》，第156~157页。

以美学理论为指导，都必须以实践为基础。只有遵循理论和实践相结合的原则，才能在上述三种美育的实施中使青年更为具体地感知美的形象、理解美的本质，进而达到改造现实美、创造艺术美、提高审美能力并从思想到行为彻里彻外地达到美的要求，体现出高度的社会主义精神文明。

# 编后记

　　20 世纪五六十年代的美学大讨论和 80 年代的"美学热"是中国当代美学发展史上的重要学术事件，参与讨论的不乏著名美学家、知名学者，如朱光潜、蔡仪、吕荧、宗白华、王朝闻、黄药眠等，当然也包括 1949 年之后培养出来的一大批新一代美学研究的生力军，如李泽厚、高尔泰、汝信、蒋孔阳、敏泽、叶秀山、杨辛、甘霖、刘纲纪、胡经之、周来祥、李醒尘、钱中文、吴元迈等人，而庞安福就是这些后起之秀中的一员。庞先生不仅与朱光潜、李泽厚等知名学者有过学术的交锋与商讨，更在美学研究对象、自然美、艺术美、社会美、美的客观性等问题上，都发表过自己独到的看法与见解。我们编选这本庞先生文集，既可以部分地还原和展示庞先生在两次美学讨论中的理论见解和学术贡献，又可以以此文集作为对我院已故优秀学者的深切缅怀，更是对今天学院的后学之士在学术探索道路上的一次深刻砥砺！

　　文集中收录的庞先生的文章分为"美论篇""艺术篇""美育篇"三部分，其中"美论篇"中的八篇论文，最能体现庞先生在 20 世纪 60 年代和 80 年代美学大讨论中的理论贡献，他关于美学的研究对象，关于自然美性质的讨论，关于社会美、艺术美与自然美关系的论断，在当时乃至今天都是独到而极富启示意义的。第二部分"艺术篇"中虽然具有鲜明的时代印记，然而其中关于艺术形式美的探讨、关于短篇小说特点的分析，都是极有见地的。第三部分"美育篇"中的四篇文章，是庞先生与田杰先生合著的《青年美育概论》（吉林人民出版社，1988）中的第一、二、五、六章，这几章是庞先生独立完成的内容，也是庞先生关于社会美、自然美、艺术美思想在美育方面的延伸与落实！三部分中的相关篇章均按发表时间排列，目的是更好地还原庞先生学术思考的理路历程。

文集的选目、整理、统稿、编辑等工作由毕日生负责，前期的资料搜集由张敏老师负责，张敏老师还撰写了关于庞先生美学思想的研究述评文章，并作为代序一并收入文集中。

最后要特别感谢 2014 级文艺学的 15 位同学，他们在紧张的学习之余，承担了 20 多万字原稿的文字录入工作。在此，谨向 15 位同学表示感谢！他们是：张滢滢、王金朵、贾丽媛、黎佳晔、李凯航、张栋梁、齐小建、姚娇、康丽娟、张校博、刘钰琦、姜立新、王艳敏、暴迎、马新雨。

这本文集中的文章虽然有时代印记，但透过庞先生学术探索之"斑点"，可以约略地窥知当时学术论争的风貌，因此，十分值得读者细细研读。如有编选不当之处，还望方家指正。

编选者

2017 年 1 月 11 日

图书在版编目（CIP）数据

庞安福文集／庞安福著；毕日生，张敏编. -- 北
京：社会科学文献出版社，2020.1
（燕赵学脉文库）
ISBN 978-7-5201-2440-9

Ⅰ.①庞…　Ⅱ.①庞…②毕…③张…　Ⅲ.①美育-
文集　Ⅳ.①G40-014

中国版本图书馆 CIP 数据核字（2018）第 048651 号

·燕赵学脉文库·

**庞安福文集**

著　　者／庞安福
编　　者／毕日生　张　敏

出 版 人／谢寿光
组稿编辑／宋月华　李建廷
责任编辑／李建廷
文稿编辑／于晶晶

出　　版／社会科学文献出版社·人文分社（010）59367215
　　　　　地址：北京市北三环中路甲 29 号院华龙大厦　邮编：100029
　　　　　网址：www.ssap.com.cn
发　　行／市场营销中心（010）59367081　59367083
印　　装／三河市尚艺印装有限公司

规　　格／开　本：787mm×1092mm　1/16
　　　　　印　张：16.5　字　数：252 千字
版　　次／2020 年 1 月第 1 版　2020 年 1 月第 1 次印刷
书　　号／ISBN 978-7-5201-2440-9
定　　价／128.00 元